E·CO

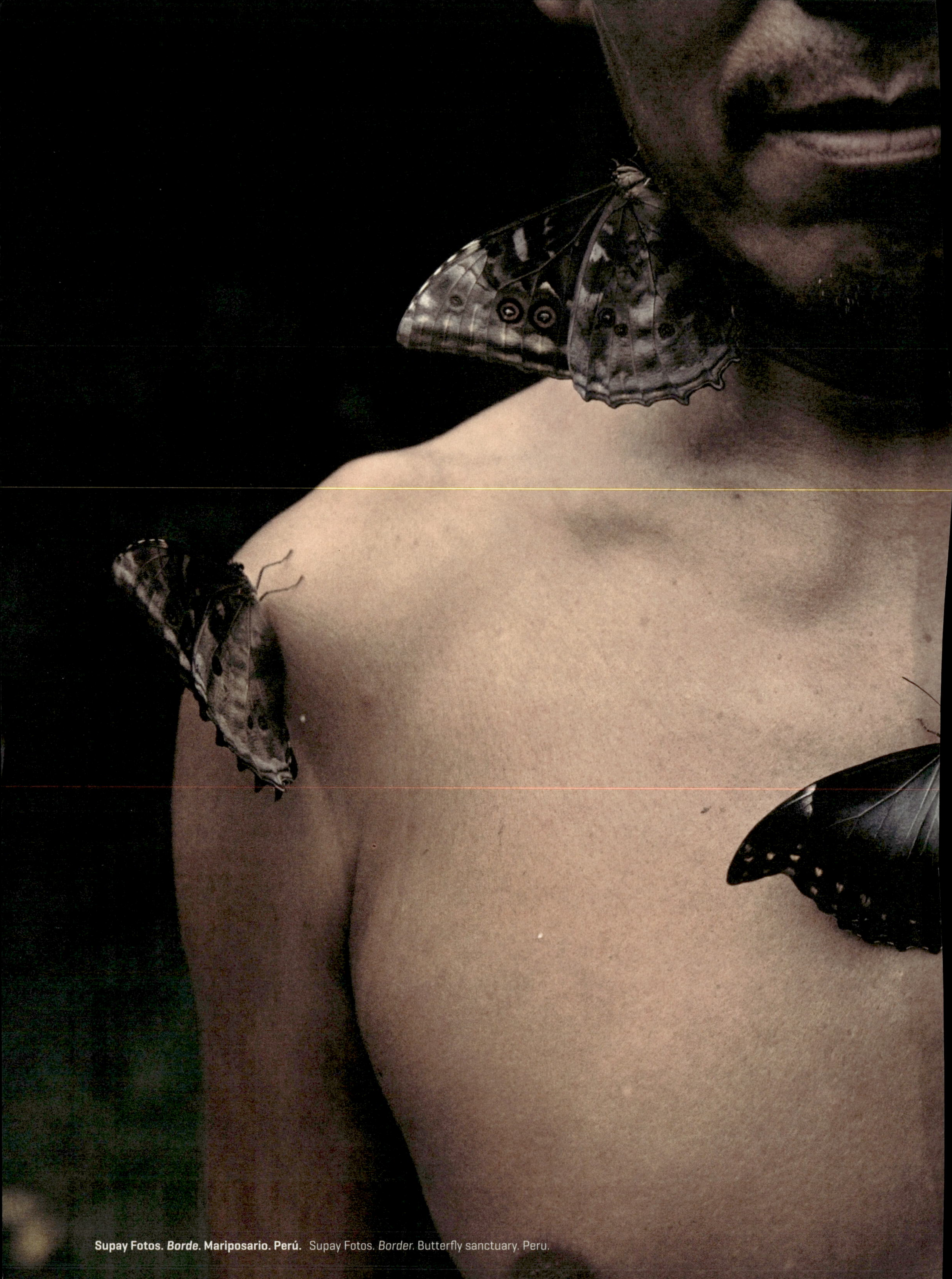

Supay Fotos. *Borde*. Mariposario. Perú.   Supay Fotos. *Border*. Butterfly sanctuary. Peru.

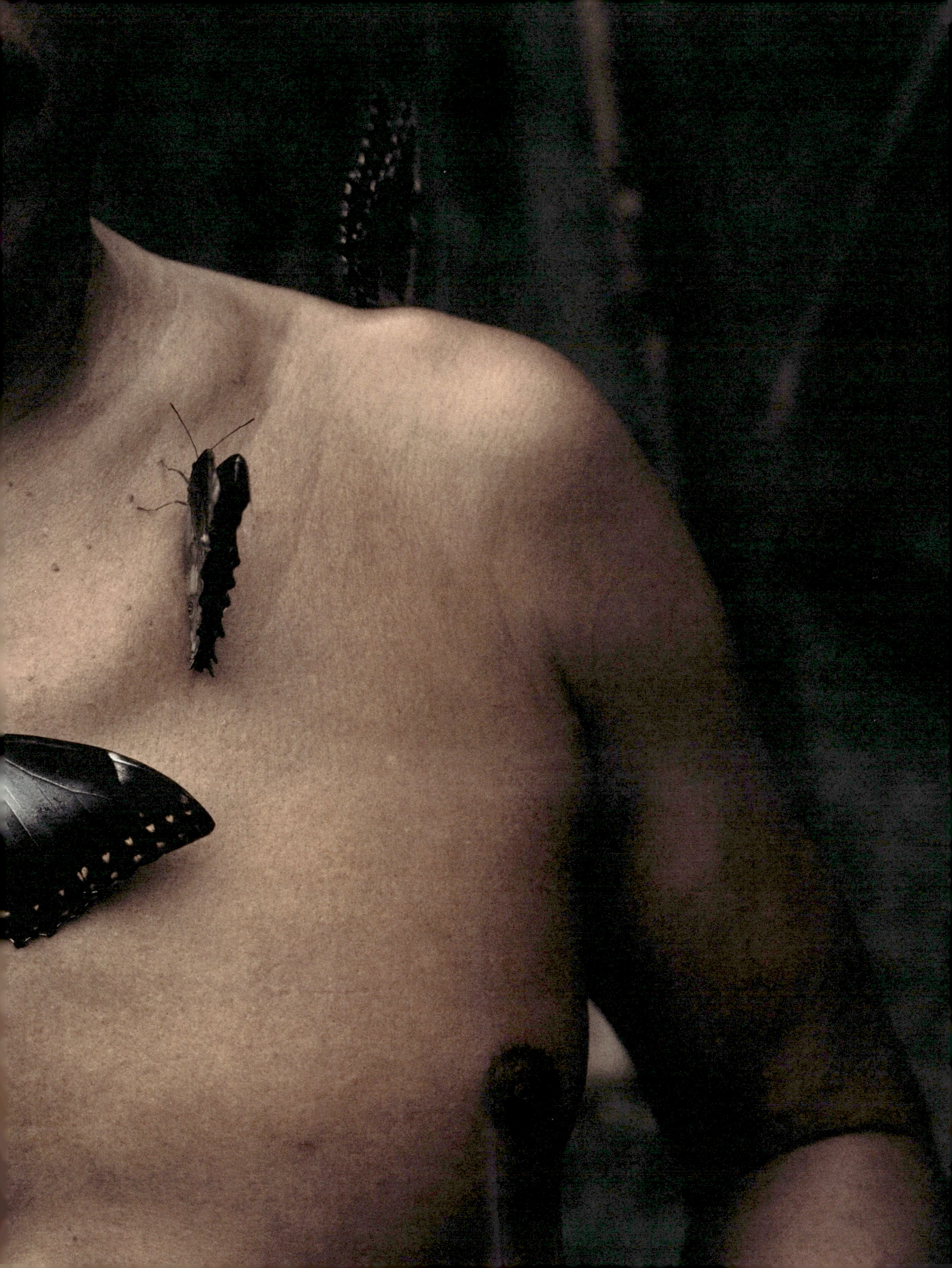

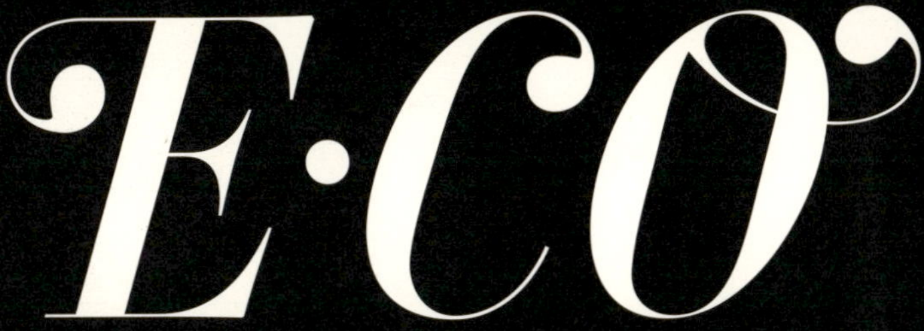

**Encuentro + Exposición de colectivos fotográficos
Iberoamericanos y Europeos**

Encounter + Exhibition of Ibero-American and
European Photography Collectives

MINISTERIO DE CULTURA / SPANISH MINISTRY OF CULTURE

Ángeles González-Sinde
Ministra de Cultura / Minister of Culture

Mercedes E. del Palacio Tascón
Subsecretaria de Cultura / Assistant Secretary of Culture

Ángeles Albert
Directora General de Bellas Artes y Bienes Culturales / General Director of Fine Arts and Cultural Heritage

Organiza:

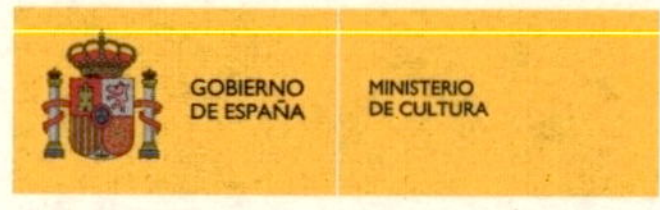

Colaboran:

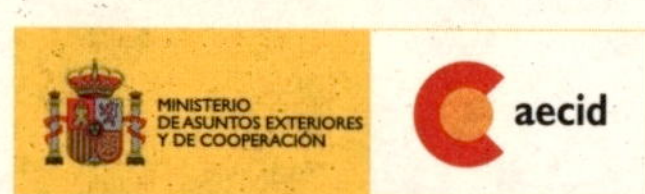

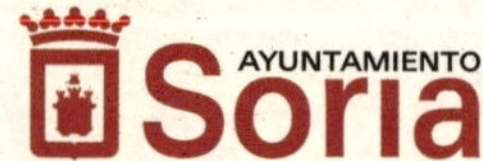

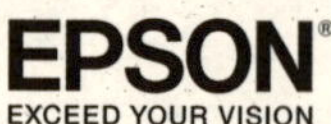

Créditos / Credits

Organiza / Organized by
Dirección General de Bellas Artes y Bienes Culturales
Subdirección General de Promoción de las Bellas Artes

Colabora / Sponsored by
AECID
AYUNTAMIENTO DE SORIA
EPSON

Comisariado y dirección / Curator and Director
Claudi Carreras

Coordinación / Coordination
Mariflor Sanz

Directora de producción / Production Director
Luciana Rocha

Producción técnica / Technical Production
Francesco Bartoli

Catálogo / Catalogue

Edición / Publishers
Ministerio de Cultura
RM

Edición fotográfica y coordinación / Photography Editor
and Coordination
Claudi Carreras

Diseño / Design
Andreu Balius

Director Creativo / Creative Director
Ramón Reverté (RM)

Coodinación editorial / Publication Coordination
Isabel Garcés (RM)
Ariela Rodríguez (RM)

Traducción / Translation
Gregory Dechant

Cuidado de la edición / Copy Editing
María Teresa González

© 2011
RM Verlag, S.L.
c/ Loreto, 13-15. Local B
08029 Barcelona
España / Spain

info@editorialrm.com
www.editorialrm.com

142

ISBN: 978-84-15118-09-1 RM VERLAG
Depósito Legal / Legal deposit: M-20397-2011

Impreso en España / Printed in Spain
Brizzolis, arte en gráficas

Mayo / May 2011

En el Ministerio de Cultura consideramos que, tanto el trabajo en equipo como el apoyo a la creación de redes de colaboración entre nuestros profesionales, son aspectos clave para lograr su estabilidad en un entorno cada vez más globalizado y competitivo. Con la celebración de E·CO pretendemos apoyar la difusión y consolidación del fenómeno de los colectivos fotográficos y presentar los proyectos que veinte grupos de Europa y América Latina están realizando por encargo del Ministerio de Cultura, con el tema del Medio Ambiente como punto de partida.

Siempre ligados a ese tema, cada colectivo seleccionado ha escogido libremente los asuntos y localizaciones de su proyecto, con el objetivo de que la exposición sea una muestra de las problemáticas medioambientales más candentes de los países en que operan y, al mismo tiempo, una forma de entender las peculiaridades del trabajo en equipo y sus modos de representación.

Con la celebración de esta exposición, damos a conocer el quehacer colectivo en el campo de la imagen contemporánea e intentamos potenciar uniones entre los profesionales del sector para fortalecerlo y apoyar su difusión internacional. En definitiva, se trata de acercar la fotografía, con una perspectiva más, a todos aquellos interesados en ella.

Ministerio de Cultura

At the Spanish Ministry of Culture we believe that both teamwork and support for the creation of collaborative networks among our professionals are key aspects in achieving stability in an increasingly globalized and competitive market. Through E·CO we seek to foster the spread and consolidation of the phenomenon of photography collectives, presenting the projects of twenty groups from Europe and Latin America commissioned by the Ministry of Culture, with the issue of the Environment as the starting point.

Within these broad thematic limits, each collective has been permitted freely to select the content and location of its project, in the hope that the exhibition will reflect the most acute environmental issues in the various countries chosen and at the same time offer a way of understanding the peculiarities of different kinds of teamwork and their modes of representation.

Through the exhibition we present to a wider public the collective work being done in the field of the contemporary image and seek to empower further unions within the photographic sector, strengthening it and giving it greater international scope. In short, it is a way of bringing photography, from yet another perspective, closer to all those interested in it.

Ministry of Culture

n E·CO presentamos los proyectos que veinte colectivos fotográficos de América Latina y Europa realizaron por encargo del Ministerio de Cultura, en el marco de la presidencia española de la Unión Europea y del inicio de las conmemoraciones del Bicentenario de la Independencia de muchos países americanos.

Cada grupo recibió la propuesta de plantear un ensayo visual que reflejara sus inquietudes y preocupaciones en torno a uno de los temas más candentes de nuestra actualidad: el Medio Ambiente.

Ante un planteamiento inicial tan amplio, el primer reto al que se enfrentaron los participantes fue conceptuar la propuesta y tratar de acotar esta abstracción que día a día adquiere más relevancia en nuestra sociedad.

La complejidad de asuntos se manifestó desde la convocatoria inicial, ya que en los distintos países participantes la definición del término "Medio Ambiente" o "Enviroment" en inglés, tiene connotaciones muy distintas.

Pese a las insistencias de los participantes por tener más información sobre el encargo, la propuesta no se perfiló con mayor detalle debido a que uno de los puntos fundamentales del proyecto era tratar de no incidir en las temáticas presentadas ni en sus modos de representación.

Los resultados que aquí se presentan, responden a los intereses y preocupaciones que cada grupo ha querido destacar. Los temas trabajados, el tratamiento formal de las imágenes y su edición, son el reflejo del quehacer de cada colectivo. De esta forma, la presente publicación establece un recorrido virtual que ofrece al espectador distintos niveles de lectura: por un lado, el que se refiere a las problemáticas plasmadas en cada proyecto; por otro, el que evidencia las formas de organización de cada grupo participante.

Si bien los colectivos fotográficos no son un fenómeno novedoso, en estos últimos años adquieren especial relevancia y tienen mayor presencia en el sector a nivel internacional. Vivimos una situación mediática cada vez más vinculada a la noticia inmediata. Los canales informativos ya no esperan la llegada de los profesionales para cubrir la información y usan imágenes captadas por cámaras de seguridad, teléfonos móviles o testigos ocasionales de los hechos. Ante esta demanda de inmediatez cada vez más contundente y una saturación de los canales habituales que no pueden atender el exceso de oferta visual, los profesionales se ven obligados a buscar nuevas formas de representación y generar circuitos alternativos para visibilizar y financiar sus producciones. Efectivamente, esta situación genera inconvenientes innegables en el circuito tradicional de distribución, pero es también una nueva posibilidad para explorar recursos audiovisuales, canales de creación e información alternativos.

El contacto entre el espectador y el creador es ahora mucho más directo porque se hacen innecesarios intermediarios y filtros que condicionan los contenidos.

Los colectivos ofrecen una plataforma de reacción ante la modificación de los paradigmas habituales del sector y son el reflejo de una situación en la que se hace necesario sumar esfuerzos para conseguir resultados. En muchas ocasiones actúan tanto como agencia (banco de imágenes), como plataforma de acción común y posicionamiento ante el mercado, o como mecanismo de creación conjunta, generando interesantes sinergias y foros de discusión entre los miembros de cada grupo.

No hay un modelo único de organización y funcionamiento. De hecho, hay tantos modelos como colectivos participantes. Es decir, cuando hablamos de un colectivo fotográfico, no podemos referirnos a una fórmula concreta, ya que cada grupo decide su forma de funcionar, las temáticas de sus proyectos y su orientación profesional. Seguramente el único nexo que tienen en común todos los participantes de E·CO, es la determinación por el trabajo en equipo y el asumirse formalmente como colectivo de creación contemporánea.

E·CO es el título genérico del proyecto que incluye la exposición itinerante de la que presentamos una edición en esta publicación, y también del Encuentro de Colectivos Fotográficos Euroamericanos que se realizó en la sede del Ministerio de Cultura de Madrid del 13 al 15 de mayo de 2010.

Por primera vez en España se reunieron miembros de veinte colectivos fotográficos que provenían de los siguientes países: Alemania (Ostkreuz), Argentina (Sub Coop.), Brasil (Cia de Foto y Garapa), Costa Rica (Colectivo Nómada), España (Blank Paper, Nophoto, Pandora y Ruido Photo) Francia (Odessa, Tendance Floue y Transit), Italia (TerraProject), México (Mondaphoto), Perú (Supay Foto y Versus Photo), Portugal (Kameraphoto), Reino Unido (Documentography), Venezuela (ONG) y una agrupación de fotógrafos de varios países de Europa (Est&Ost).

Bajo el lema "Nuevas estrategias de producción y circuitos de visibilidad alternativos para proyectos fotográficos", se profundizó en formas de organización y trabajo de los grupos más significativos de América Latina y Europa que se desarrollan especialmente en ámbitos de acción documental o social.

Además de los miembros de estos colectivos invitados, participaron en el encuentro personalidades de la talla de Pepe Baeza, William Klein, Rodrigo Moya, Gervasio Sánchez, Javier Bauluz, Pablo Corral Vega, Laura Terré, Dan Torres, Iatâ Cannabrava, Alejandro Castellote y Horacio Fernández. Todos ellos con la intención de aportar su experiencia y reflexionar conjuntamente sobre los retos del sector en estos tiempos de importantes cambios.

Sin duda, una de las conclusiones del encuentro fue constatar la relevancia del trabajo de los equipos multidisciplinares (programadores, diseñadores, fotógrafos, editores), de la utilización de las nuevas tecnologías de creación (multimedia, entre otras) y de difusión de la información (redes sociales, Internet, nuevos medios).

El reto de los fabricantes de imágenes de estos tiempos es generar proyectos y canales que nos hagan reflexionar y ver las cosas desde perspectivas particulares. Una diferenciación que sólo una mirada creativa puede ofrecer en un entorno cada vez más mediatizado y masificado.

Con E·CO hemos pretendido generar un punto de encuentro entre profesionales del sector y mostrar diferentes perspectivas, modos de representación y variantes de creación para abordar una determinada realidad. Considero que la riqueza de los puntos de vista, la calidad de las imágenes y la pluralidad de los contenidos aquí presentados, son un buen ejemplo para seguir apoyando a los cronistas visuales en esta aventura de la comunicación contemporánea, que si bien se instrumenta a partir de redes cada vez más directas y complejas, abre nuevas e inimaginables posibilidades para la creación.

Claudi Carreras, Director de E·CO

*I*n E·CO we present the projects of twenty photography collectives from Latin America and Europe commissioned by the Spanish Ministry of Culture on the occasion of Spain's Presidency of the Council of the European Union and the beginning of the commemorations of the bicentennial of independence of many countries in Latin America.

Each group was asked to produce a photographic essay that would reflect its concerns and preoccupations with regard to one of the most burning issues of our time: the environment.

In the face of such a broad commission, the first challenge faced by the participants was to conceptualize a proposal and define the limits of this abstraction which is daily acquiring greater relevance in our societies.

The complexity of the matter was evident from the beginning, as the very concept of "environment" has different connotations in the various participating countries.

In spite of insistent requests by the participants for more information, the commission was not explained in greater detail. Indeed, one of the fundamental aims of the project was to refrain from influencing either the subject matter presented or the mode of representation.

The results presented here derive from the interests and concerns that each group has wished to highlight. The subject matter, the formal treatment of the images, and the editing are a reflection of each collective's approach. Thus, the present publication constitutes a virtual panorama that offers the spectator different levels of reading, determined on the one hand by the issues dealt with in each project, and on the other by the organization given to the material by each of the participants.

Although photography collectives are not a new phenomenon, in recent years they have acquired special relevance and an ever greater international presence. We live in a world ever more dependent on the very latest news served up by the media. News channels no longer wait for professionals to arrive at the scene of an event: they cover it using images captured on security cameras or the cell phones of chance witnesses. In the face of this demand for ever greater immediacy and the saturation of the usual channels, which cannot attend to the excess of visual supply, professionals have been forced to seek new forms of representation and to generate alternative circuits by which to finance and make visible their production. These circumstances have provoked undeniable inconveniences in traditional distribution circuits, but they also generate new possibilities for exploring alternative audiovisual resources and channels of creation and information. The contract between creator and spectator is much more direct now, as the filters and intermediaries that condition content become unnecessary.

Collectives offer a platform from which to respond to this modification of the usual paradigms of the photographic sector. They are the reflection of a situation in which it is necessary to join efforts in order to achieve results. Collectives often serve at one and the same time as agencies (image banks), platforms for common action or market positioning, and mechanisms of joint creation, generating interesting synergies and discussion forums among the members of each group.

There is no single model of organization and functioning. Indeed, there are as many models as there are collectives. In other words, when we speak of a photography collective, we are not referring to a specific formula, since each group decides on its own way of functioning, the subject matter of its projects, and its professional orientation. Doubtless the only things linking all of the participants in E·CO are a commitment to teamwork and a formal decision to function as a collective dedicated to contemporary creation.

E·CO is the general name of the project, including the traveling exhibition of which a selection is presented in this publication and the Encounter of Ibero-American and European Photography Collectives held at the Ministry of Culture in Madrid on 13-15 May 2010.

For the first time in Spain, there met together the members of twenty photography collectives from the following countries: Argentina (Sub [cooperativa de fotógrafos]), Brazil (Cia de Foto and Garapa), Costa Rica (Colectivo Nómada), France (Odessa, Tendance Floue, and Transit), Germany (Ostkreuz), Italy (TerraProject), Mexico (Mondaphoto), Peru (Supay Fotos and Versus Photo), Portugal (Kameraphoto), Spain (Blank Paper, Nophoto, Pandora, and Ruido Photo), the United Kingdom (Documentography), Venezuela (ONG), and a group of photographers from various countries in Europe (Est&Ost).

The encounter explored the theme of "New production strategies and alternative visibility circuits for photographic projects" through the modes of organization and the work of the most important collectives in Latin America and Europe that focus particularly on documentary or social photography.

Apart from the members of these collectives who were invited, the encounter also benefited from the participation of figures of the stature of Pepe Baeza, William Klein, Rodrigo Moya, Gervasio Sánchez, Javier Bauluz, Pablo Corral Vega, Laura Terré, Dan Torres, Iatã Cannabrava, Alejandro Castellote, and Horacio Fernández. All of them drew on their own experience in reflecting together on the challenges facing the sector in this age of rapid change.

One of the definite conclusions to be drawn from the encounter was the importance of multidisciplinary teams (programmers, designers, photographers, editors), of new technologies of creation (including multimedia), and of information networks (social networks, the Internet, new media].

The challenge facing the image makers of our time is to generate projects and channels that allow the public to see and reflect on things from a range of particular perspectives. This is a difference that only a creative vision can offer in a context ever more saturated with mass media.

With E·CO we have sought to create a point of encounter for photography professionals and to show different perspectives, modes of representation, and creative variants in approaching a given reality. I believe the variety of viewpoints, the quality of the images, and the richness of subject matter presented here set a good example to follow in our support of the visual chronicles in this adventure of contemporary communication. The development of more complex and yet more direct networks of communication opens new and hitherto unimagined possibilities for creation.

Claudi Carreras, Director of E·CO

BLANK PAPER ES EL PRIMER COLECTIVO DE FOTOGRAFÍA SURGIDO EN ESPAÑA. ES EL FRUTO DE LA OBSESIÓN POR CONOCER EL MUNDO A TRAVÉS DE UNA CÁMARA FOTOGRÁFICA. NACIÓ EN EL AÑO 2003 DE LA MANO DE ANTONIO XOUBANOVA, FOSI VEGUE, MARIO REY Y ÓSCAR MONZÓN. EN 2005 SE INCORPORÓ EL FOTÓGRAFO ALICANTINO RICARDO CASES. EN 2008, ALEJANDRO MAROTE, QUE HABÍA SIDO ALUMNO DE LA ESCUELA DE BLANK PAPER, PASÓ A FORMAR PARTE DEL COLECTIVO Y, EN 2009, JULIÁN BARÓN, QUIEN YA OCUPABA EL CARGO DE DIRECTOR DE LAS SEDES DE VALENCIA Y CASTELLÓN DE LA ESCUELA DE BLANK PAPER. ESTE COLECTIVO NO TRABAJA POR ENCARGO, SU MODO DE PRODUCIR ESTÁ ÍNTIMAMENTE LIGADO CON LA LIBERTAD DEL FOTÓGRAFO PARA DESARROLLAR CUALQUIER PROYECTO FOTOGRÁFICO.

SPAIN

Blank Paper

www.blankpaper.es

EL COCHE

El coche es uno de los objetos que mejor describe al ser humano hoy. Desde su invención, este medio de transporte ha ido adquiriendo mayor importancia en el mundo hasta el punto de ocupar una posición central en él. Lo hemos convertido en símbolo de nuestras aspiraciones, lo utilizamos como carta de presentación personal y pretendemos que nos sitúe en el lugar que deseamos ocupar dentro de la sociedad. La publicidad ha logrado que la lista de valores que puede poseer un coche sea prácticamente infinita, valores que se nos lanzan a través de los medios de comunicación y que pronto queremos sentirlos propios mediante su compra. En este proyecto, Blank Paper realiza una reinterpretación de las distintas estrategias publicitarias que giran en torno al coche, tomando como modelo el catálogo que nos pueden facilitar en cualquier concesionario y las grandes y llamativas vallas publicitarias.

THE CAR

The car is one of the objects that best characterizes the human being today. Since its invention, this means of transport has acquired ever greater importance in the world, and now occupies a central place in it. We have transformed it into a symbol of our aspirations, we use it as a personal calling card, and we hope that it will earn us the place we wish to occupy in society. Advertising has given countless values to the fact of owning a car, values that are promoted by the media and that we hope to make our own by purchasing a car. In this project, Blank Paper offers a reinterpretation of the different advertising strategies that have developed around the car, taking as its models billboard advertising and the catalogues available in any car dealership.

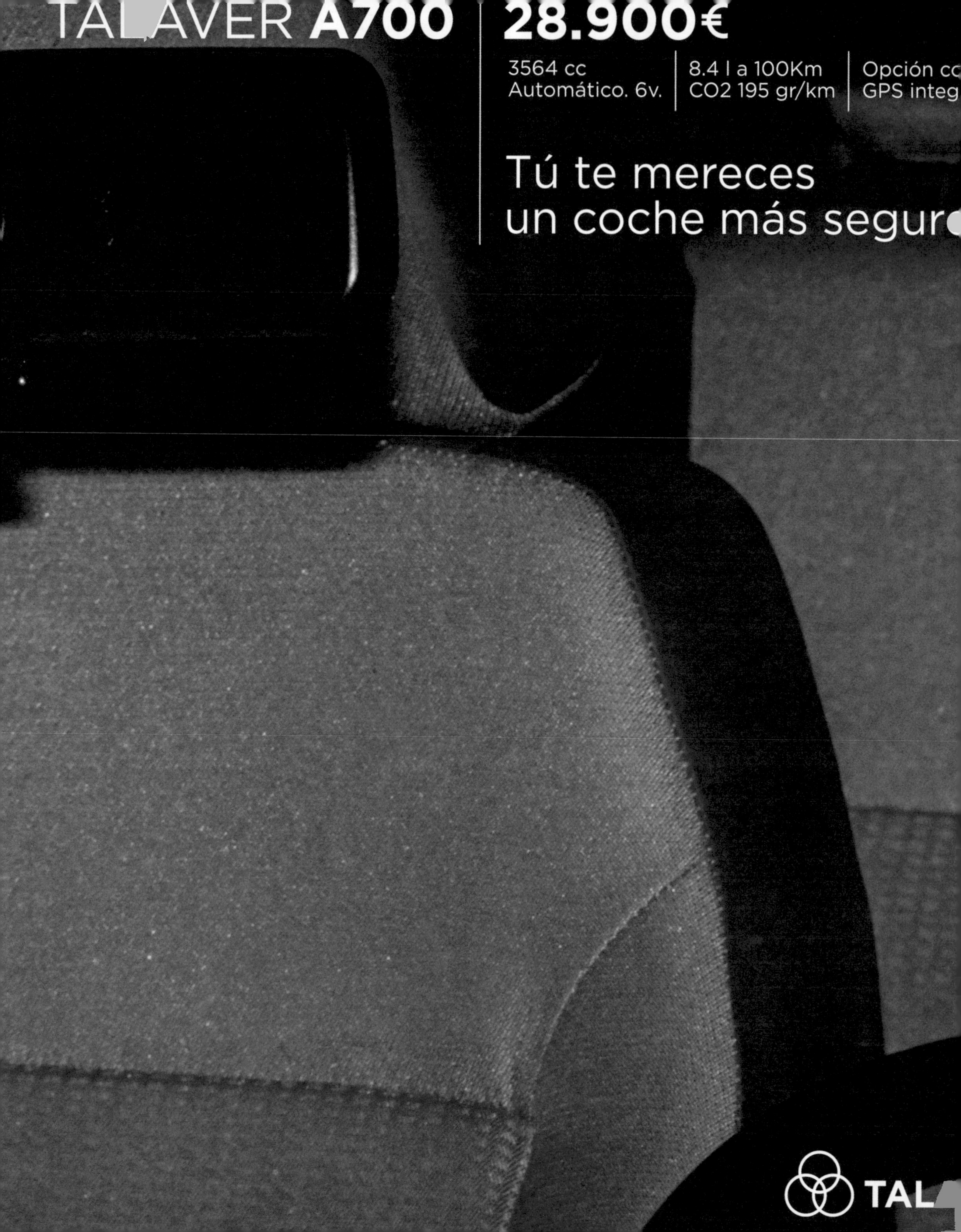

TALAVER A700
28.900€
3564 cc
Automático. 6v.
8.4 l a 100Km
CO2 195 gr/km
Opción co
GPS integ
Tú te mereces
un coche más seguro
TAL

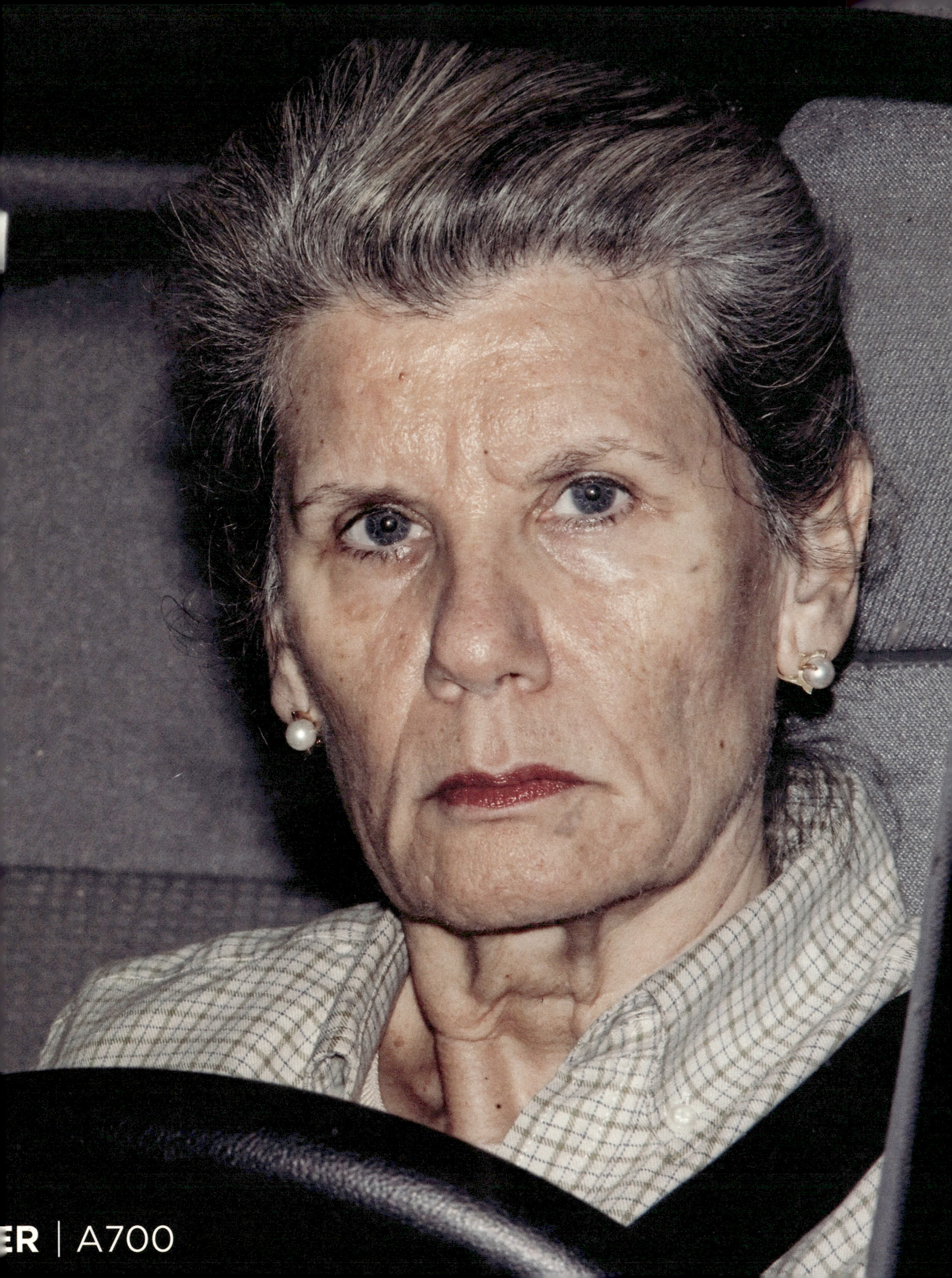
ER | A700

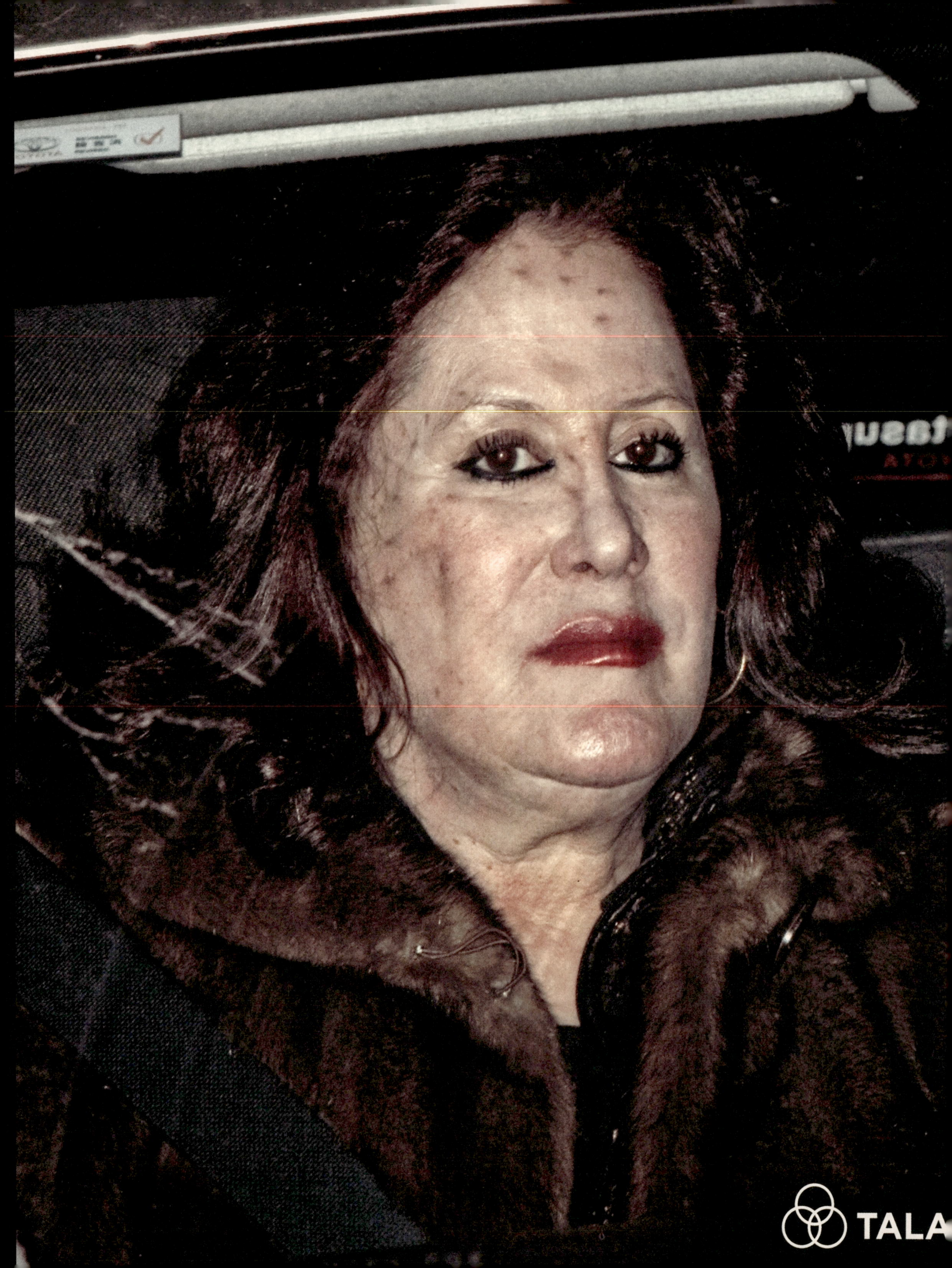

TALA

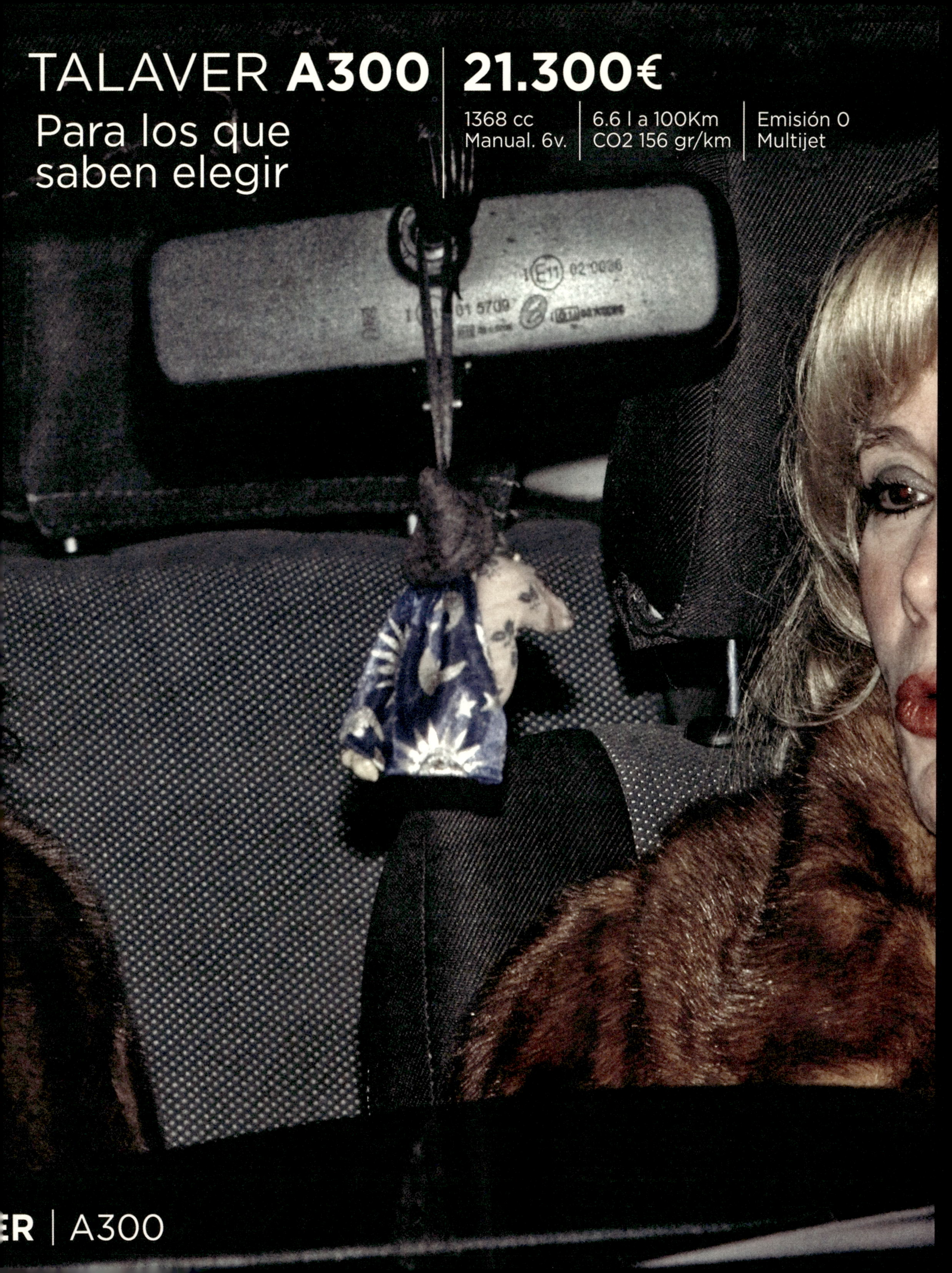

TALAVER **A300** | **21.300€**

1368 cc
Manual. 6v.

6.6 l a 100Km
CO2 156 gr/km

Emisión 0
Multijet

Para los que
saben elegir

ER | A300

PERU

Supay F

BORDE
"Cuando pienso en Fitzcarrald y en sus mercenarios, cuando pienso que esos genocidas eran hombres, me dan ganas de nacionalizarme culebra".
Manuel Córdova, chamán amazónico.
(En la novela *Tres mitades de Ino Moxo,* de César Calvo.)

En el corazón de la selva peruana existe una ciudad llamada Iquitos que está rodeada por tres ríos, como una isla en medio del bosque. Desde su fundación, como puerto fluvial estratégico en el río Amazonas, esta ciudad lleva la marca de una relación extrema con la naturaleza: vive gracias a ella pero la depreda, la ama y la contamina a la vez. El agua acaricia, pero más allá enferma. La armonía inicial que nos hacía asociar estas tierras a la palabra paraíso, ahora es un lugar escondido que se aleja cada día más. ¿Qué queda en su lugar? No una orilla, sino una grieta entre el hombre y la naturaleza, entre la ciudad y el Amazonas: frontera incierta, territorio mágico y voraz.

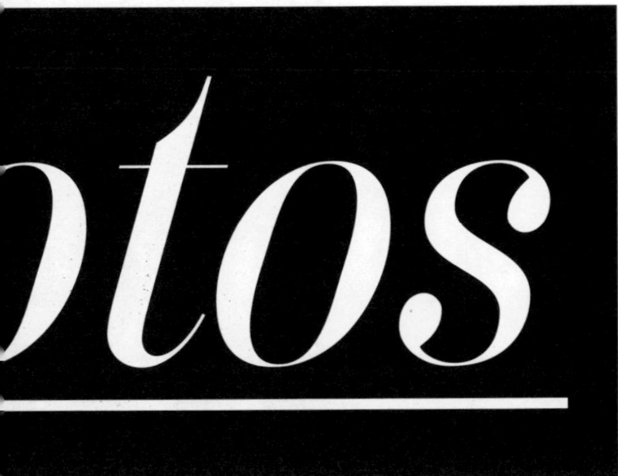

www.supayfotos.com

BORDER
"When I think of Fitzcarrald and his mercenaries, when I think that those genocides were men, I feel like becoming a snake."
Manuel Córdova, Amazonian shaman
(From César Calvo's novel *Las tres mitades de Ino Moxo*)

In the heart of the Peruvian rainforest there is a city called Iquitos, surrounded by three rivers, like an island in the midst of the jungle. Since its founding as a strategic river port on the Amazon, this city has borne the imprint of an extreme relationship with nature. It lives thanks to nature, but it preys on her; it loves her and pollutes her at the same time. Water caresses, but there it sickens. The initial harmony that made us associate these lands with the word "paradise" has fled, concealing itself ever farther away. What remains in its stead? Not a borderline, but a rift between man and nature, between the city and the Amazon: an uncertain frontier, a magical and voracious territory.

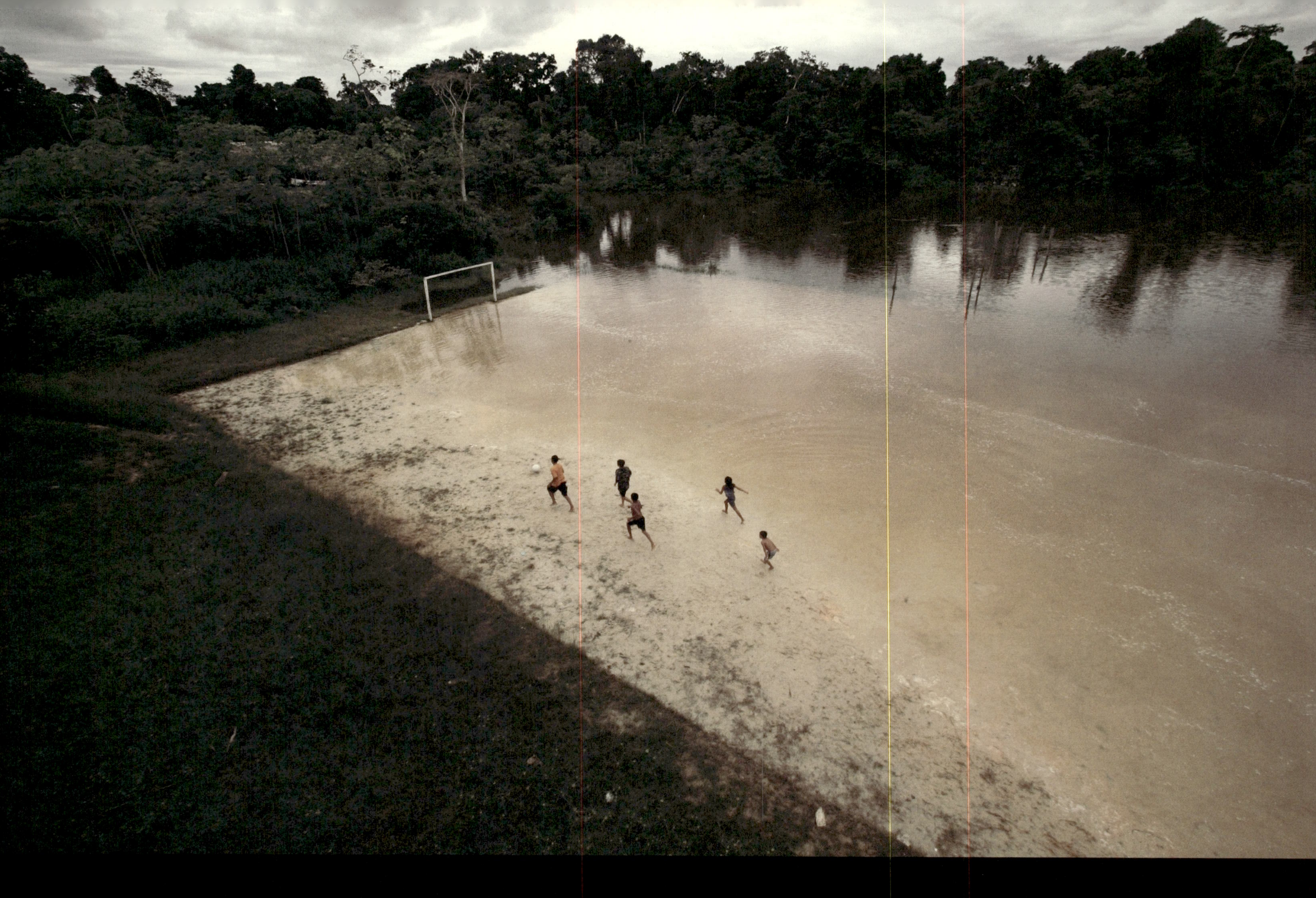

Desborde. Iquitos, Perú. Flooding. Iquitos, Peru.

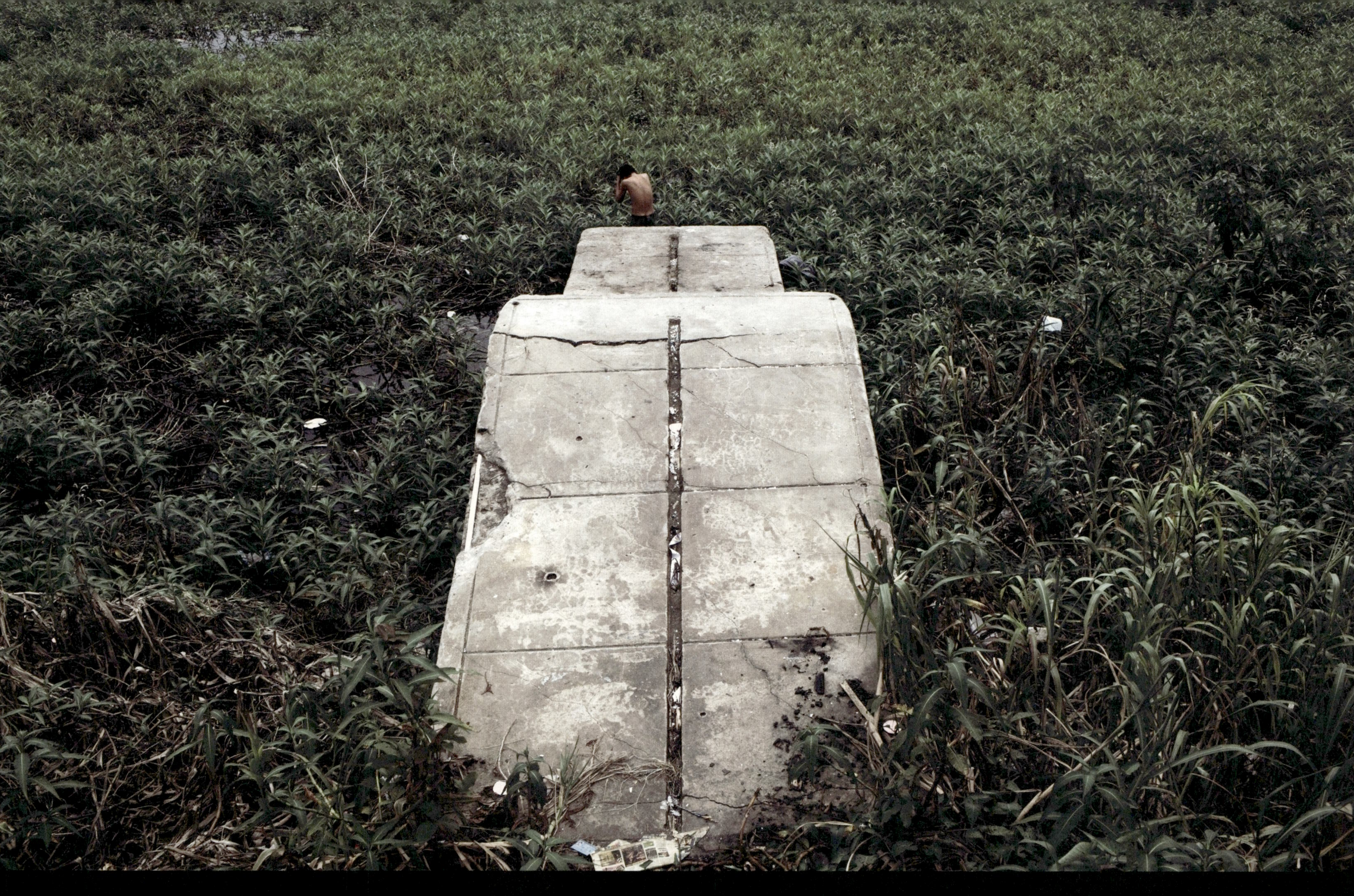

Fragmento Iquitos Perú Fragment Iquitos Perú

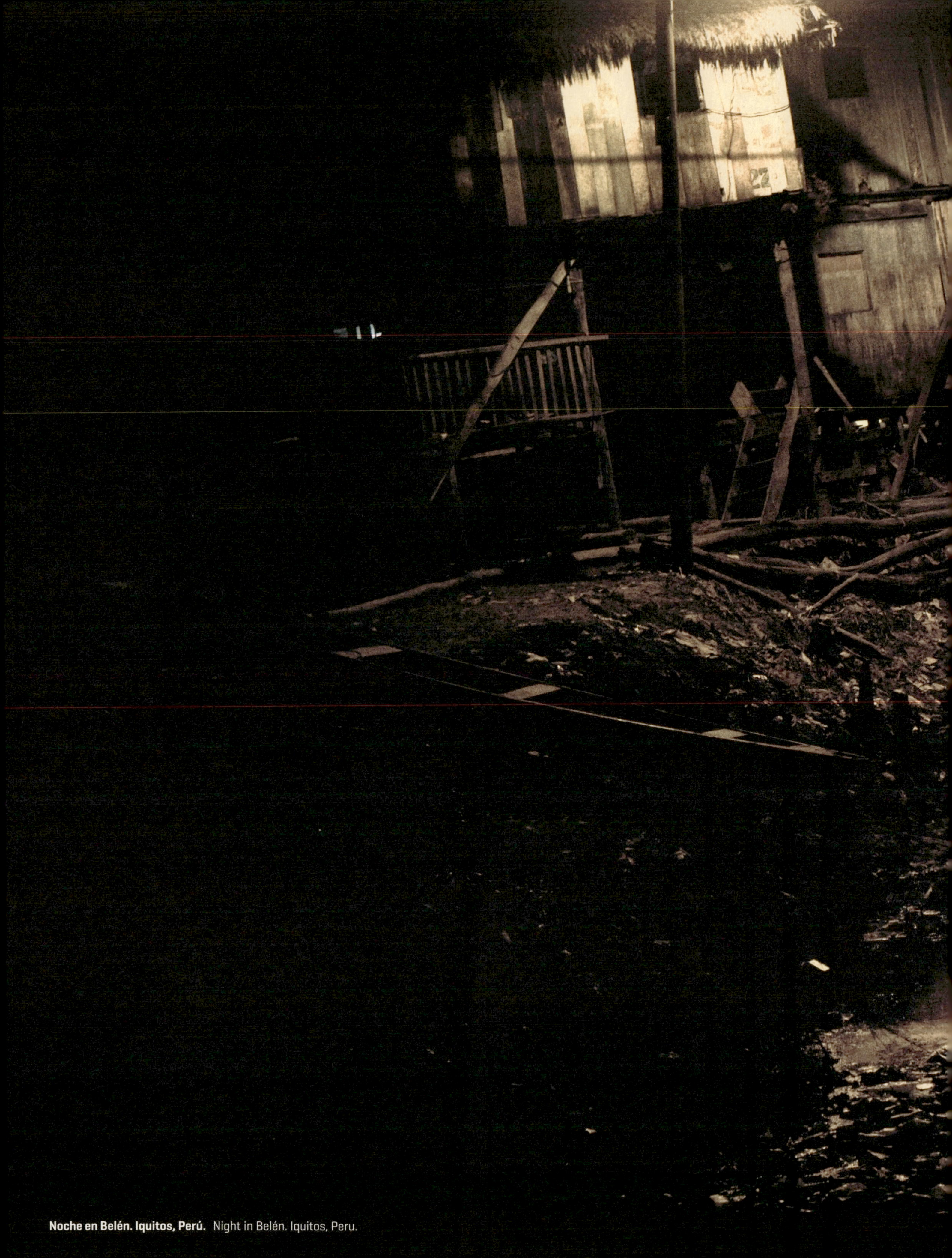

Noche en Belén. Iquitos, Perú. Night in Belén. Iquitos, Peru.

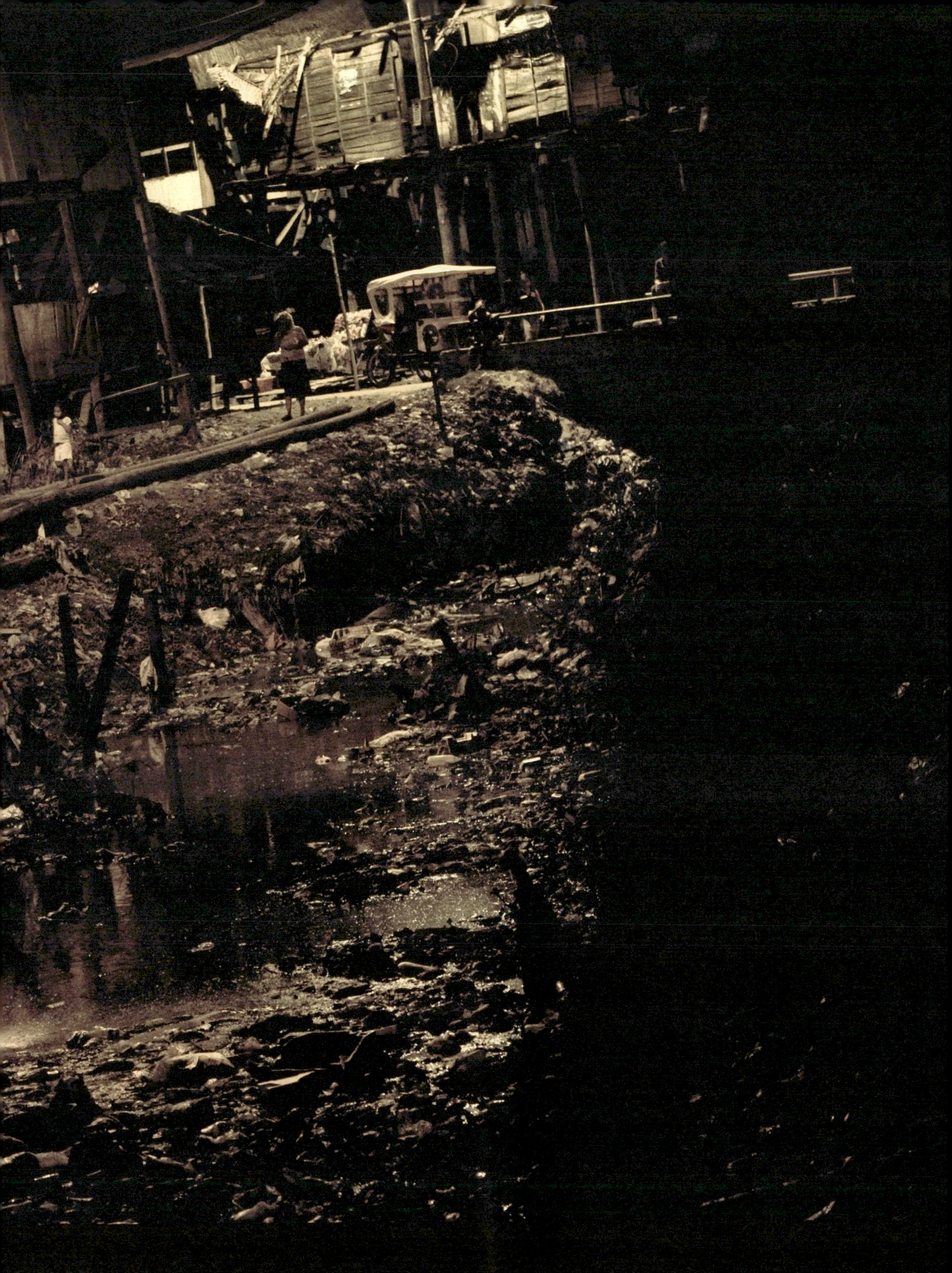

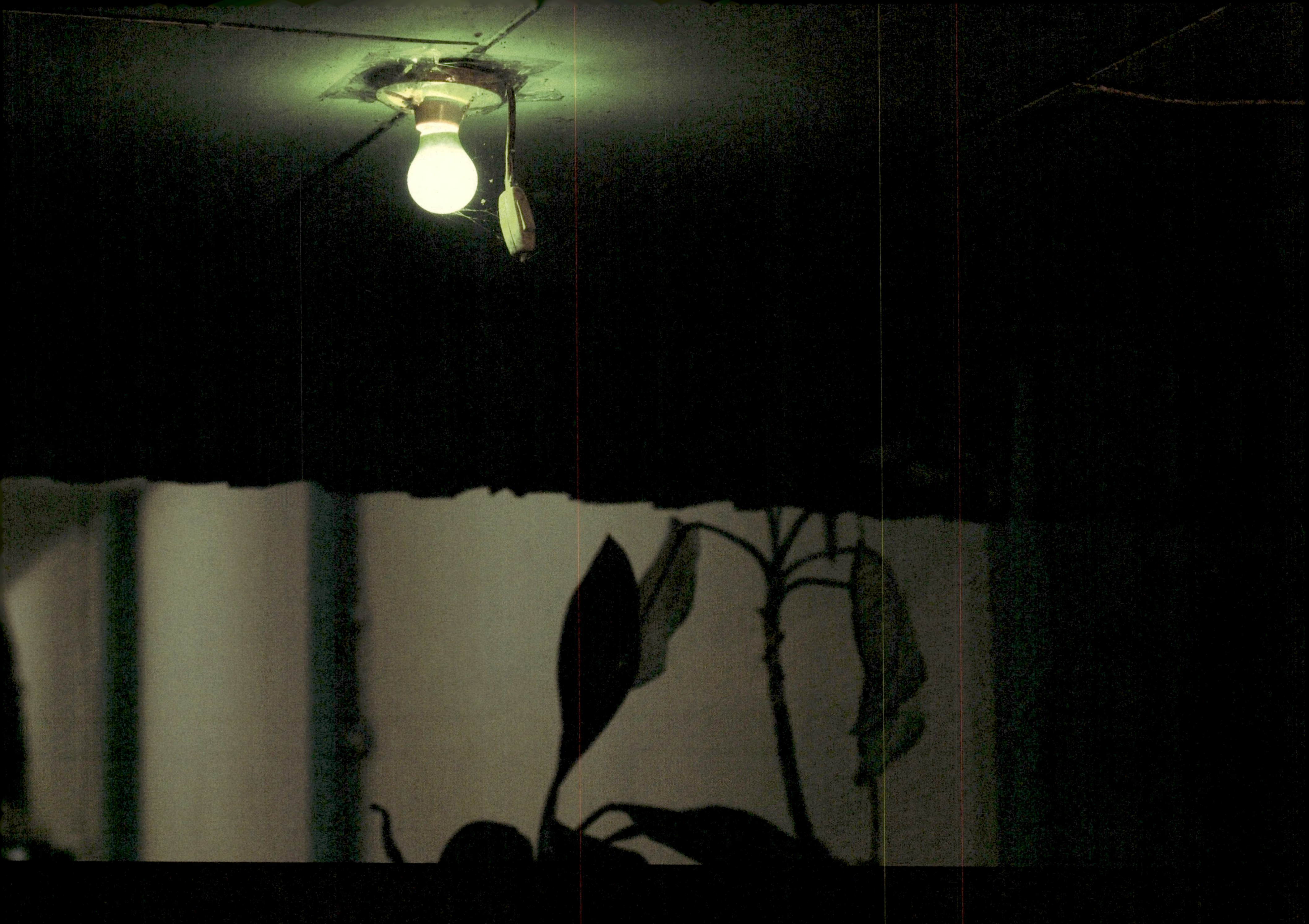

Donde "Matute". Iquitos, Perú. At "Matute's." Iquitos, Peru.

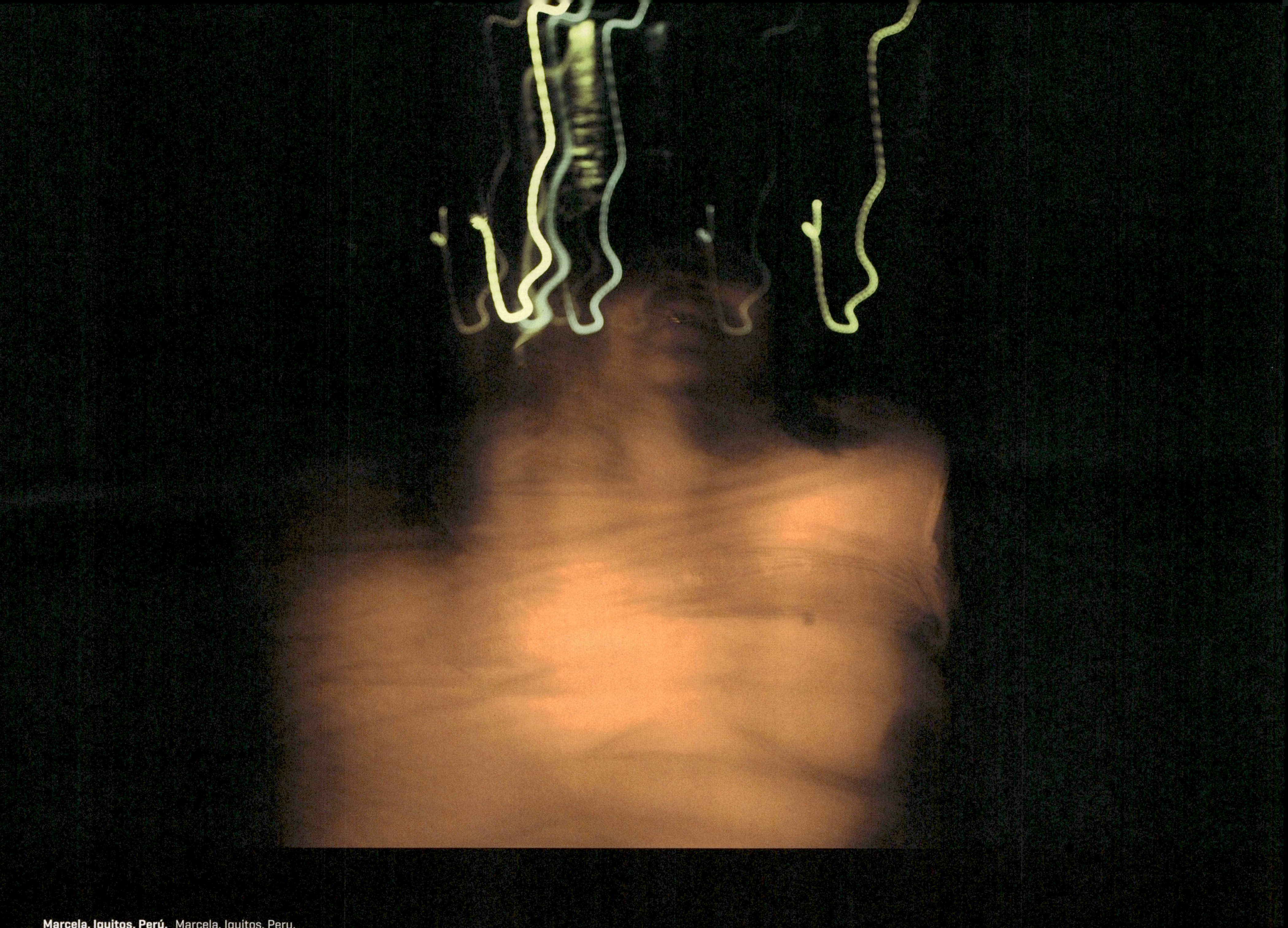

Marcela. Iquitos, Perú. Marcela. Iquitos, Peru.

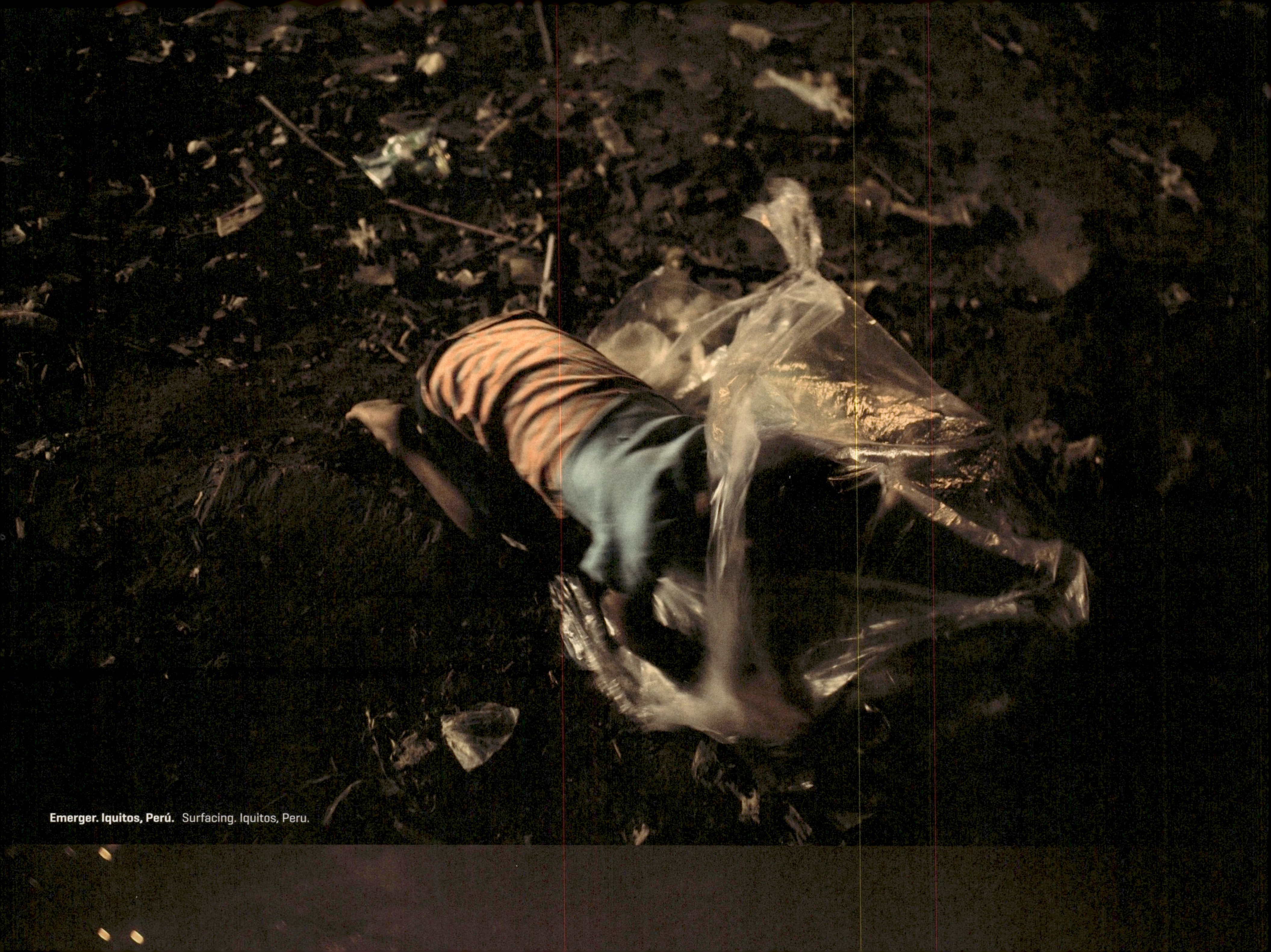

Emerger. Iquitos, Perú. Surfacing. Iquitos, Peru.

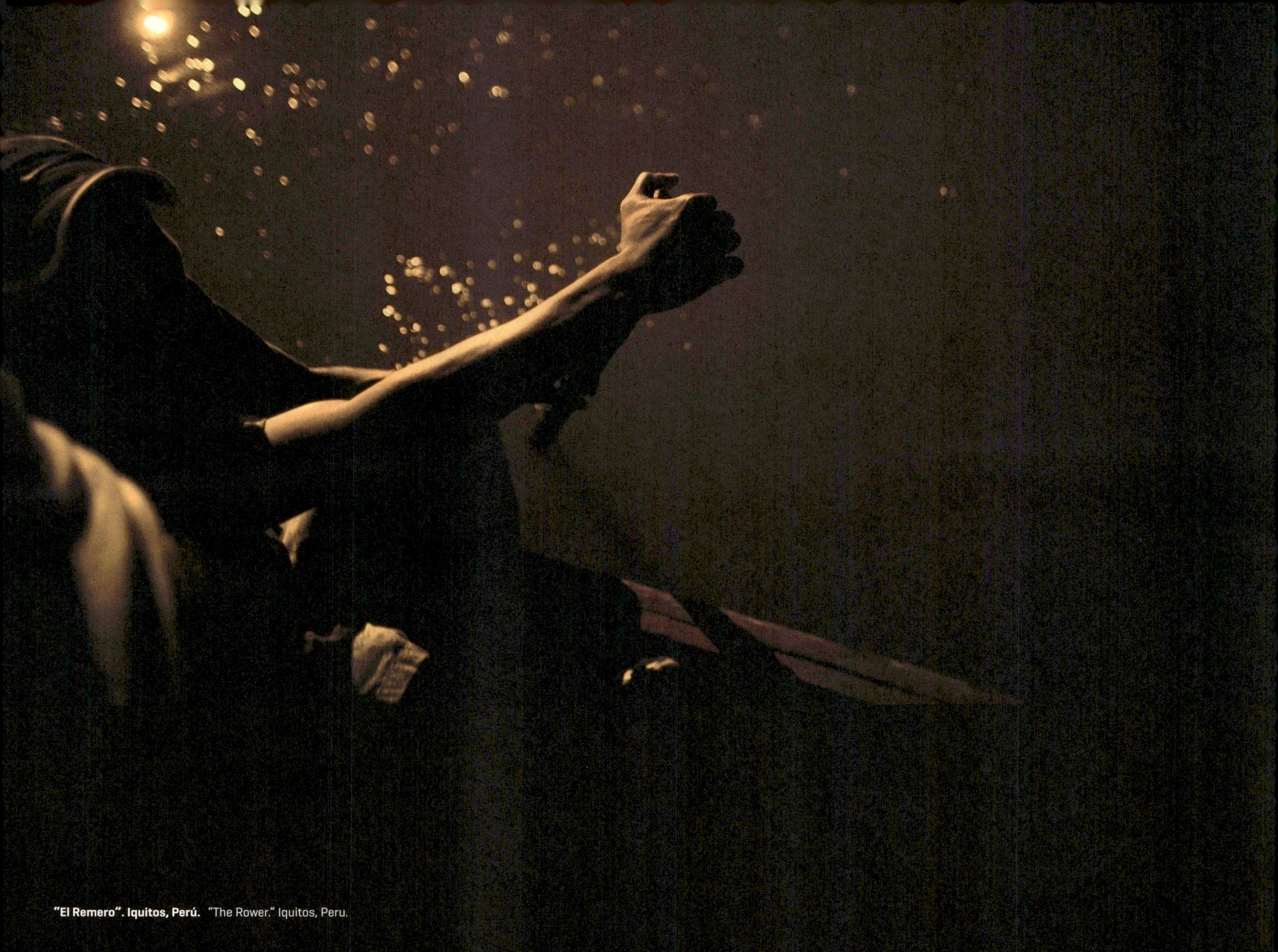

"El Remero". Iquitos, Perú. "The Rower." Iquitos, Peru.

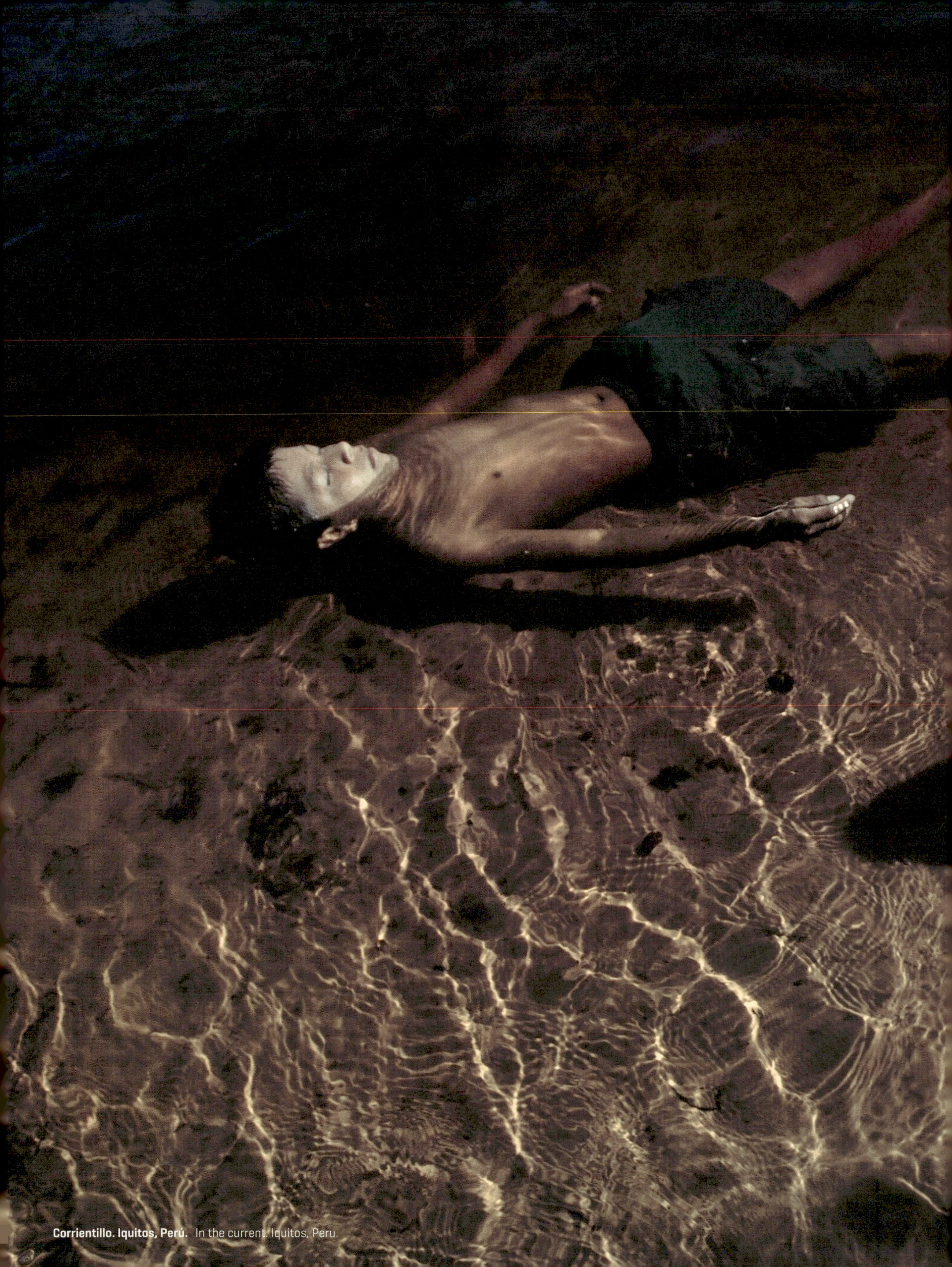

Corrientillo. Iquitos, Perú. In the current. Iquitos, Peru.

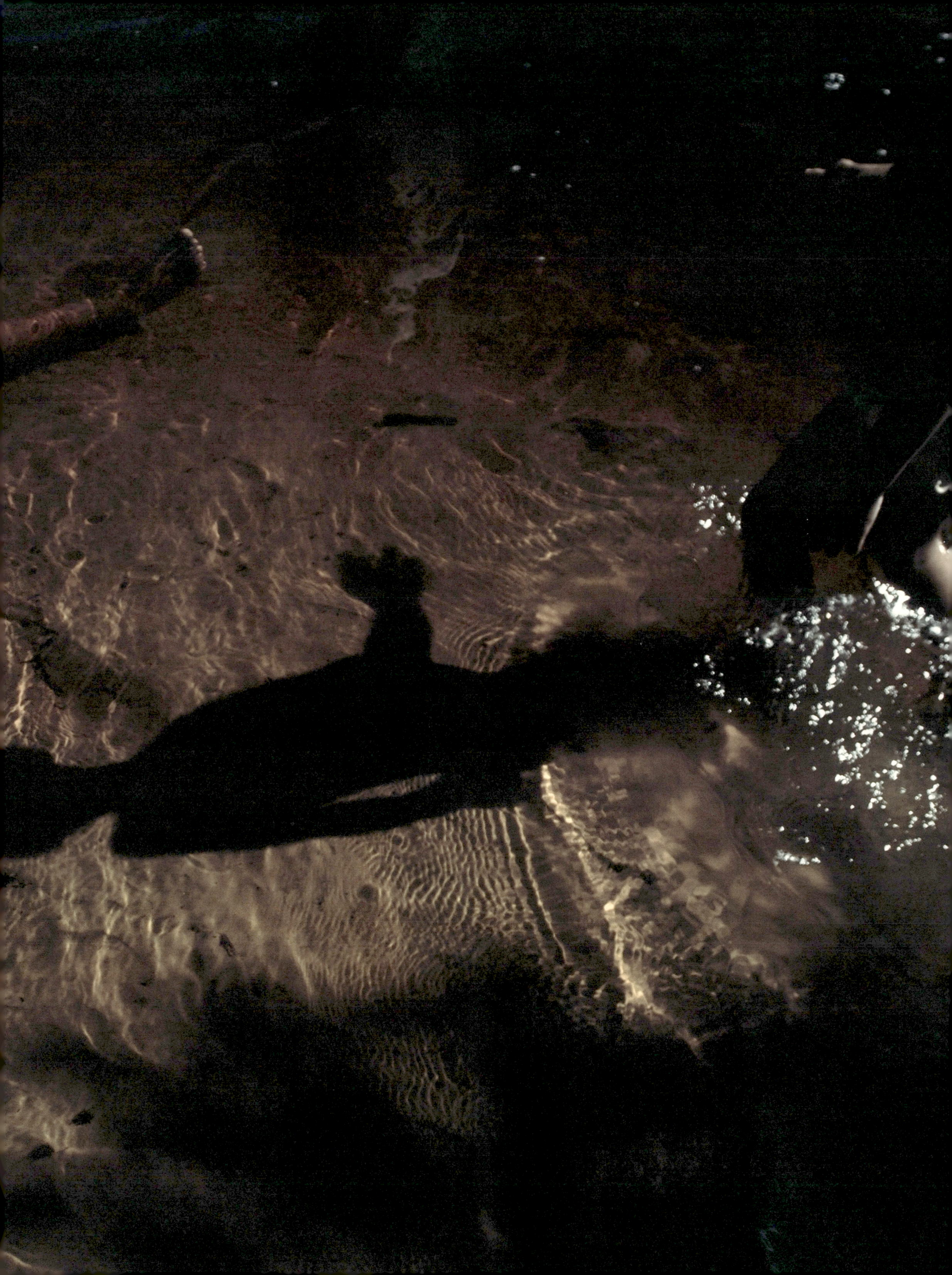

CIA DE FOTO ES UN COLECTIVO FOTOGRÁFICO FUNDADO EN 2003. ES UN EQUIPO DE SIETE PERSONAS, CON SEDE EN SÃO PAULO, QUE EXPERIMENTA Y PRODUCE ENSAYOS FOTOGRÁFICOS. SU OBJETIVO ES EXPRESAR LAS IDEAS EN UN PROCESO COLECTIVO. CADA IDEA ES COMPARTIDA, CADA TEMA ES DISCUTIDO Y CADA FOTOGRAFÍA ES EL RESULTADO DE UN CONSENSO CREATIVO. CIA DE FOTO FIRMA COMO UN GRUPO PARA CELEBRAR UNA FORMA DE VIDA, QUE SE CONSTRUYE MEDIANTE SU RELACIÓN CON LA FOTOGRAFÍA. SUS ENSAYOS ESTÁN PROFUNDAMENTE RELACIONADOS CON EL LUGAR DONDE VIVEN Y TRADUCEN SU PERCEPCIÓN DE FICCIÓN DE LA CIUDAD.

BRAZIL

Cia de Foto

www.ciadefoto.com.br

LLUVIA

La ciudad de São Paulo ha recibido este año más lluvia que nunca. En el mes de enero, todas las noticias giraron alrededor de este acontecimiento.
Una lluvia que ha paralizado la vida. Ha destrozado y matado gente. Y eso ha pasado a causa del calentamiento de las aguas del Atlántico, en la región del ecuador, que ha aumentado la humedad en la Amazonia. También el fenómeno natural de El Niño, en acción sobre América del Sur, ha cambiado los patrones de los vientos, empujando la humedad de la Floresta Amazónica al Sudeste de Brasil.
Las lluvias han tomado la ciudad. Cada muerte, cada árbol que caía era noticia. Un barrio de la periferia, el Jardín Pantanal, fue escogido por la gran prensa como foco de noticias. Allí hay una calle que ha quedado bajo el agua y entre sus casas ha surgido un brazo de río donde se ha hecho el video del ensayo. Para fotografiar se ha esperado cuarenta y dos días de diluvio.

RAIN

The city of São Paulo has received more rain than ever this year. In January all the news revolved around this event. A rainfall that has paralyzed life. That has destroyed and killed people. And this has happened because of the warming of the waters of the Atlantic, which has increased the humidity in the Amazon region. The natural phenomenon of El Niño has also affected South America, changing wind patterns and pushing the humidity of the Amazon Rainforest towards southeastern Brazil. The rains have taken over the city. Every death, every tree that fell, was a news event. A neighborhood on the outskirts of the city, Jardín Pantanal, was chosen by the media as a news focus. An entire street was flooded there and the arm of a river emerged from amidst its houses, where the video of the essay was made. Forty-two days of rain had to pass before the photographs could be taken.

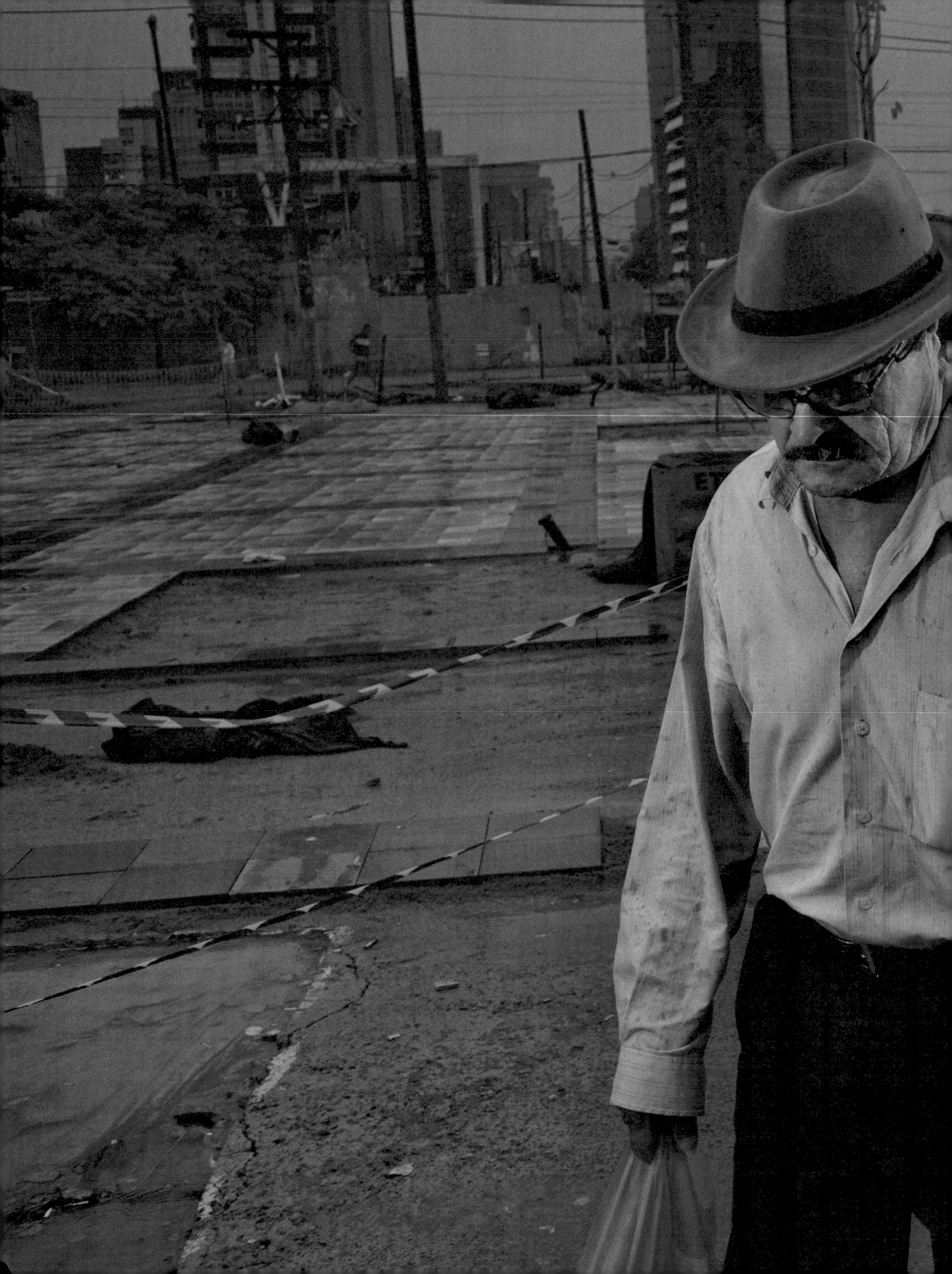

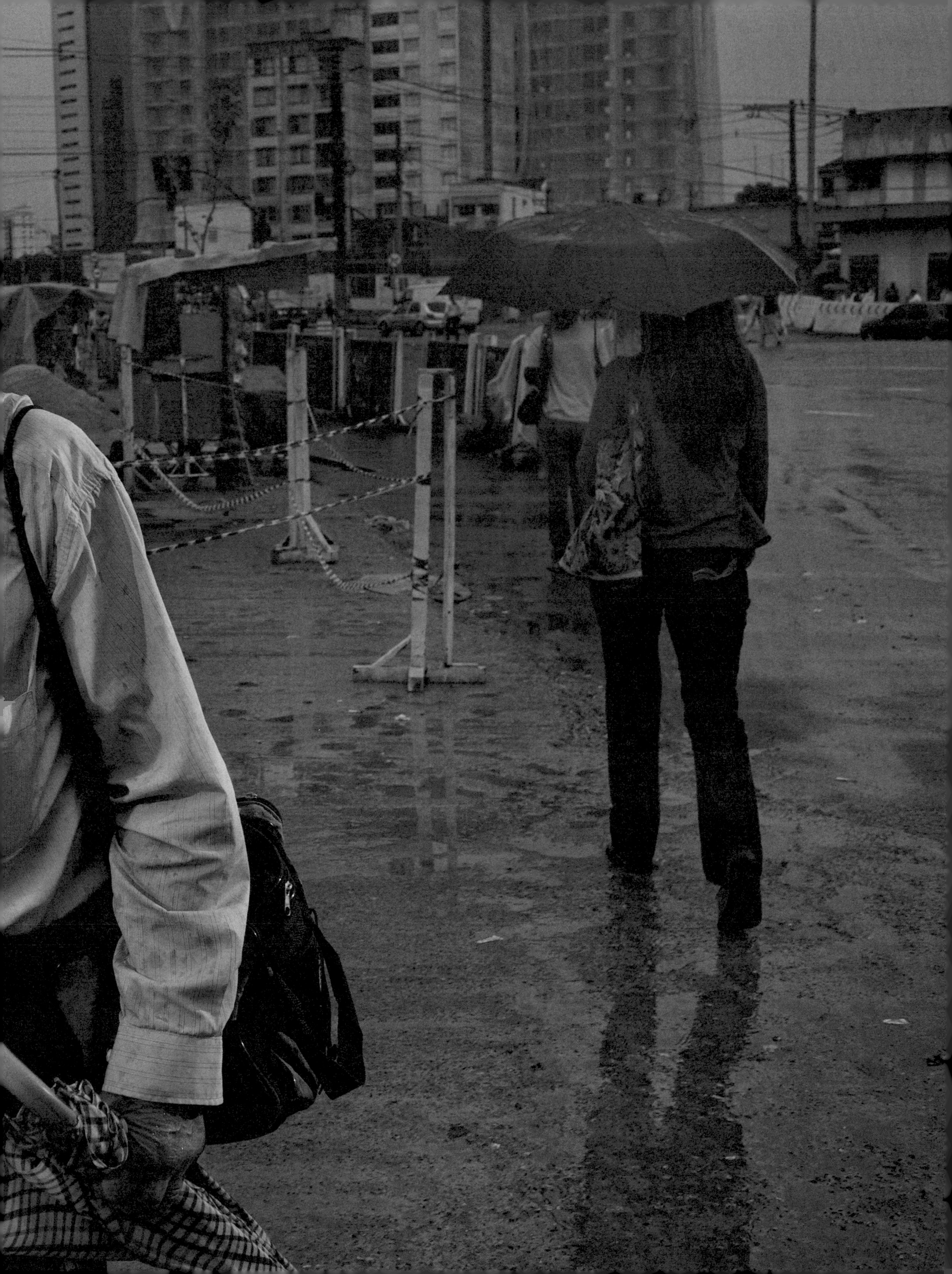

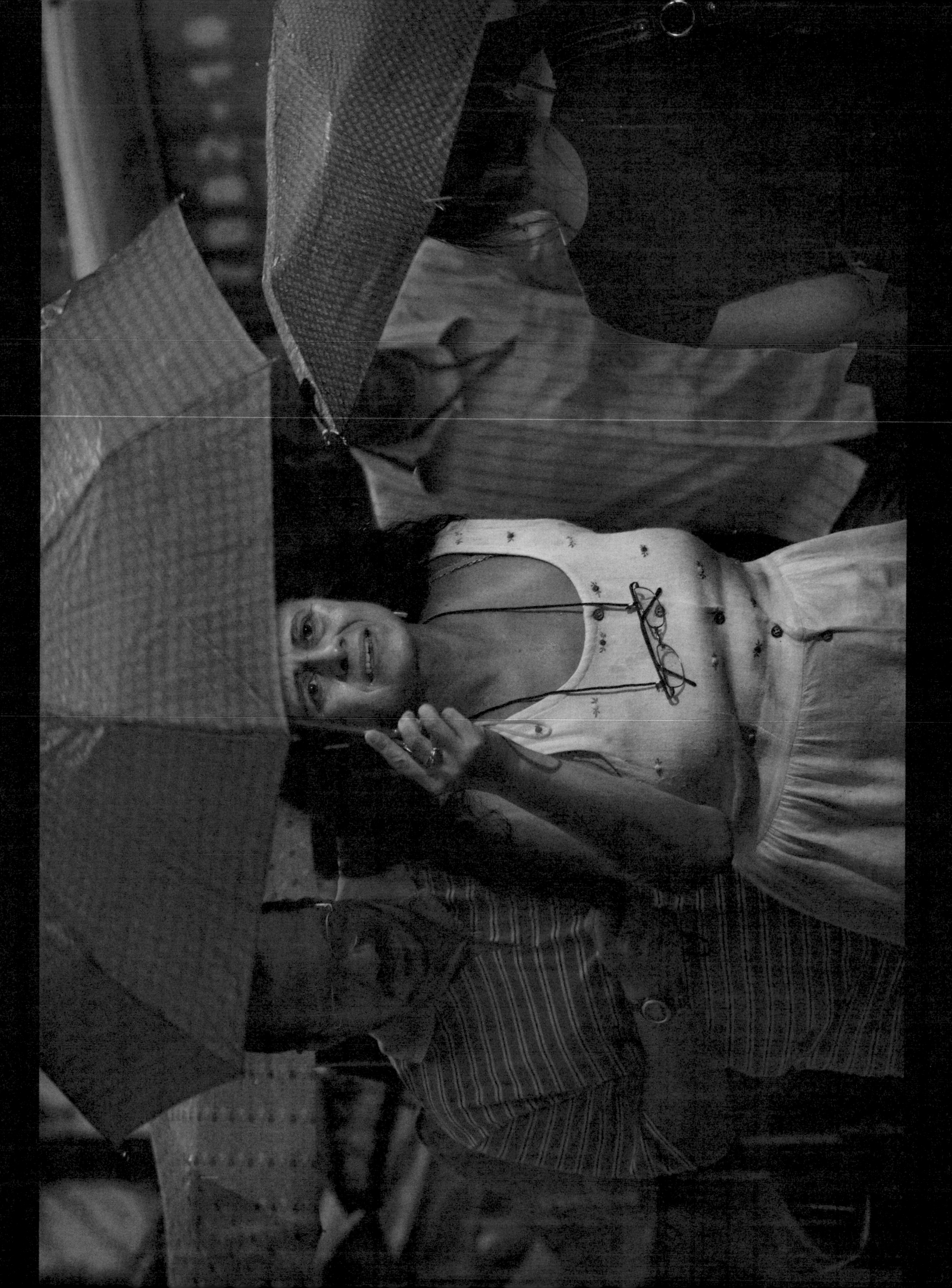

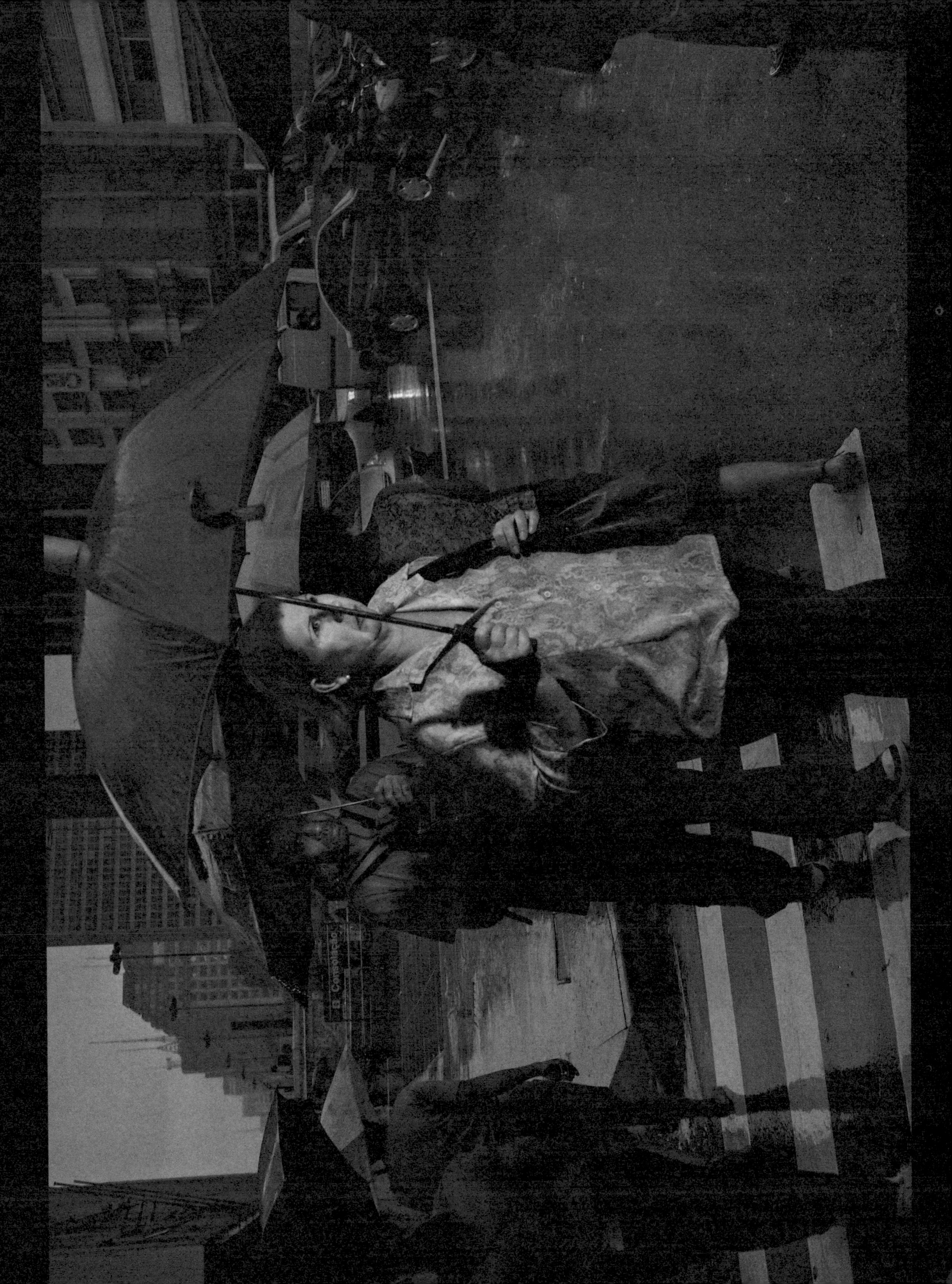

EL COLECTIVO NÓMADA NACE EN EL AÑO 2008, CON LA INTENCIÓN DE DESARROLLARSE EN EL ÁMBITO DE LA FOTOGRAFÍA DOCUMENTAL DE MANERA CONJUNTA. ACTUALMENTE ESTÁ FORMADO POR OCHO FOTÓGRAFOS, COMPROMETIDOS CON LA LABOR DE COMUNICAR SUS INQUIETUDES A TRAVÉS DE LAS IMÁGENES.

APUNTES CAUTIVOS

Con reminiscencias de un pasado ambiental, emblemático en el mundo, Costa Rica se ha situado como paraíso turístico, ecológico y pacifista, lindando con el desarrollo económico y social. Sin embargo, las contradicciones de quienes entienden el desarrollo sólo por intereses políticos-económicos no han logrado ocultar visualmente el operativo del absurdo como detonante de una Costa Rica desgastada, saqueada y destruida social, moral y ambientalmente.

Ante lo mencionado, el presente proyecto busca hacer emerger, en imágenes, los límites de la incongruencia ambiental y social latentes en la Costa Rica contemporánea y globalizada. Los *apuntes cautivos* remiten a lo ausente sin retorno, a la verdad decomisada, al absurdo como imaginario idílico, como contrapunto de todo lo que ha sido usurpado a la naturaleza y a la vida.

Especies exóticas y rarezas del mundo, playas incomparables y bosques vírgenes se trastocan en vaciedad, impotencia, inacción, y tensión, todo en una especie de cautiverio de la muerte.

40 / 41

COSTA RICA

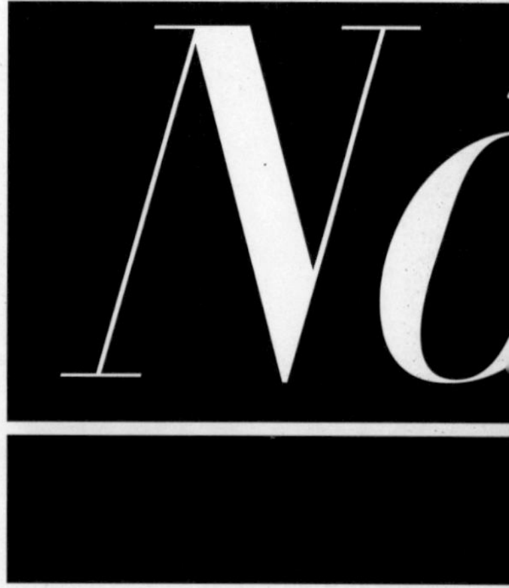

CAPTIVE NOTES

With its emblematic reminiscences of an environmental past, Costa Rica has positioned itself as a touristic, ecological, and pacifistic paradise, on a par with its social and economical development. But the contradictions of those who understand development simply in terms of political and economic interests have not been able to conceal visually the operation of the absurd as the catalyst of a Costa Rica that has been exhausted, plundered, and destroyed socially, morally, and environmentally.

In the face of these truths, the present project seeks to show in images the limits of latent environmental and social inconsistencies in contemporary, globalized Costa Rica. *Captive Notes* looks at what has been irremediably lost, at the sequestration of the truth, at the absurdity of idyllic imagery, as a counterpoint to everything that has been usurped from nature and life.

Rare and exotic species, incomparable beaches, and virgin forests are transformed into emptiness, helplessness, inaction, tension, all in a sort of captivity of death.

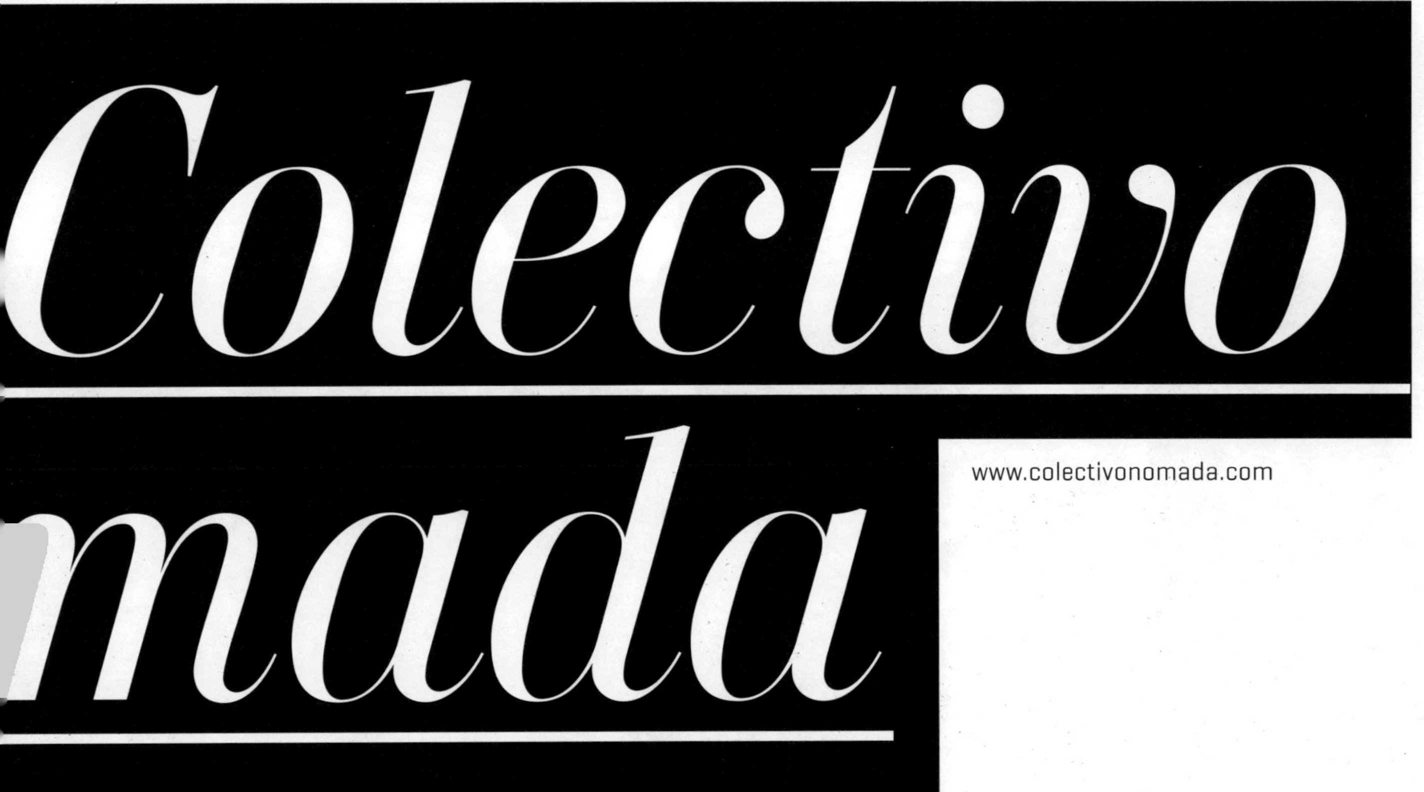

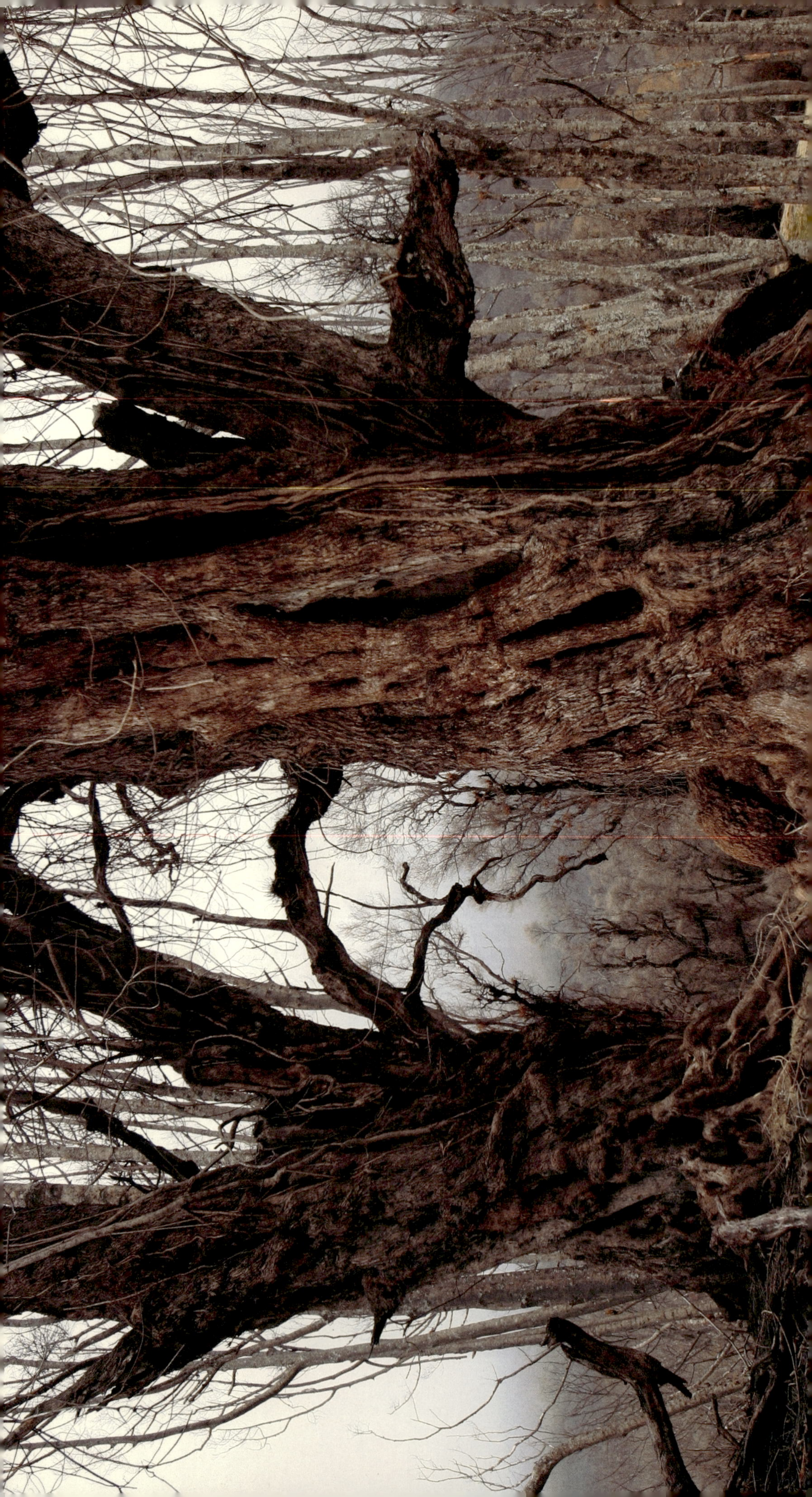

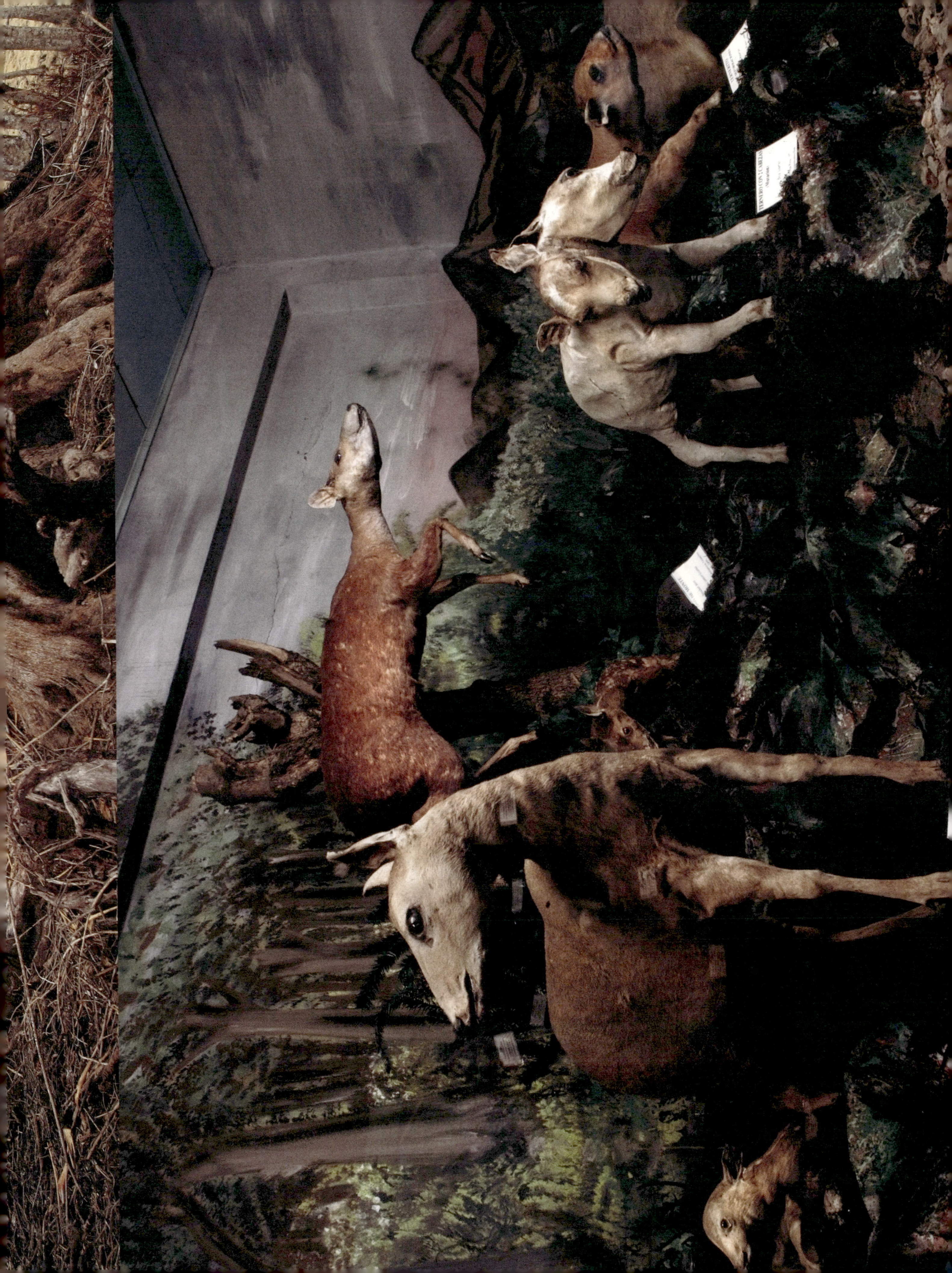

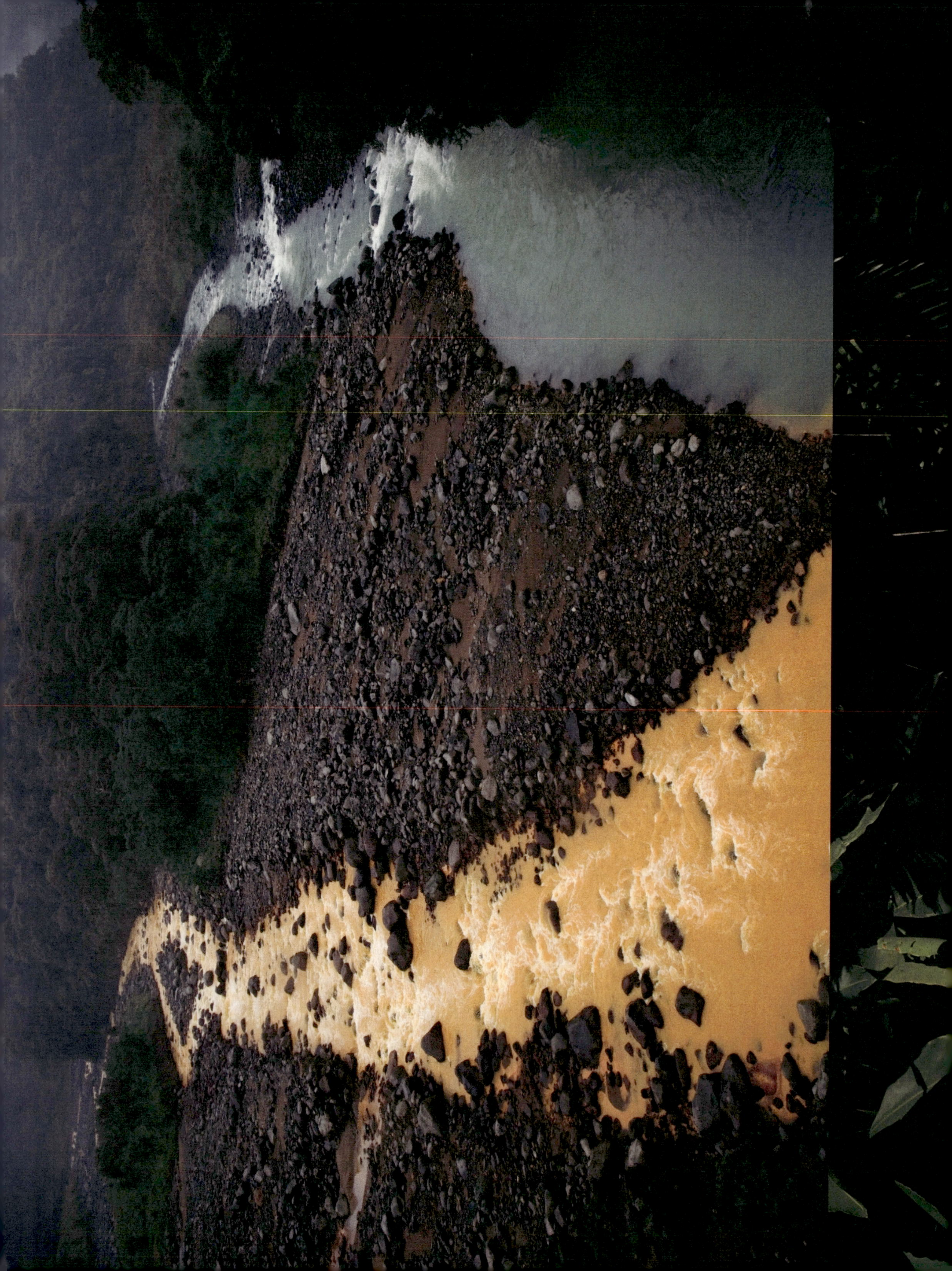

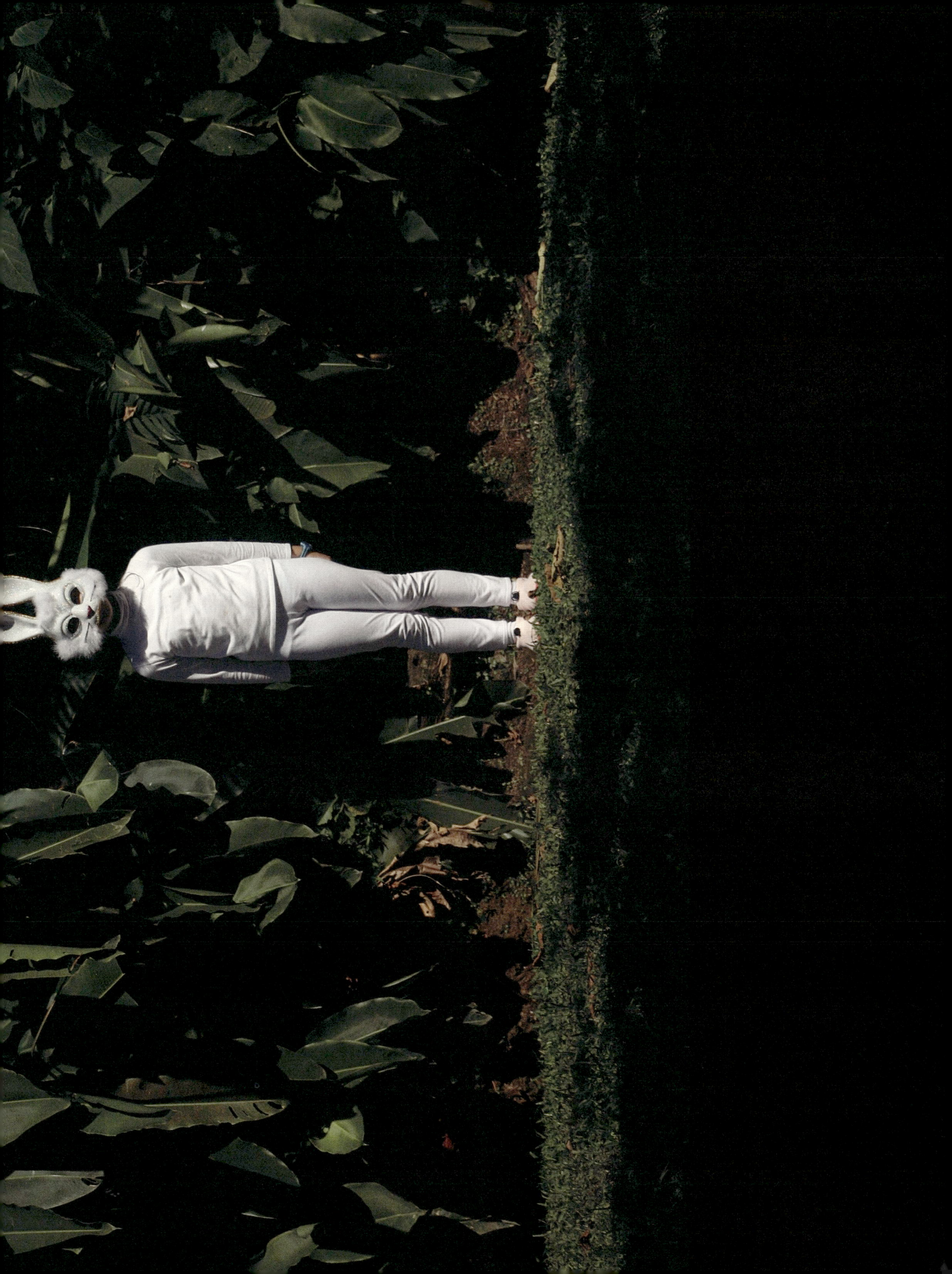

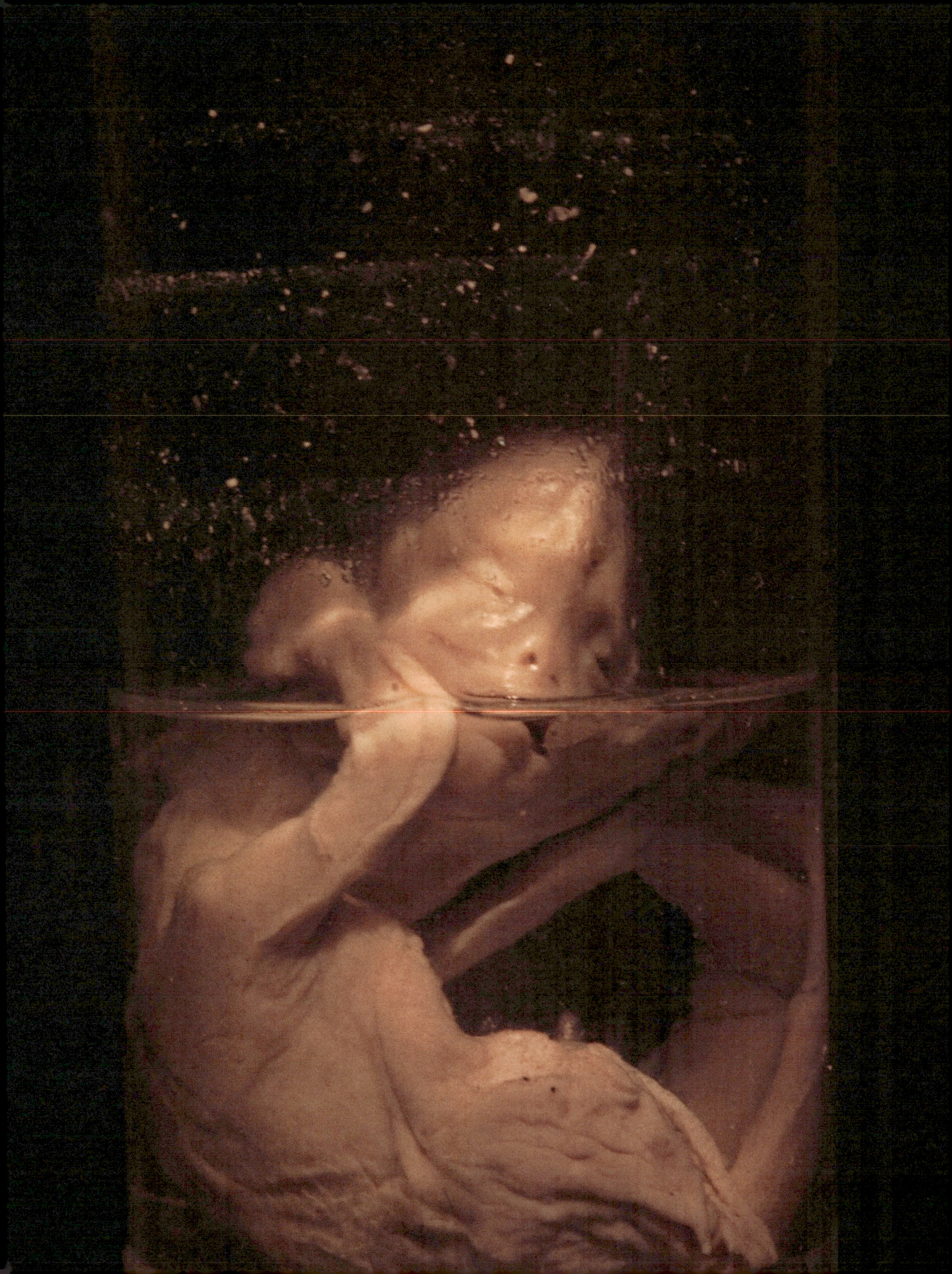

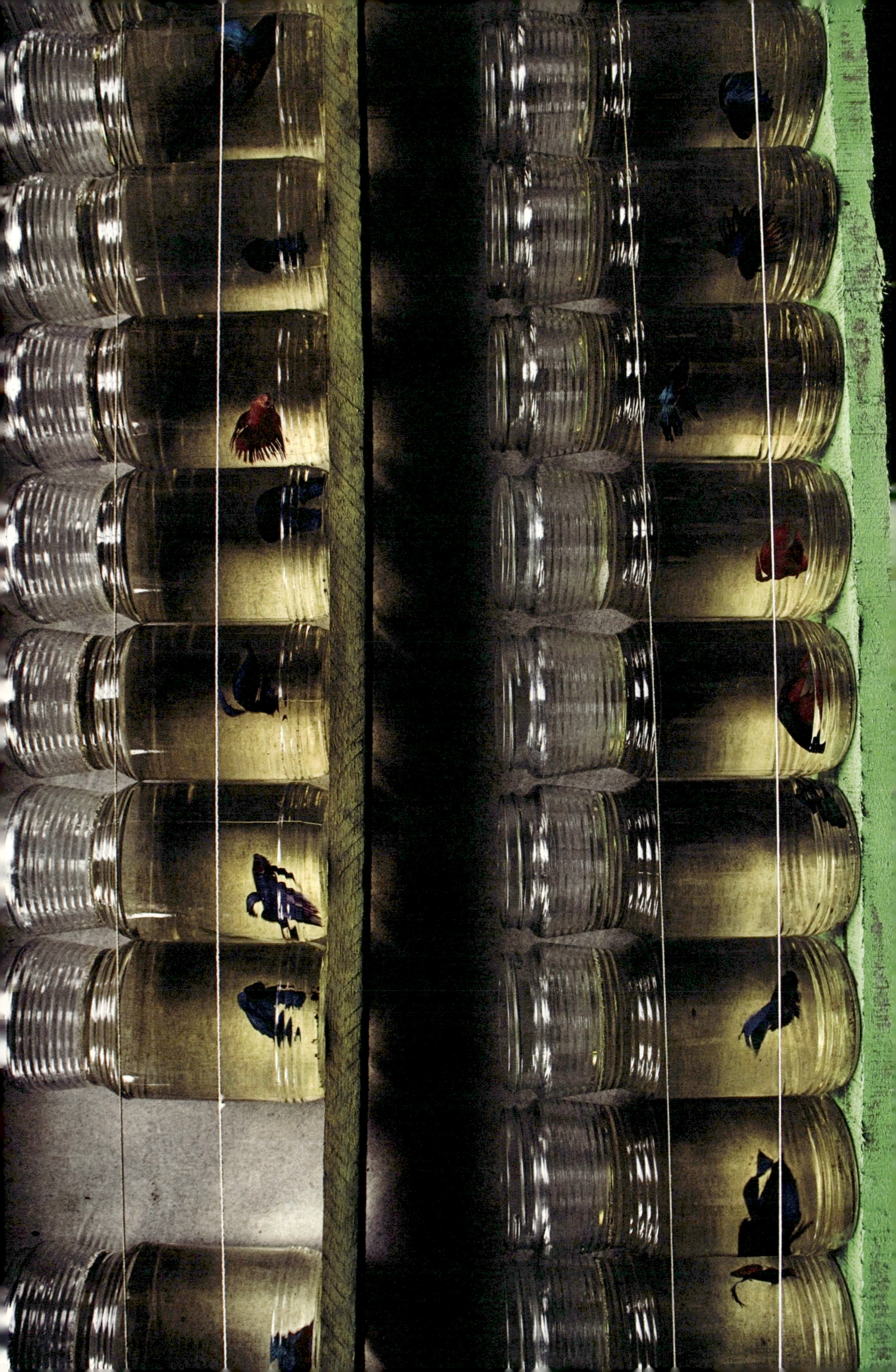

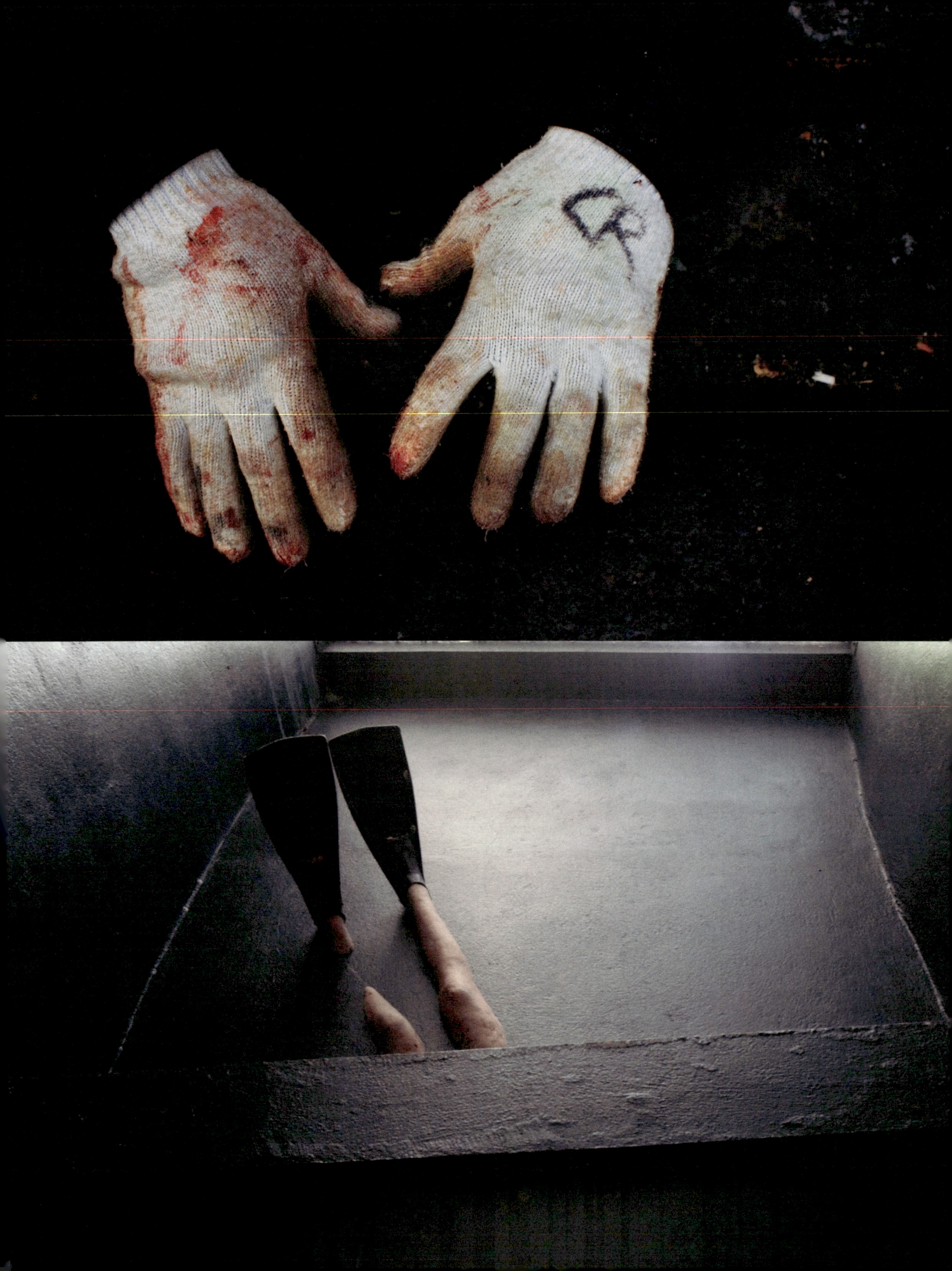

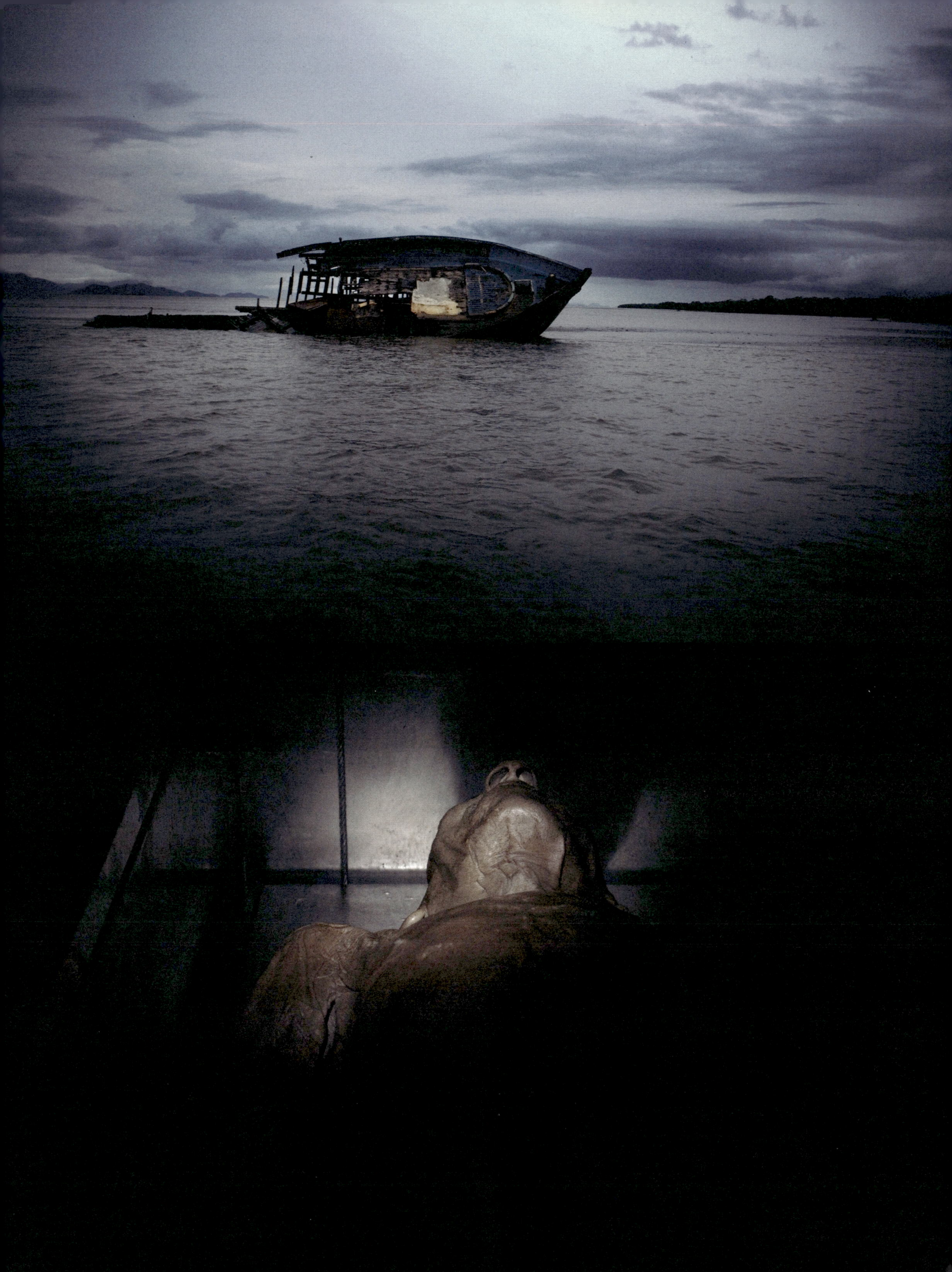

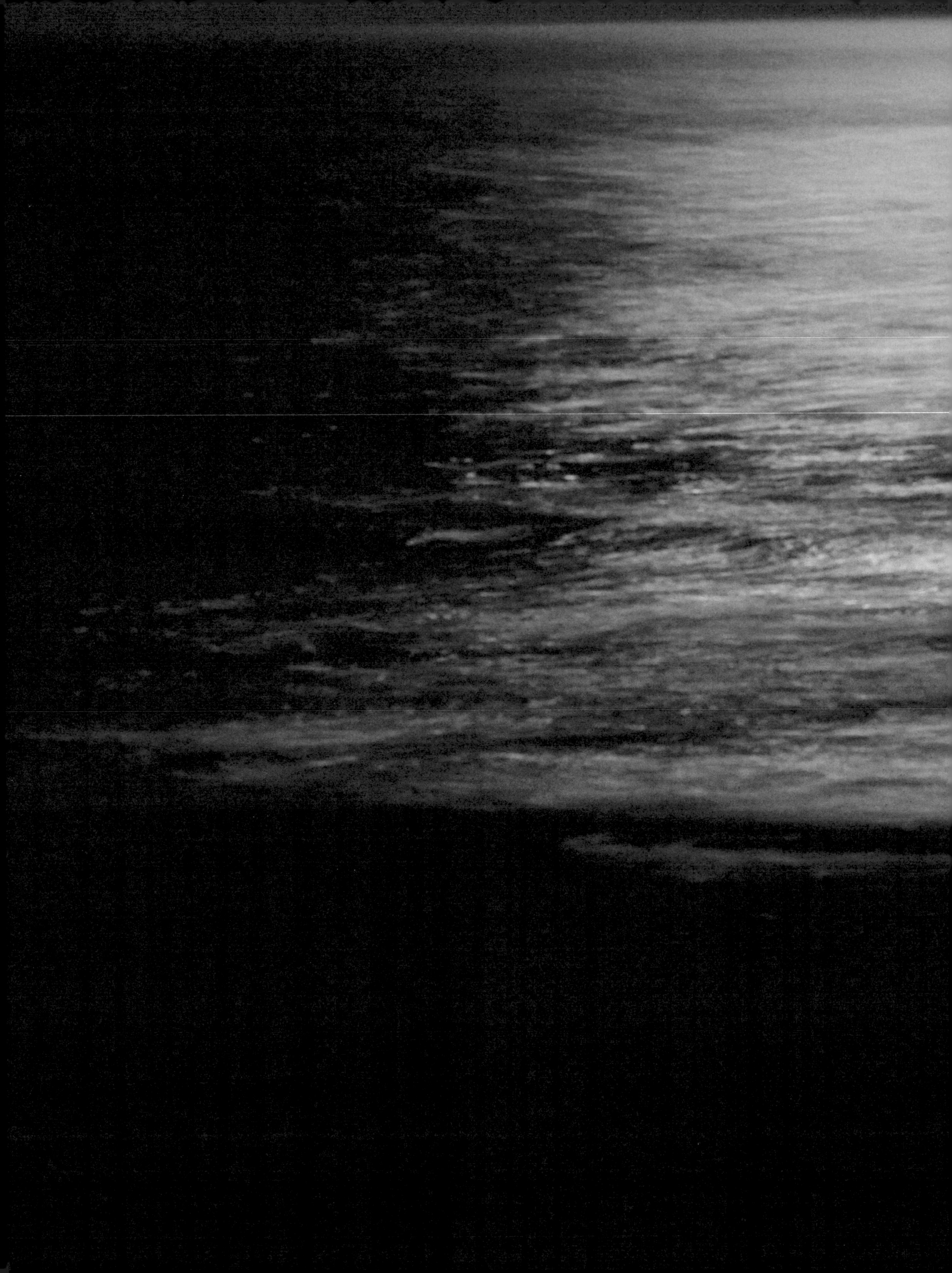

SUB COOP. ES UNA COOPERATIVA DE FOTÓGRAFOS NACIDA EN BUENOS AIRES A FINALES DEL 2004. EL PROYECTO ESTÁ INTEGRADO POR SEIS MIEMBROS; CINCO DE ELLOS: GISELA VOLÁ, NICOLÁS POUSTHOMIS, SEBASTIÁN HACHER, GERÓNIMO MOLINA Y GABRIELA MITIDIERI RESIDEN EN BUENOS AIRES, Y OLMO CALVO RODRÍGUEZ EN MADRID. EL COLECTIVO BUSCA COMBINAR EL COMPROMISO Y EL TRABAJO, LA INQUIETUD ARTÍSTICA Y LA EFICIENCIA.

www.sub.coop.com

EL RIACHUELO

El Riachuelo es un símbolo de Buenos Aires que la atraviesa geográficamente. Toda la mitología de la identidad porteña clásica pasa por el Riachuelo: la niebla, el barco que llega o se muere herrumbrado. El puerto como lugar para empezar una nueva vida, como escenario para recordar el pasado, el día que llegamos. La Boca se llama así porque es la Boca del Riachuelo: es el lugar por donde el río habla. En gran parte de su recorrido, el Riachuelo tiene 0% de oxígeno en el agua. Está ahogado en sí mismo.

El Riachuelo del pasado —en el que navegaban o se bañaban nuestros abuelos— en la música y la pintura es el tango, Quinquela Martín, Berni, Carpani, la identidad porteña naciente.

Hoy el Riachuelo no sólo es la frontera entre la urbe y la periferia, también es el río derrotado por la modernidad. Hacia allí apuntan las preguntas de nuestras fotos. Si antes los inmigrantes se instalaban en los conventillos inundables, los que llegan hoy construyen sus casas en la orilla. Los nuevos inmigrantes lo rellenan para levantar sus ranchos o armar puestos de venta. ¿Cómo se construye una nueva identidad, una nueva mitología en la ribera de un río de oxígeno cero?

SUB [COOPERATIVA DE FOTÓGRAFOS] WAS FOUNDED IN BUENOS AIRES TOWARD THE END OF 2004. THE COLLECTIVE IS MADE UP OF SIX MEMBERS, FIVE OF WHOM—GISELA VOLÁ, NICOLÁS POUSTHOMIS, SEBASTIÁN HACHER, GERÓNIMO MOLINO, AND GABRIELA MITIDIERI—RESIDE IN BUENOS AIRES. OLMO CALVO RODRÍGUEZ LIVES IN MADRID. THE COLLECTIVE SEEKS A WAY OF COMBINING COMMITMENT AND WORK, ARTISTIC INNOVATION AND EFFICIENCY.

ARGENTINA

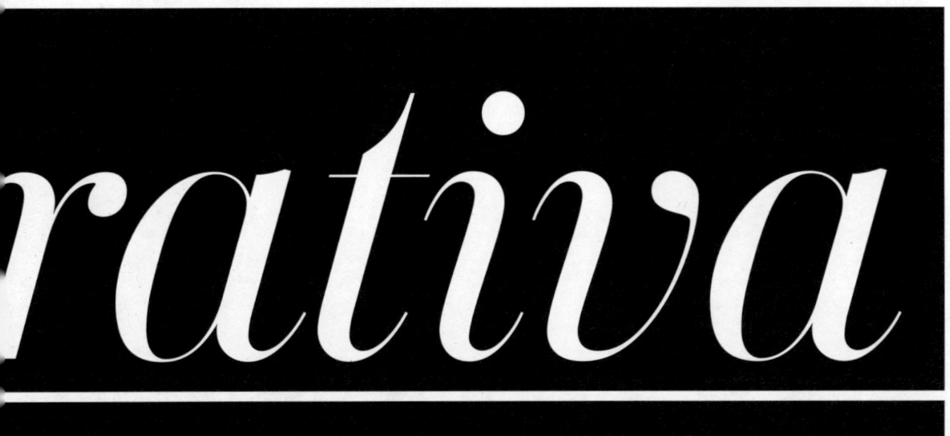

THE RIACHUELO

The Riachuelo is a symbol of Buenos Aires, which it crosses geographically. The entire mythology of a classic *porteño* identity passes through the Riachuelo: fog, the arriving ship, or the one rusting in dry dock. The port as a place to start a new life, as a setting in which to recall the past, the day we arrived. La Boca is so called because it is the "mouth" of the Riachuelo: it is the place where the river speaks. Through a long stretch of its extension, the Riachuelo has no oxygen in its water. It is drowning in itself.

The Riachuelo of the past—the one our grandparents bathed in or sailed on—in music and painting, is the tango, Quinquela Martín, Berni, Carpani, the nascent *porteño* identity.

Today the Riachuelo is not only the frontier between the city and the periphery; it is also overwhelmed by modernity. This is what the questions of our photos point to. If immigrants once occupied the flood-prone *conventillos,* now they build their houses on the banks. The new immigrants fill them in to erect ranches or set up market stalls. How can a new identity, a new mythology be constructed on the banks of a zero-oxygen river?

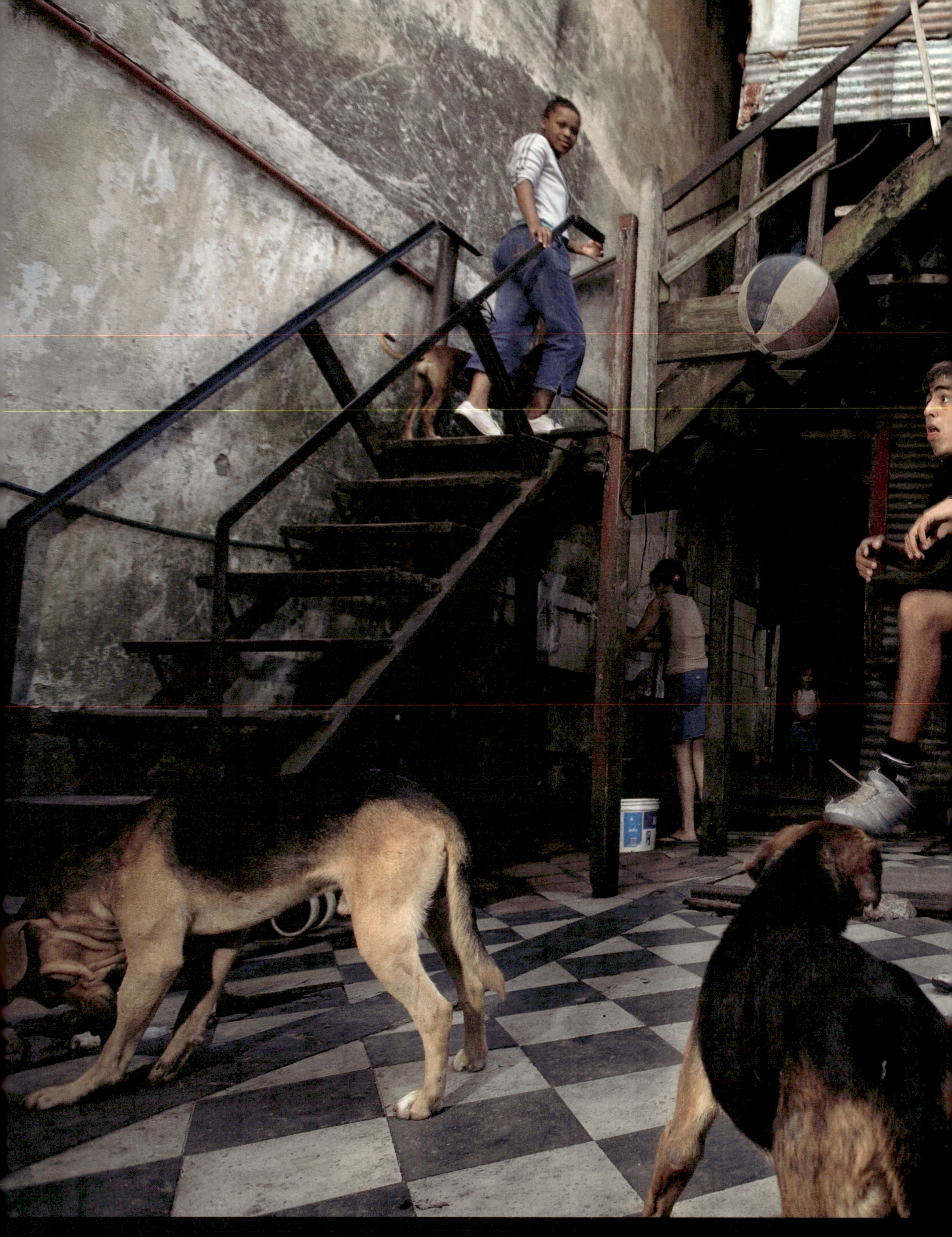

Patio de un convento de la Isla Maciel, Buenos Aires, Argentina   Patio of a tenement house on Isla Maciel, Buenos Aires, Argentina

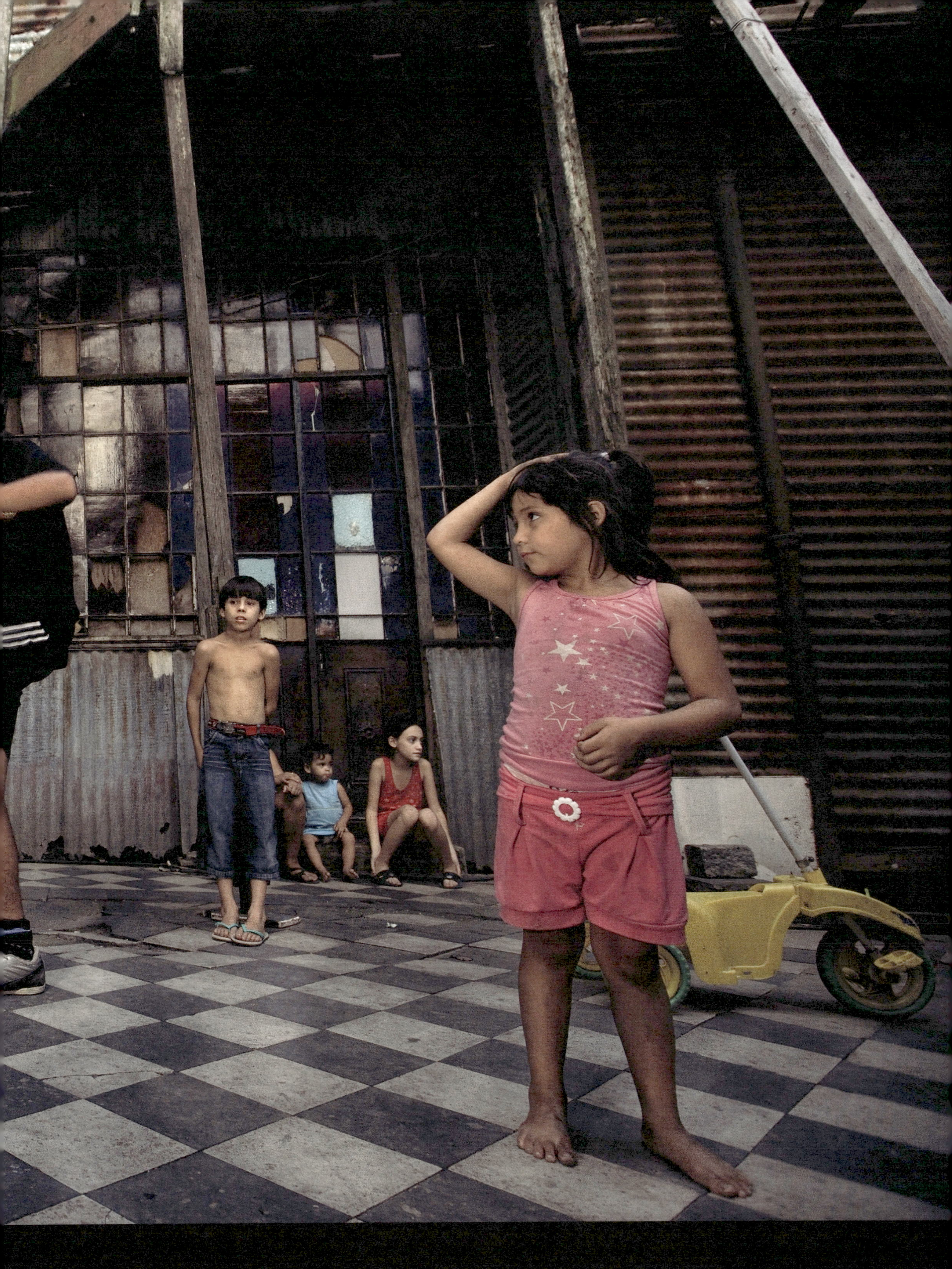

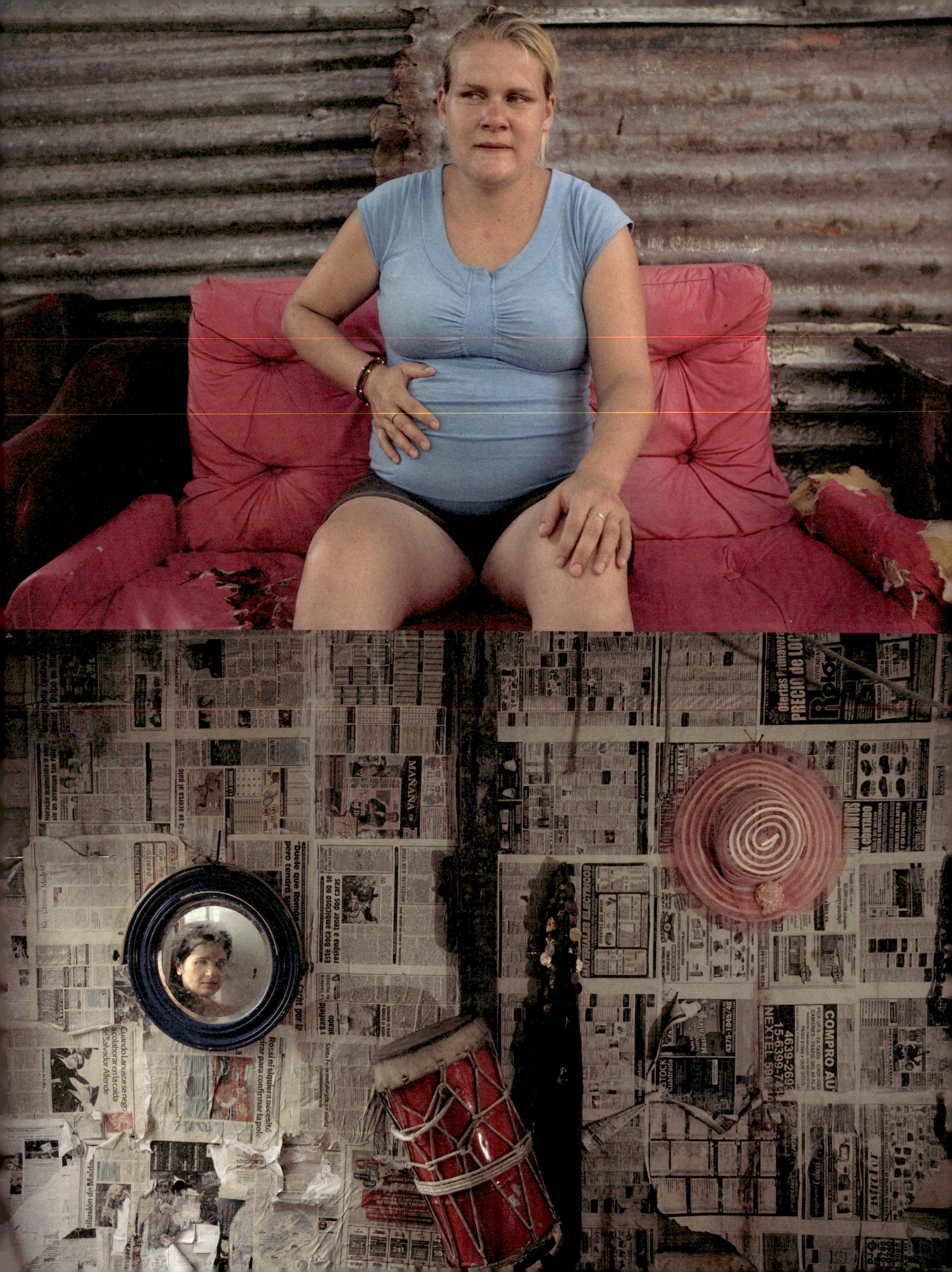

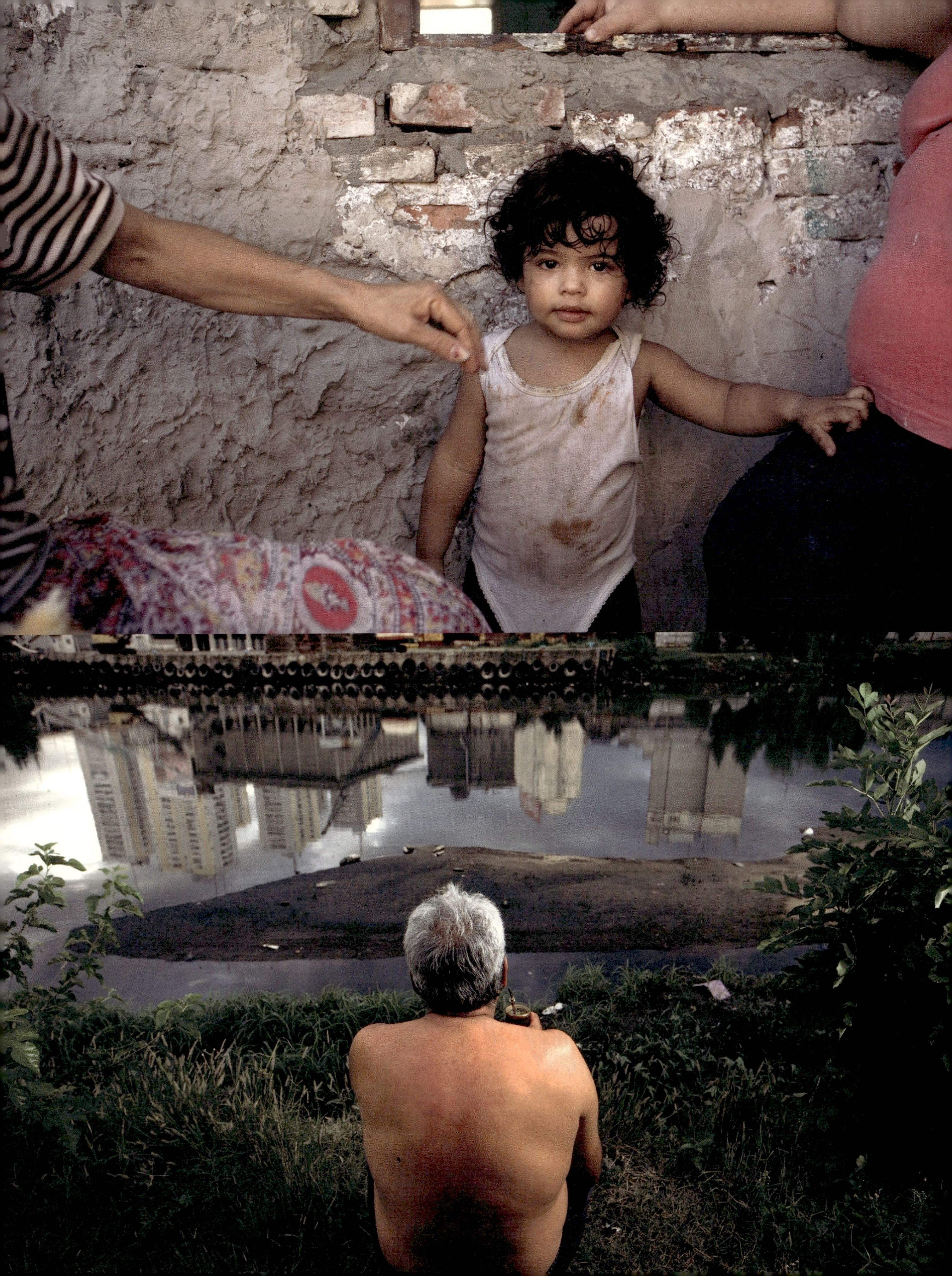

DOCUMENTOGRAPHY ES UN COLECTIVO FOTOGRÁFICO INTERNACIONAL QUE TRABAJA EN LOS CAMPOS DEL DOCUMENTAL, REPORTAJE, RETRATO Y LAS BELLAS ARTES. SU SEDE SE LOCALIZA EN LONDRES Y CUENTA CON CINCO FOTÓGRAFOS DE DIFERENTES NACIONALIDADES, MAGALI COROUGE (FRANCIA), MUZI QUAWSON (REINO UNIDO), ANNA KARI (DINAMARCA), EDUARDO MARTINO (BRASIL) Y GUILHEM ALANDRY (FRANCIA). EL GRUPO SE FORMÓ EN 2000 Y DESDE ENTONCES HA CRECIDO Y SE HA DIVERSIFICADO, BASÁNDOSE EN LOS ÉXITOS INDIVIDUALES Y COLECTIVOS. DESARROLLA TRABAJOS PERSONALES, ASÍ COMO PROYECTOS EN COMÚN QUE ABORDAN UNA AMPLIA GAMA DE TEMAS SOCIALES, POLÍTICOS Y CULTURALES. LOS FOTÓGRAFOS DE DOCUMENTOGRAPHY HAN GANADO NUMEROSOS PREMIOS Y SUS TRABAJOS HAN SIDO PUBLICADOS Y EXHIBIDOS INTERNACIONALMENTE.

URBANIZACIÓN

El mundo se mueve hacia la urbanización total. En los países en desarrollo se espera que, en 2017, el número de habitantes de las ciudades sea igual al de habitantes de zonas rurales. En el mundo desarrollado se estima que 74% de la población es urbana. La urbanización no planificada y con frecuencia irregular, ocupa la tierra a costa del medio ambiente. Con la rápida urbanización sobrevienen múltiples problemas que afectan al ecosistema humano. La vivienda es un problema especialmente crítico, con temas como la escasez de agua, la recolección de basura, el suministro de energía y los sistemas de alcantarillado. Con este proyecto, Documentography tiene como objetivo documentar la manera en que actualmente las personas y el medio ambiente están sufriendo las consecuencias de este fenómeno humano, tanto en los países desarrollados como en aquellos que están en desarrollo.

Anna Kari, Magali Corouge y Guilhem Alandry se han centrado en tres historias diferentes acerca del problema de la urbanización y la basura. Cada uno con su propio estilo fotográfico

UNITED KINGDOM

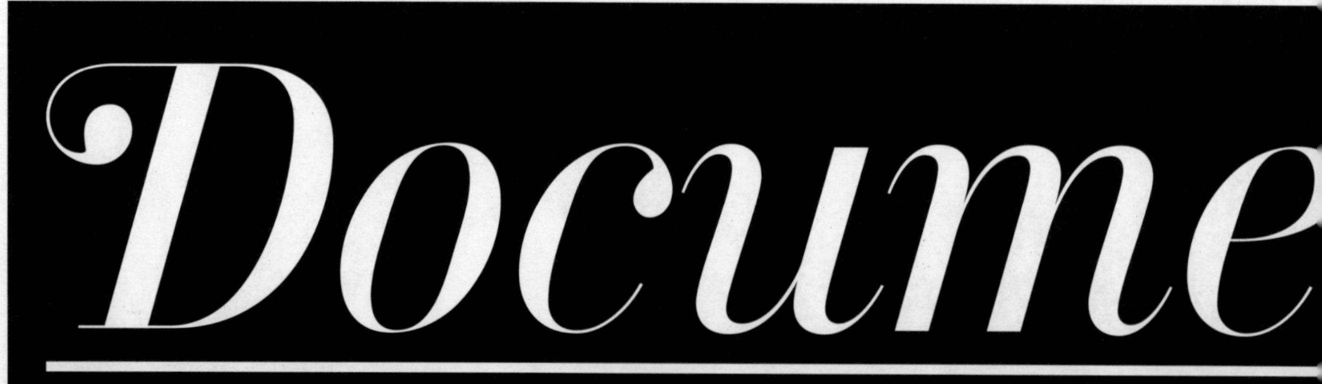

URBANIZATION

The world is moving in the direction of total urbanization. It is expected that by 2017 the urban population of developing countries will be equal to the rural population. In the developed world, it is estimated that 74% of the population is already urban. Unplanned and frequently irregular urbanization invades lands at the expense of the environment. Rapid urbanization causes numerous problems that affect the human ecosystem. Housing is an especially critical problem, related to issues such as water shortage, garbage collection, electricity supply, and drainage.

Documentography's aim in this project is to document how people and the environment are suffering the consequences of this human phenomenon, in both developed and developing countries.

Anna Kari, Magali Corouge, and Guilhem Alandry have focused on three different stories about urbanization and garbage, each one in the particular style of the individual photographer.

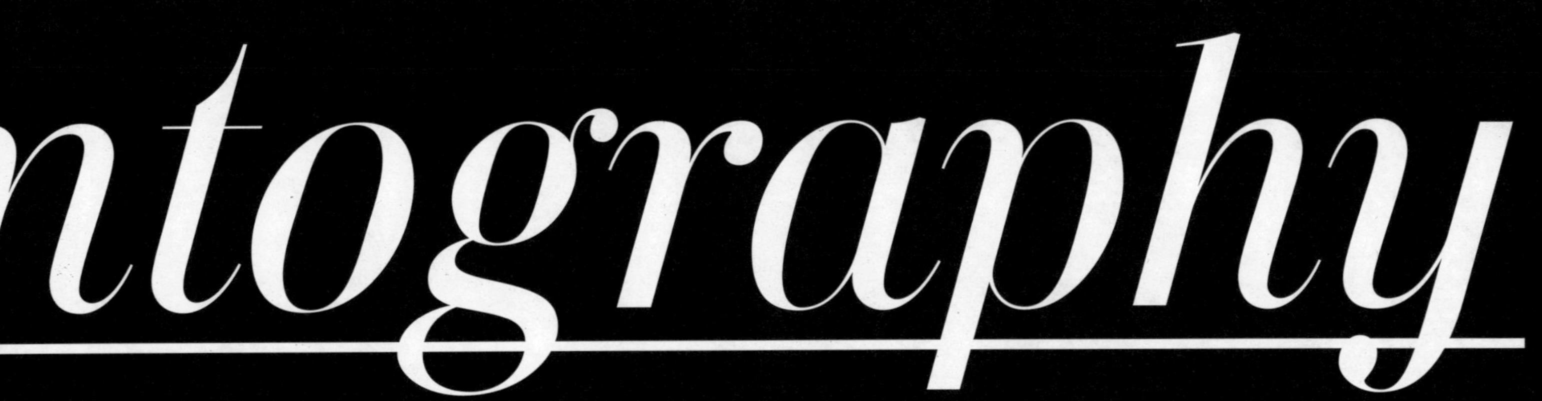

www.documentography.com

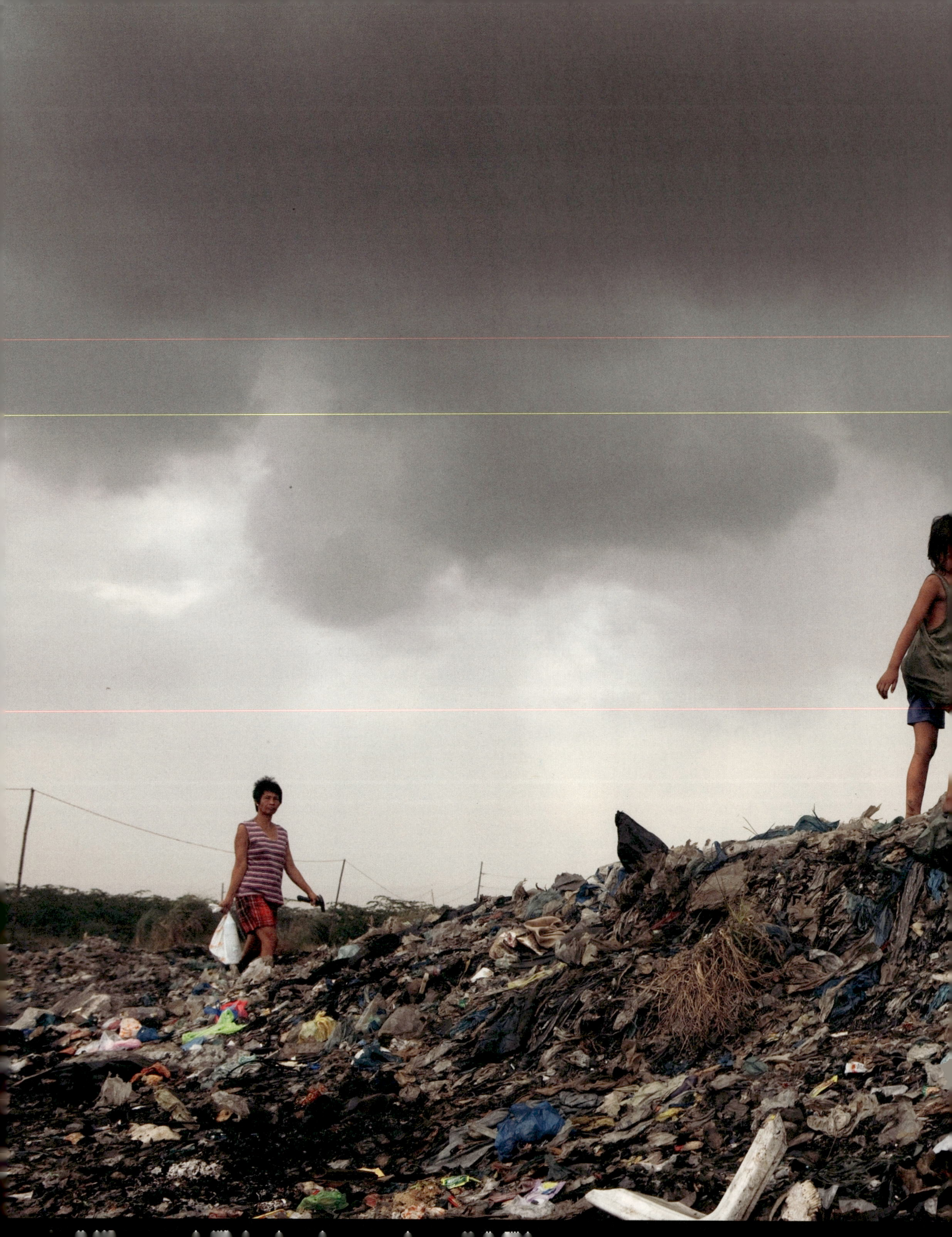

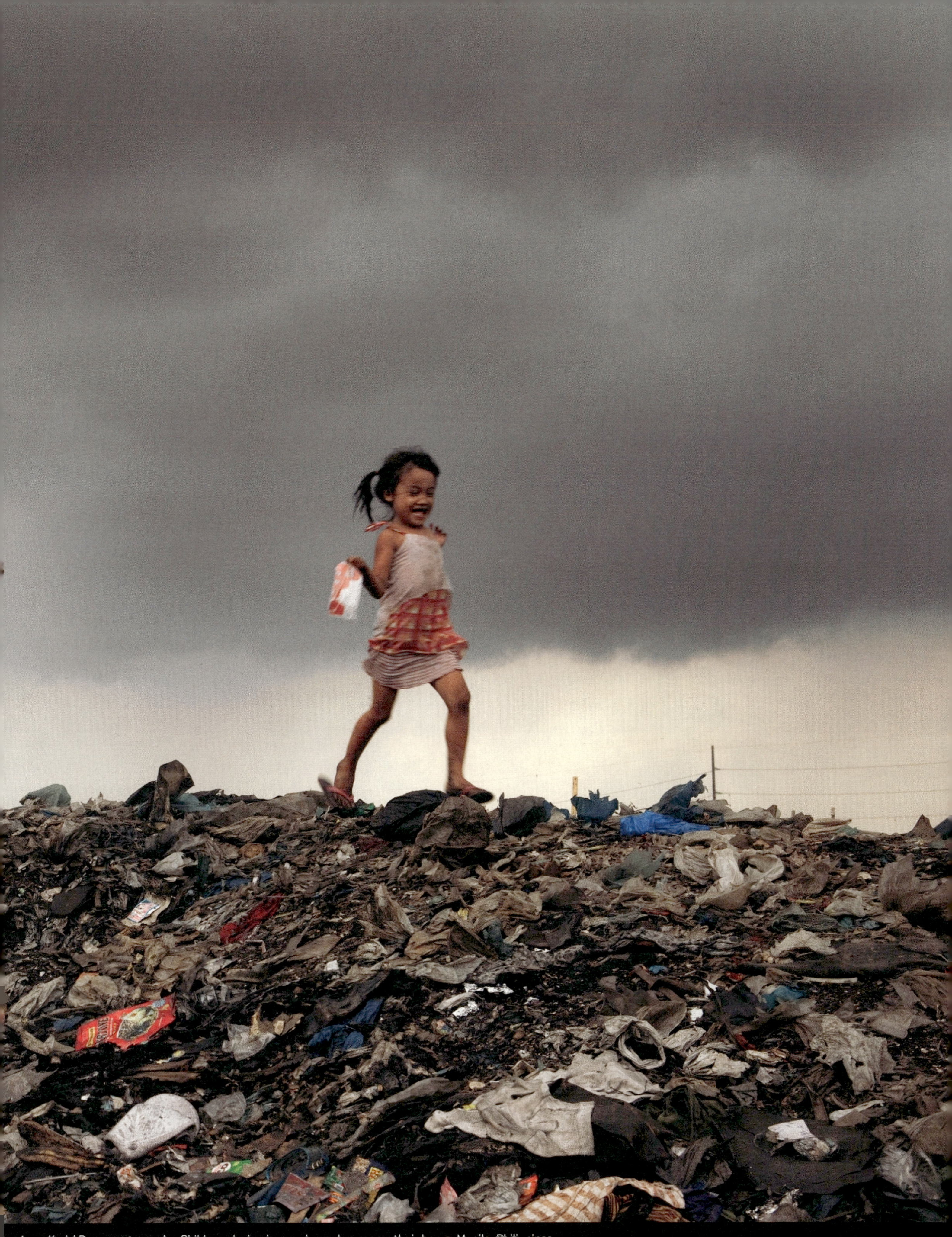

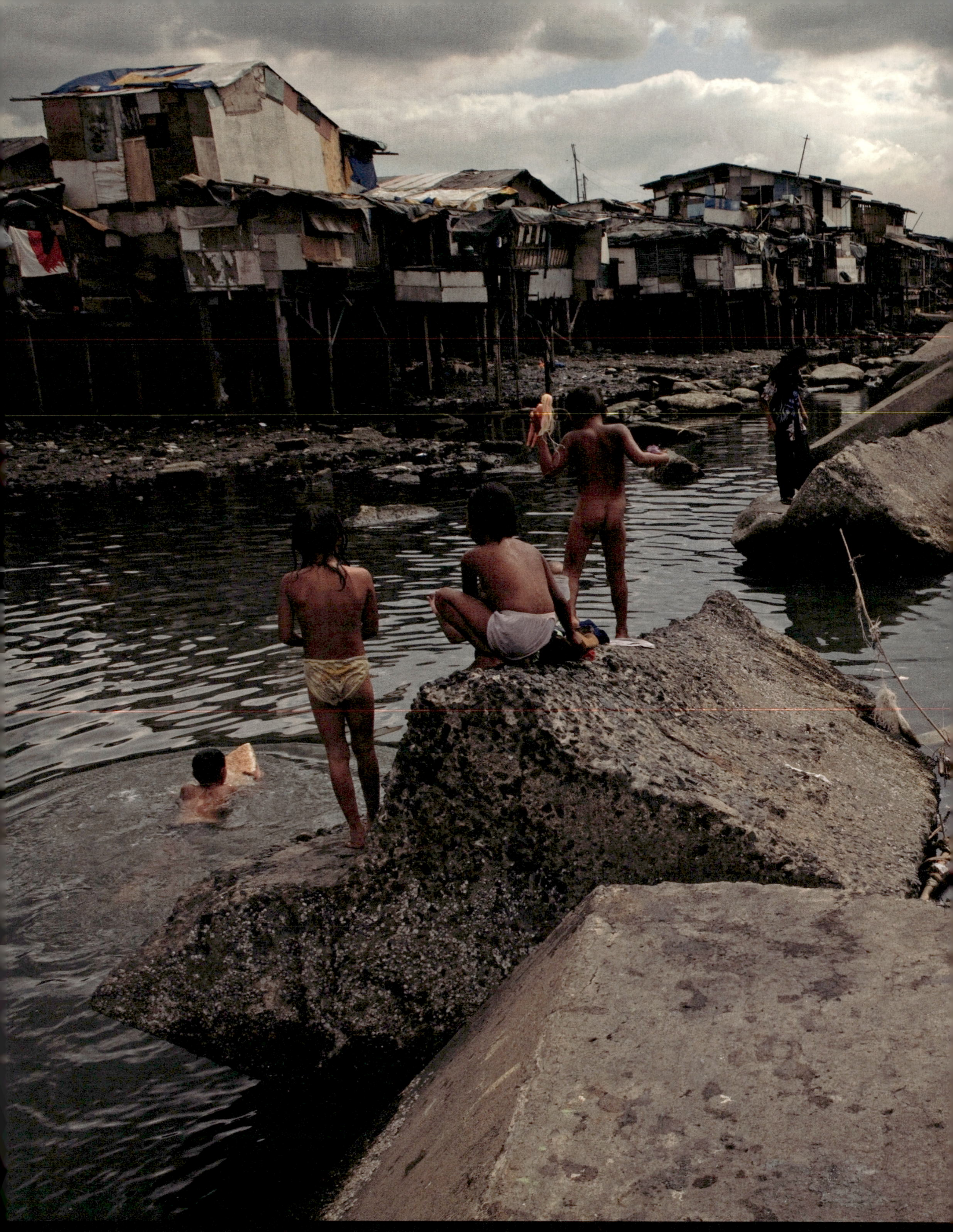

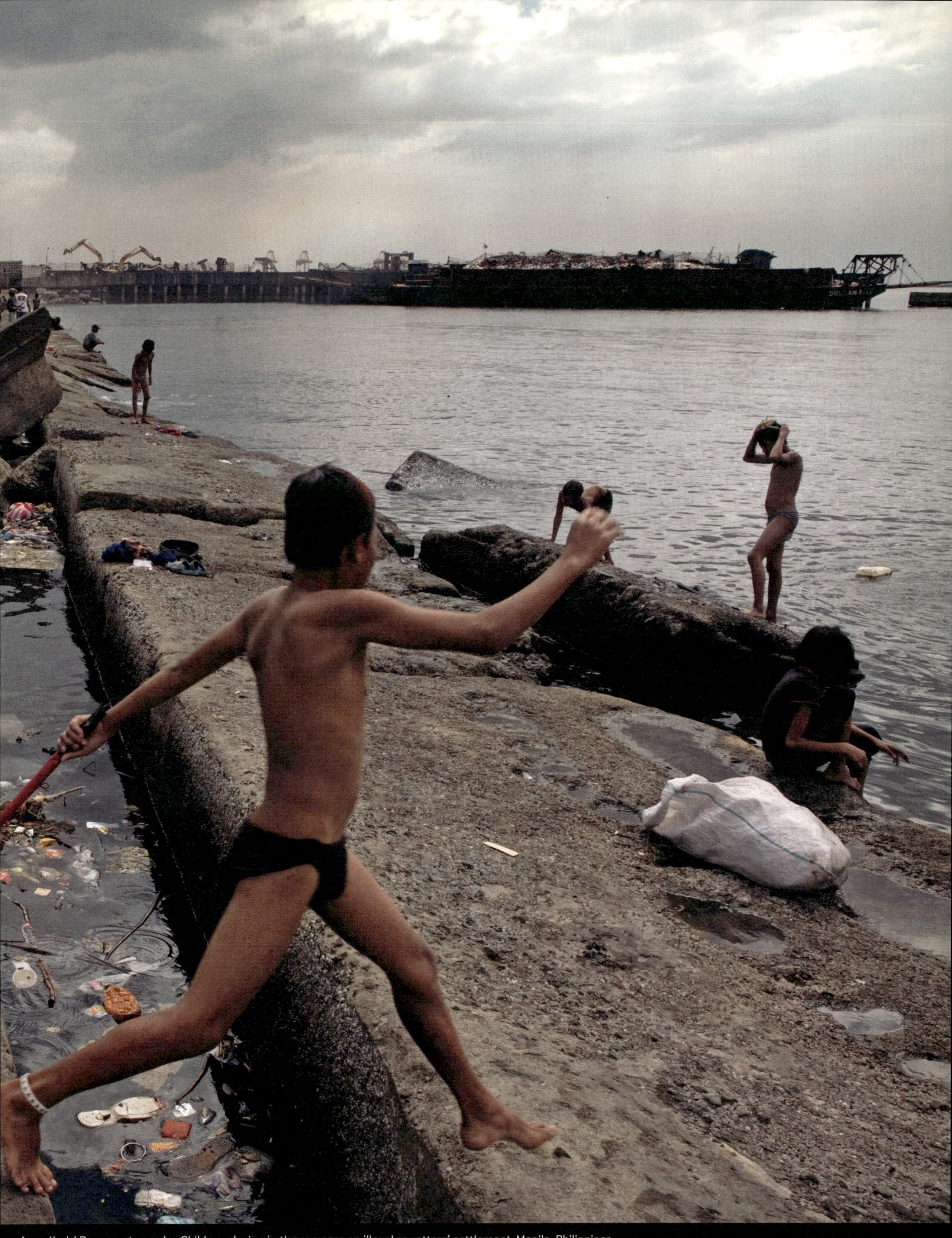

Anna Kari / Documentography. Children playing in the sea near an illegal squatters' settlement. Manila, Philippines.

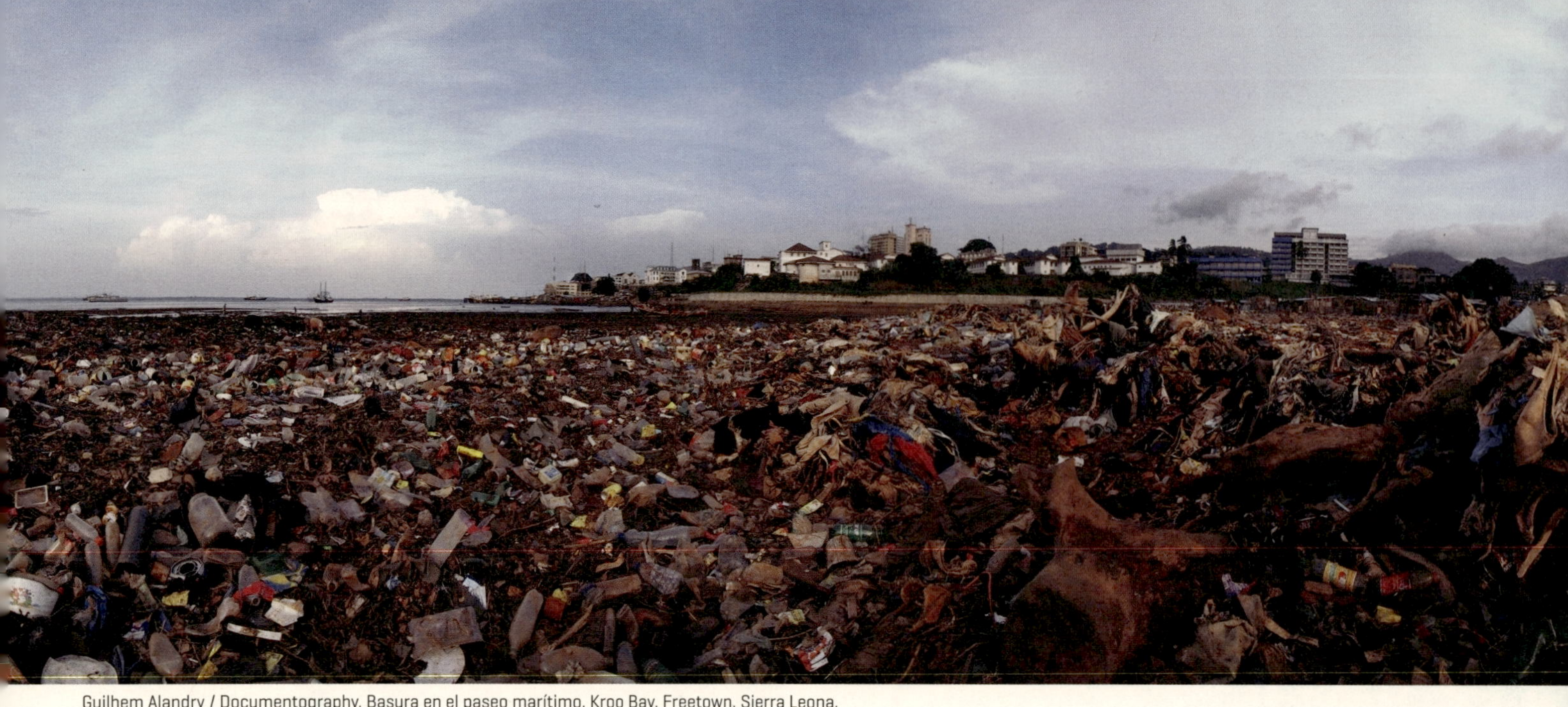

Guilhem Alandry / Documentography. Basura en el paseo marítimo. Kroo Bay, Freetown, Sierra Leona.

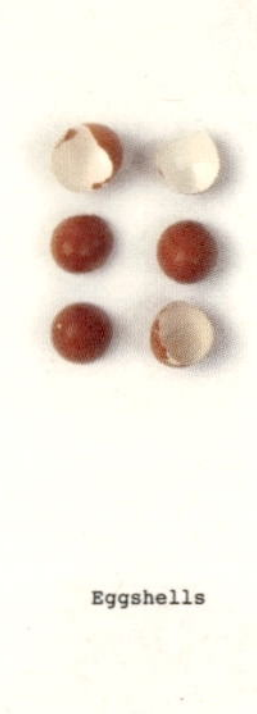

Eggshells

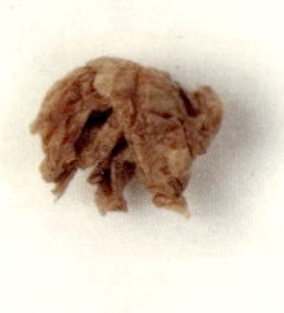

Bag of bread

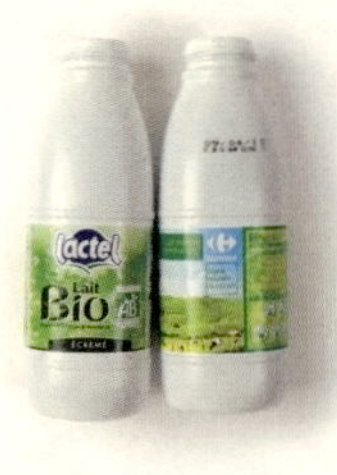

Milk bottles

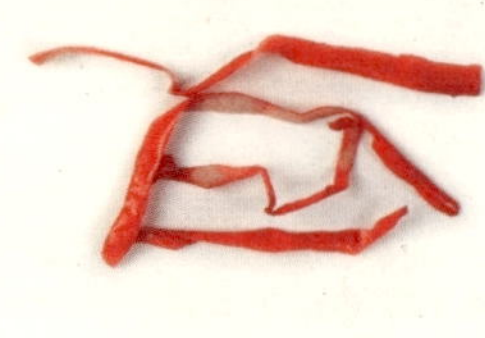

Salami peels

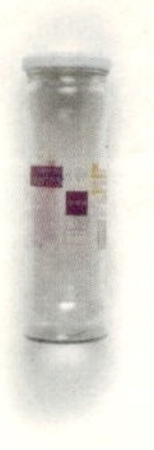

Green asparagus jar

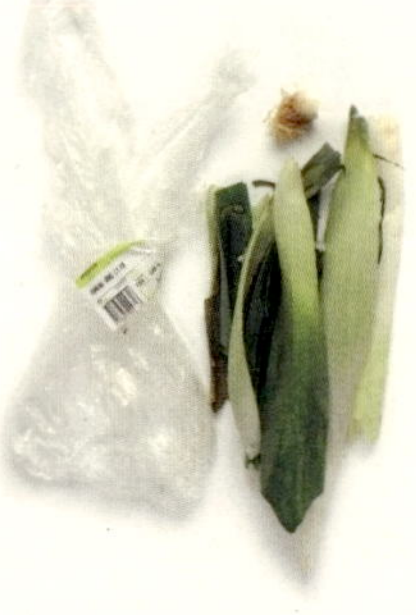

Plastic bag and leek

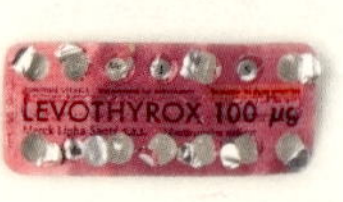

Tablets

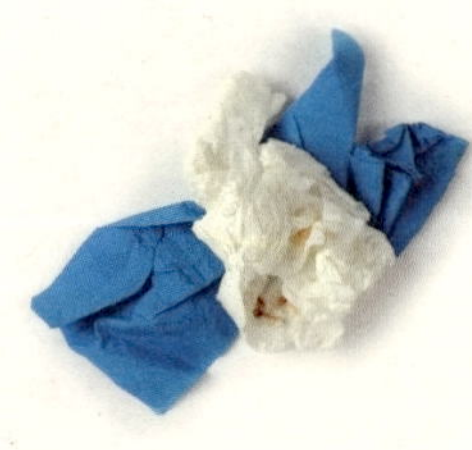

Paper towels

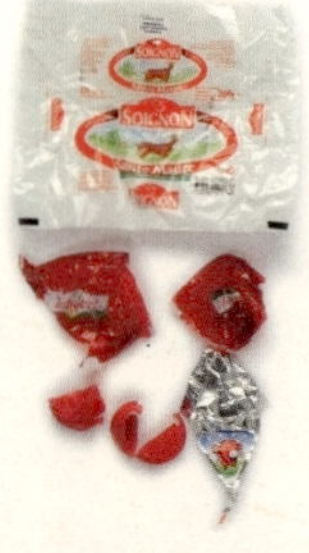

Cheese packaging

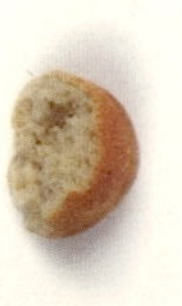

Piece of dry bread

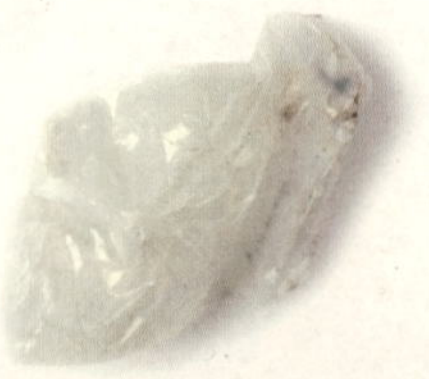

Plastic cereal bag

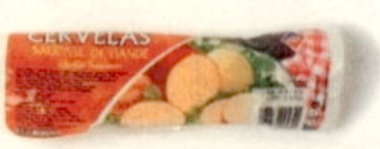

Bag of sausages

Magali Corouge / Documentography. *Basura n.° 4.* Perfil: pareja, 35-40 años y dos jóvenes, una chica de 18 años y un chico de 15. Peso de la bolsa de basura del día: 1.114 kg.

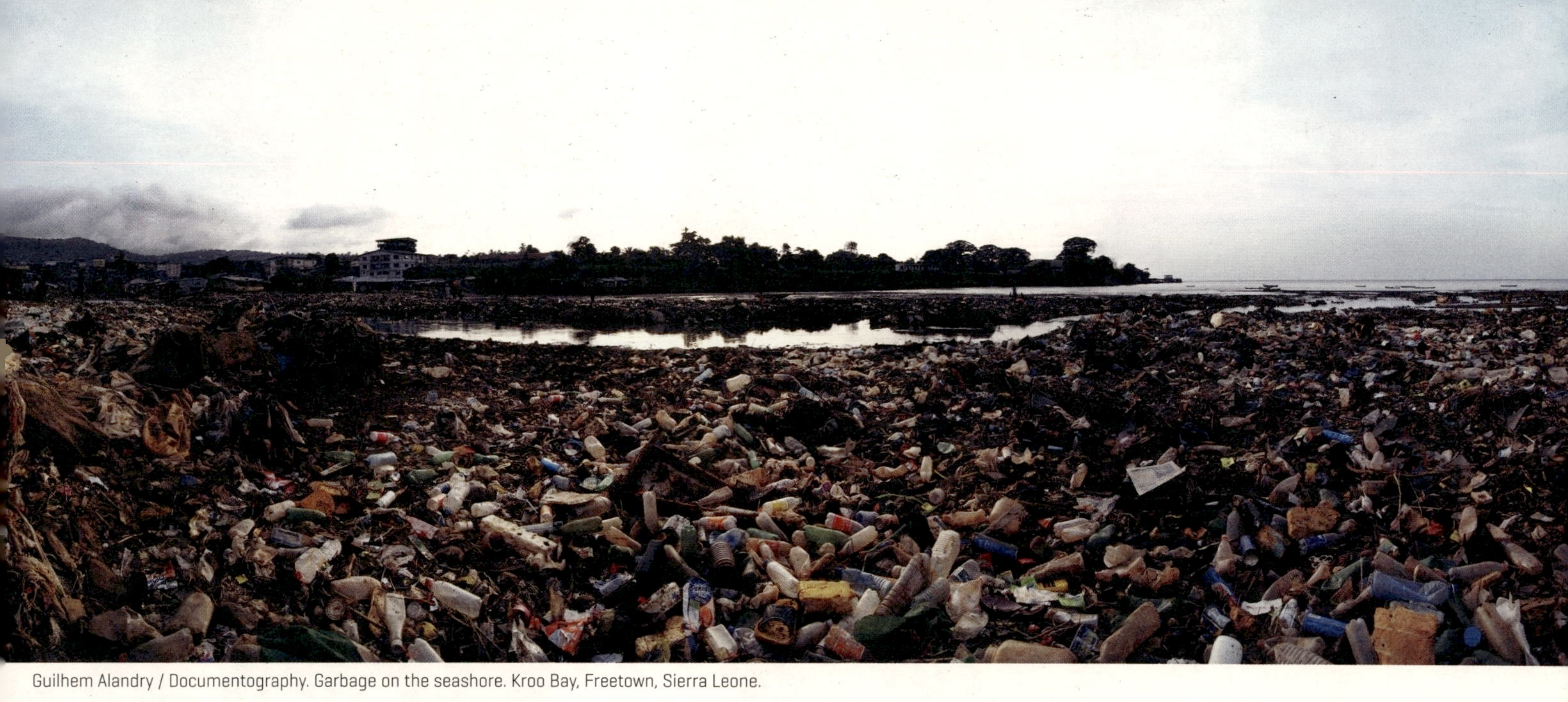

Guilhem Alandry / Documentography. Garbage on the seashore. Kroo Bay, Freetown, Sierra Leone.

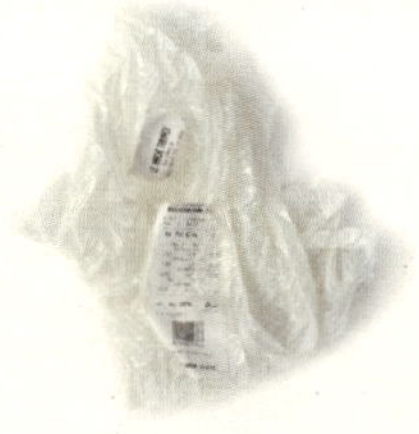

Plastic bag

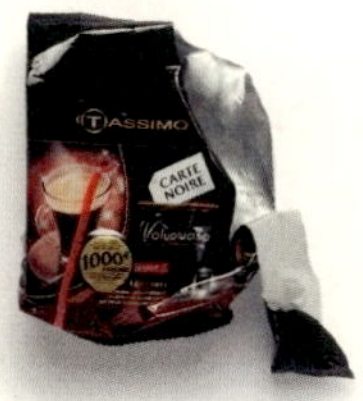

Coffee bag

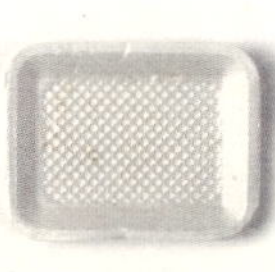

Meat container

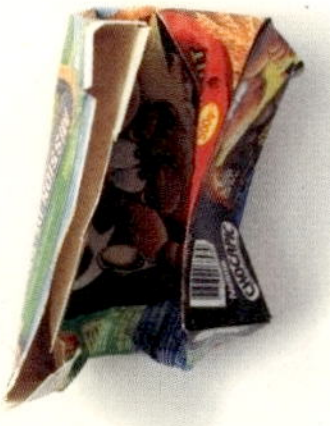

Cereal box

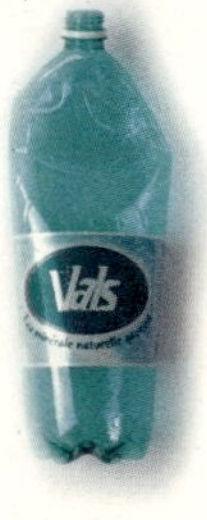

Sparkling water bottle

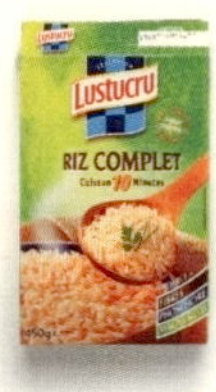

Whole rice box

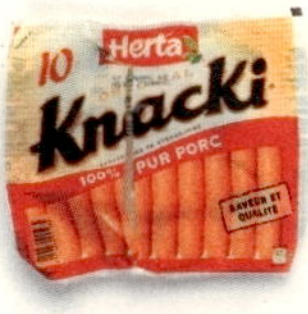

Packet of sausages

Cookies packaging

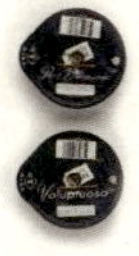

Coffee caps

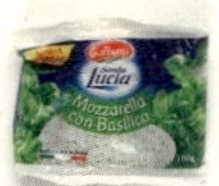

Mozzarella bag

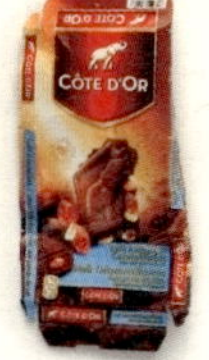

Chocolate wrapping

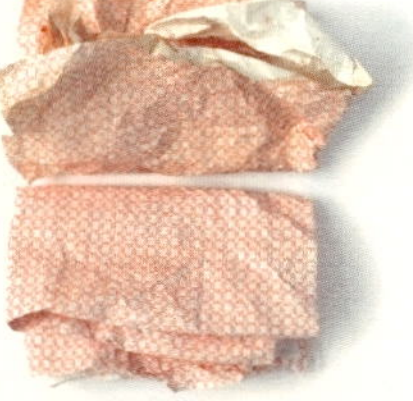

Wrapping paper for meat

Magali Corouge / Documentography. *Garbage no. 4.* Profile: married couple, 35-40 years old, and two children, ages 18 and 15. Weight of daily garbage bag: 1.114 kg.

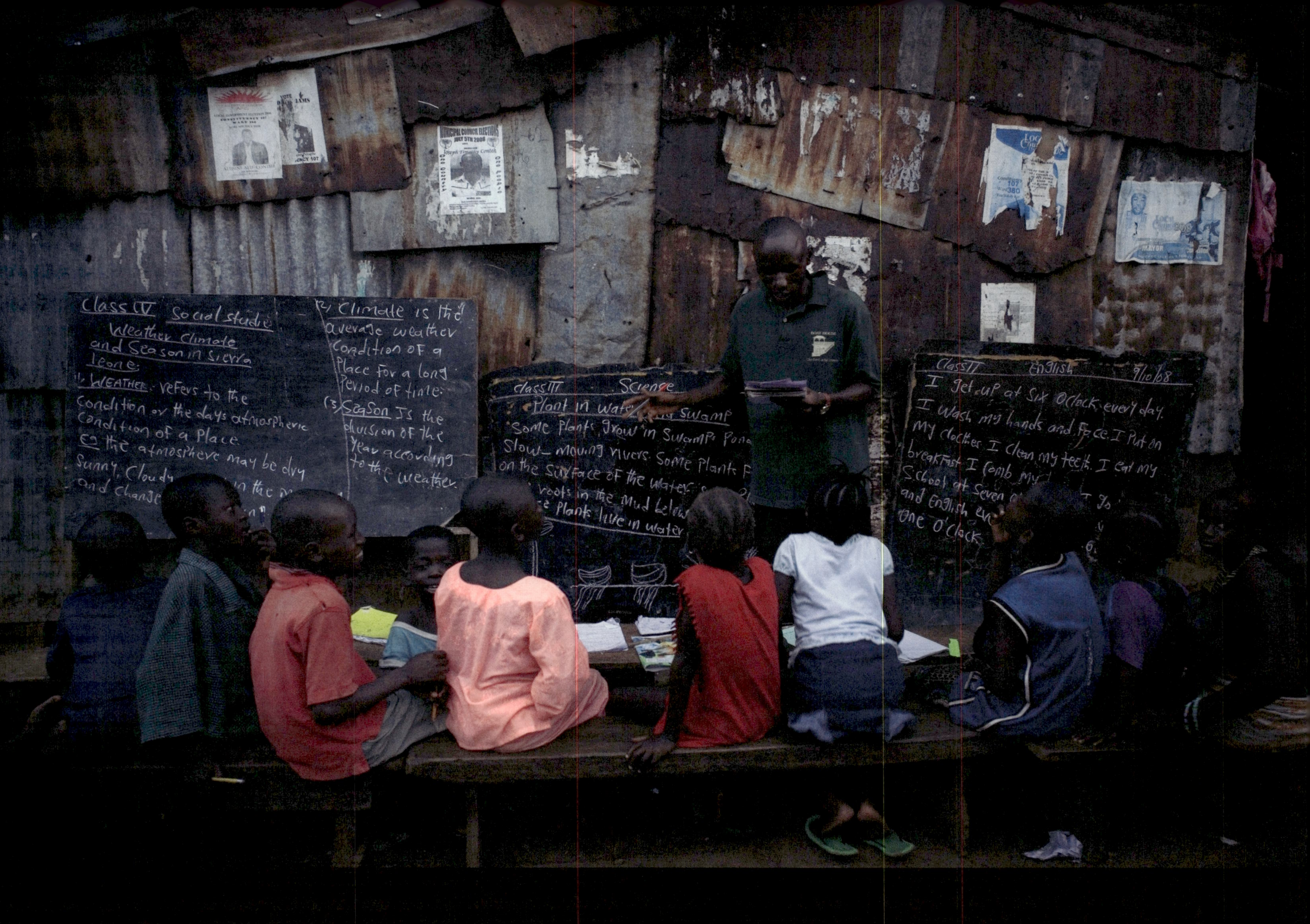

Anna Kari / Documentography. Una clase en los barrios bajos de Kroo Bay, Freetown, Sierra Leona.
Anna Kari / Documentography. A classroom in a poor neighborhood of Kroo Bay, Freetown, Sierra Leone.

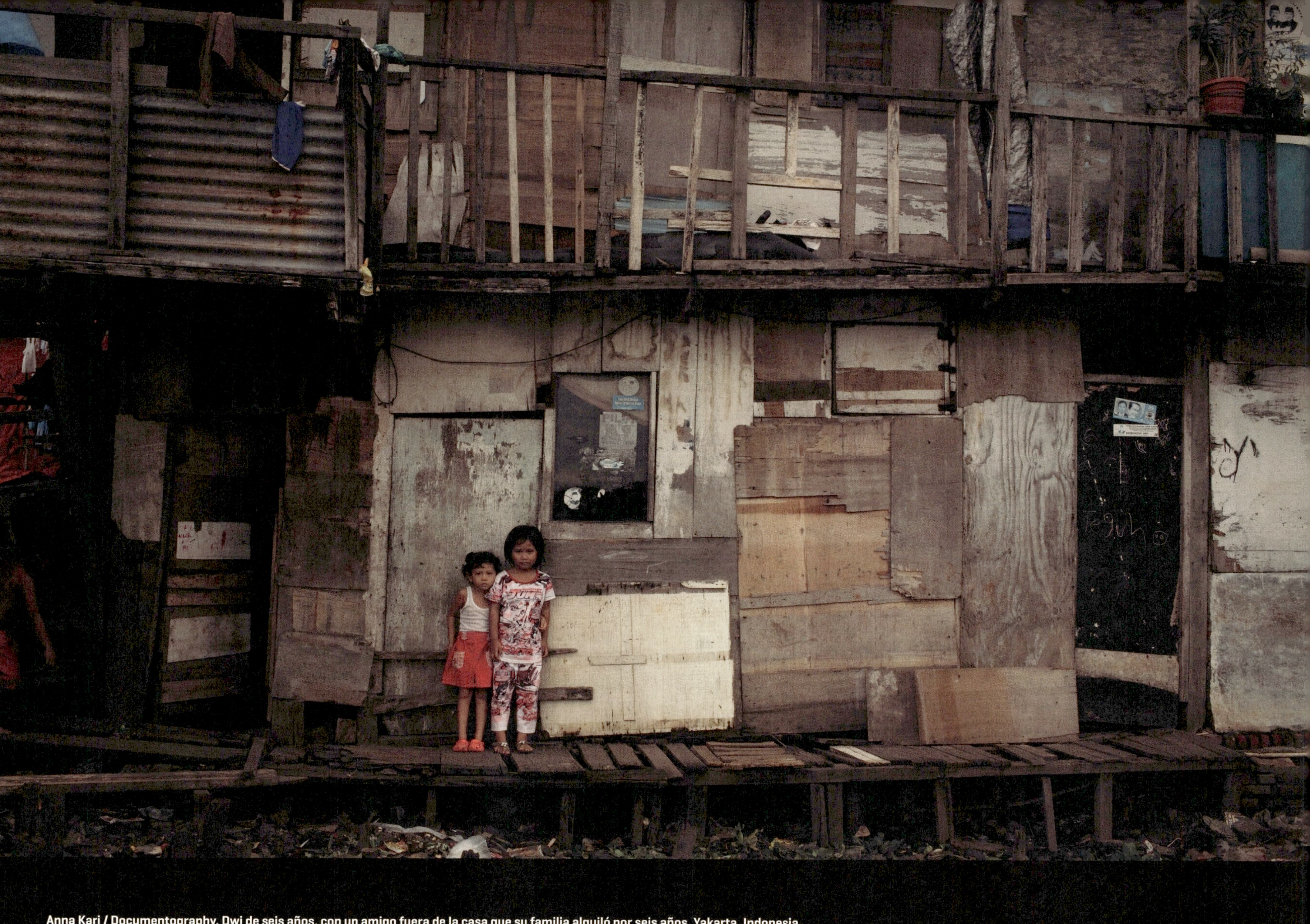

Anna Kari / Documentography. Dwi de seis años, con un amigo fuera de la casa que su familia alquiló por seis años. Yakarta, Indonesia.
Anna Kari / Documentography. Dwi, six years old, with a friend outside of the house that her family rented for six years. Jakarta, Indonesia.

EL DANUBIO, INVENTARIO AMBIENTAL

El Danubio es el río más largo de Europa después del Volga. Desde su nacimiento, situado en la región de la Selva Negra en Alemania, fluye hacia el este unos 2,867 kilómetros y termina en un vasto delta de 3,446 km^2 antes de desembocar en el Mar Negro. Cruza la Unión Europea y corre a lo largo de las fronteras de diez países atravesando Viena, Bratislava, Budapest y Belgrado. La cuenca del Danubio cubre aproximadamente 805,000 km^2 y 60 millones de personas están directamente afectadas por la calidad de sus aguas y por la combinación de problemas medioambientales derivados de su contaminación provocada por la agricultura, el transporte fluvial y las actividades industriales y mineras.

El desarrollo industrial a partir de 1945 fue decisivo para la devastación. Y aunque la alarma se dio en los años setenta, no fue hasta la caída del bloque soviético cuando se iniciaron acciones concretas. Hoy, conscientes de la magnitud del desastre ambiental, los estados ribereños y la Unión Europea, están tratando de aplicar una política ambiental.

El trabajo presentado en el marco del proyecto asocia imágenes de archivo, algunas de la época comunista, e imágenes producidas especialmente para el proyecto.

FRANCE / HUNGARY

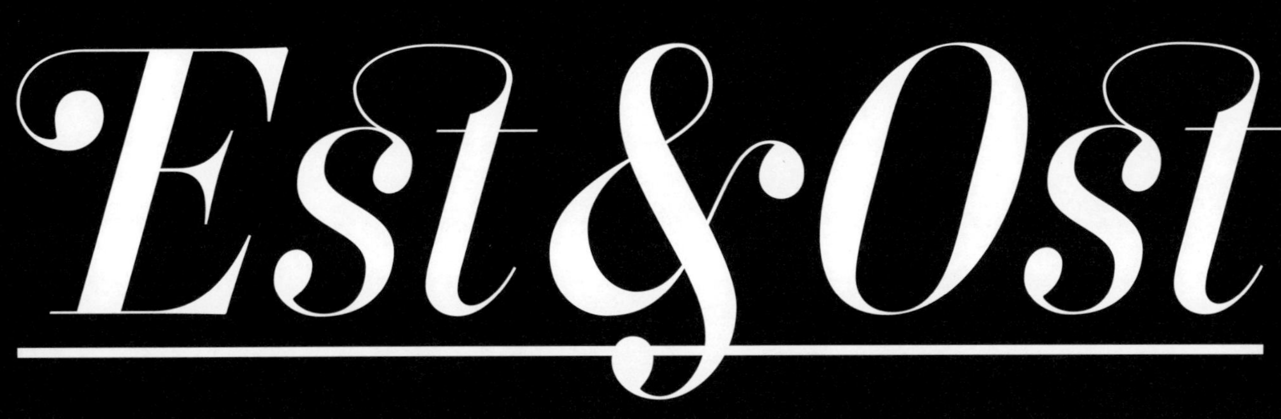

www.estost.com

THE DANUBE: ENVIROMENTAL INVENTORY

The Danube is Europe's longest river, not counting the Volga. From its source in the Black Forest in Germany it flows eastward for 2,867 kilometers and issues into a vast delta measuring 3,446 square kilometers in the Black Sea. It crosses the European Union and runs along the borders of ten different countries, passing through Vienna, Bratislava, Budapest, and Belgrade. The Danube basin covers more than 800,000 square kilometers and contains sixty million people directly affected by the quality of the Danube's waters and the combination of environmental problems caused by the polluting of the river by agriculture, transport, mining, and industry.

Industrial development since 1945 has been decisive in the devastation of the Danube. Although alarm bells began to ring in the 1970s, it was only following the breakup of the Soviet Union that concrete action was taken. Today, finally aware of the magnitude of the environmental disaster, the nations through which the Danube passes and the European Union are trying to implement an environmental policy. The work presented here includes archival images from the communist era along with others taken specifically for the project.

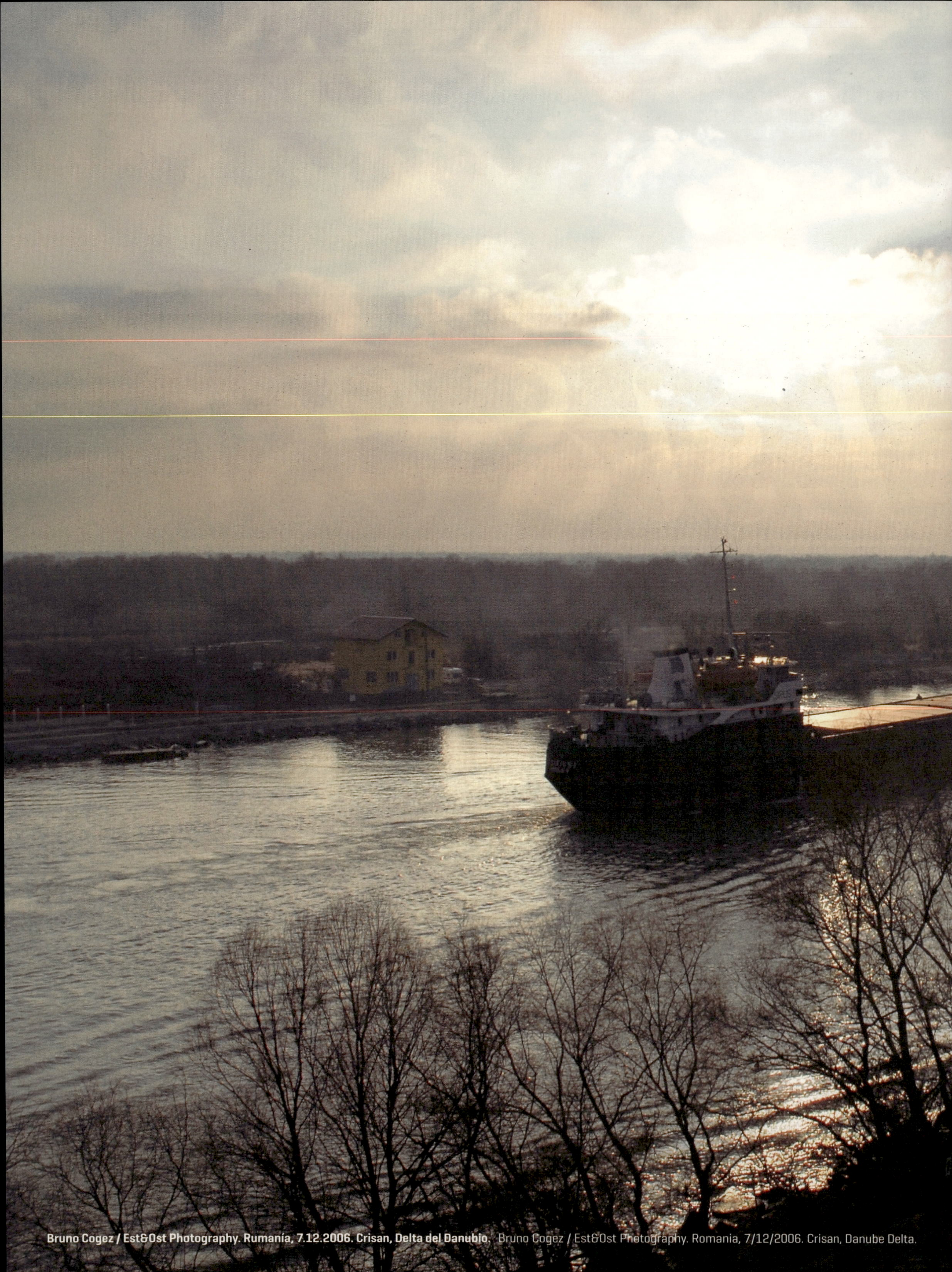

Bruno Cogez / Est&Ost Photography. Rumanía, 7.12.2006. Crisan, Delta del Danubio. Bruno Cogez / Est&Ost Photography. Romania, 7/12/2006. Crisan, Danube Delta.

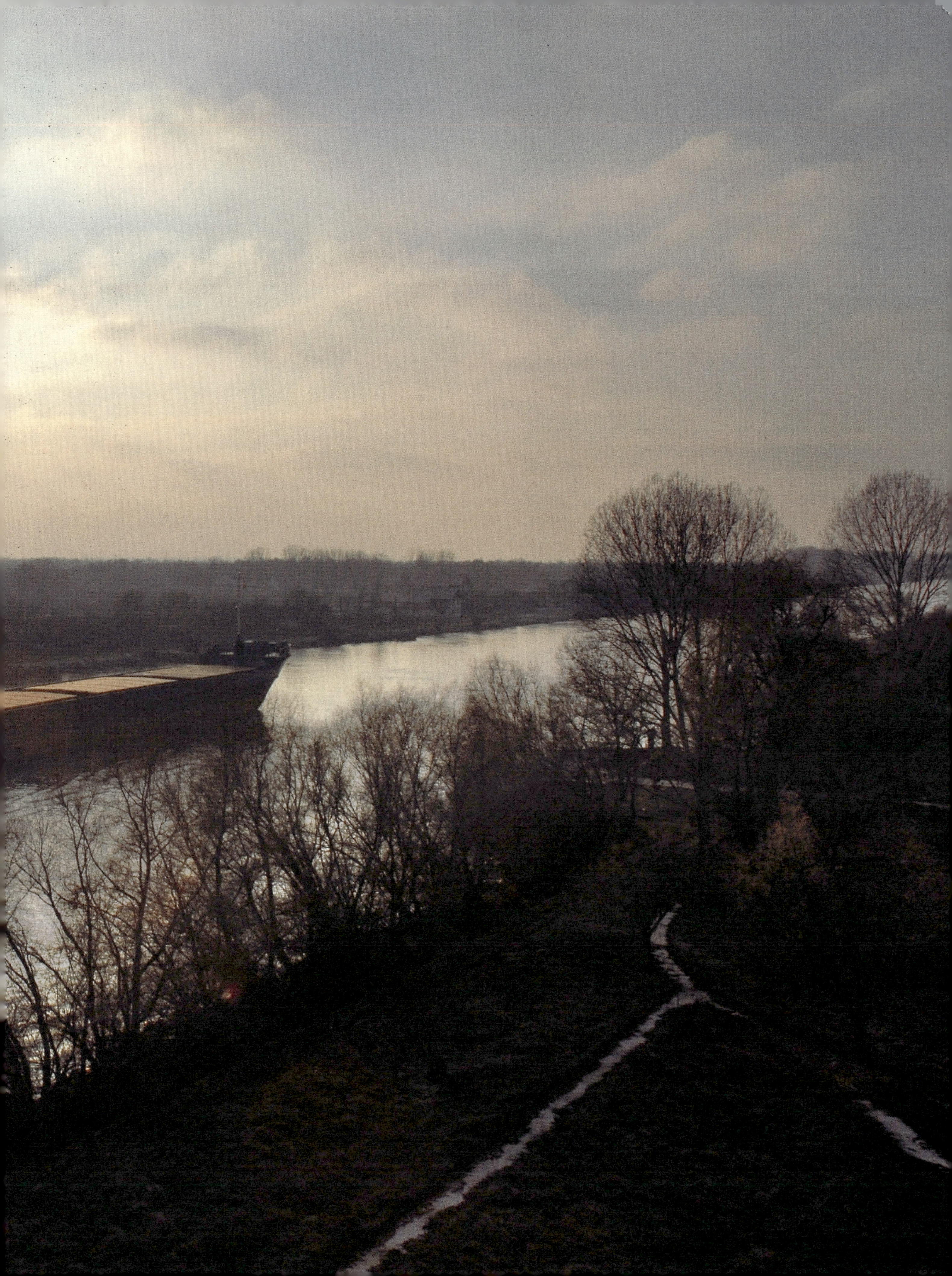

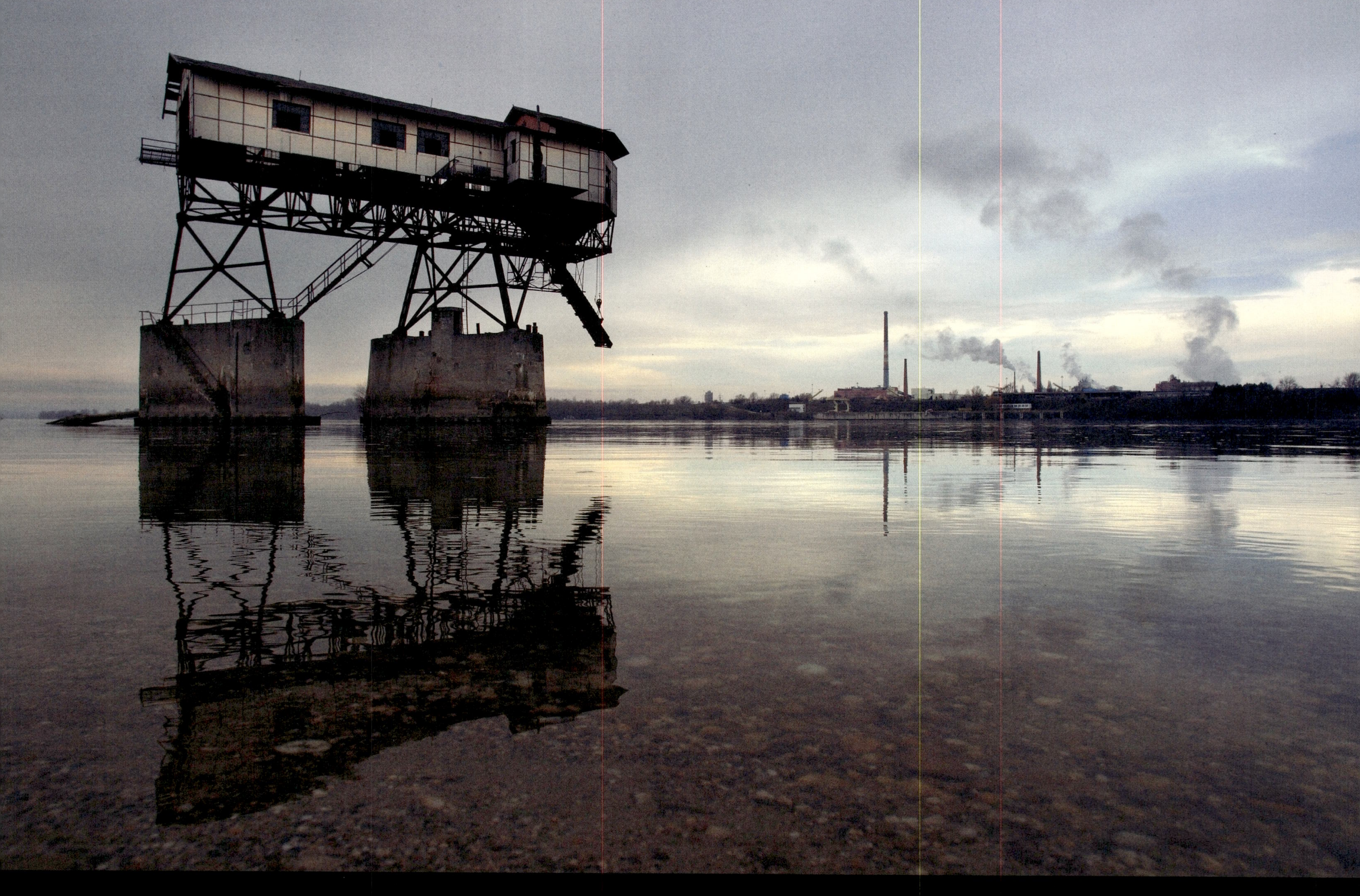

Martin Fejer / Est&Ost Photography, Hungría, 02.2010, Esztergom, Hungría

Bruno Cogez / Est&Ost Photography. Rumanía, 7.12.2006. Mila 23. Delta del Danubio. Bruno Cogez / Est&Ost Photography. Romania, 7/12/2006. Mila 23. Danube Delta.

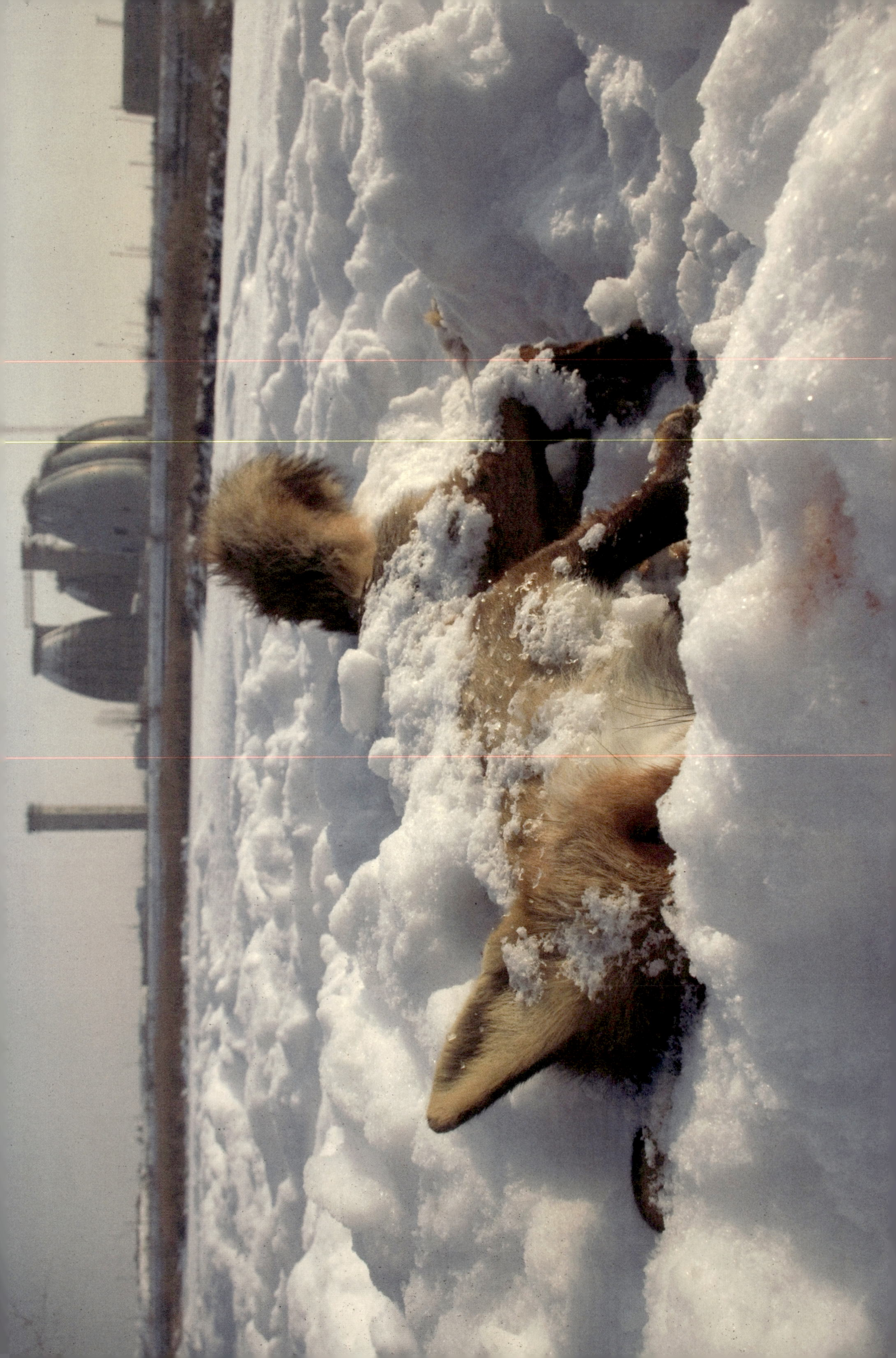

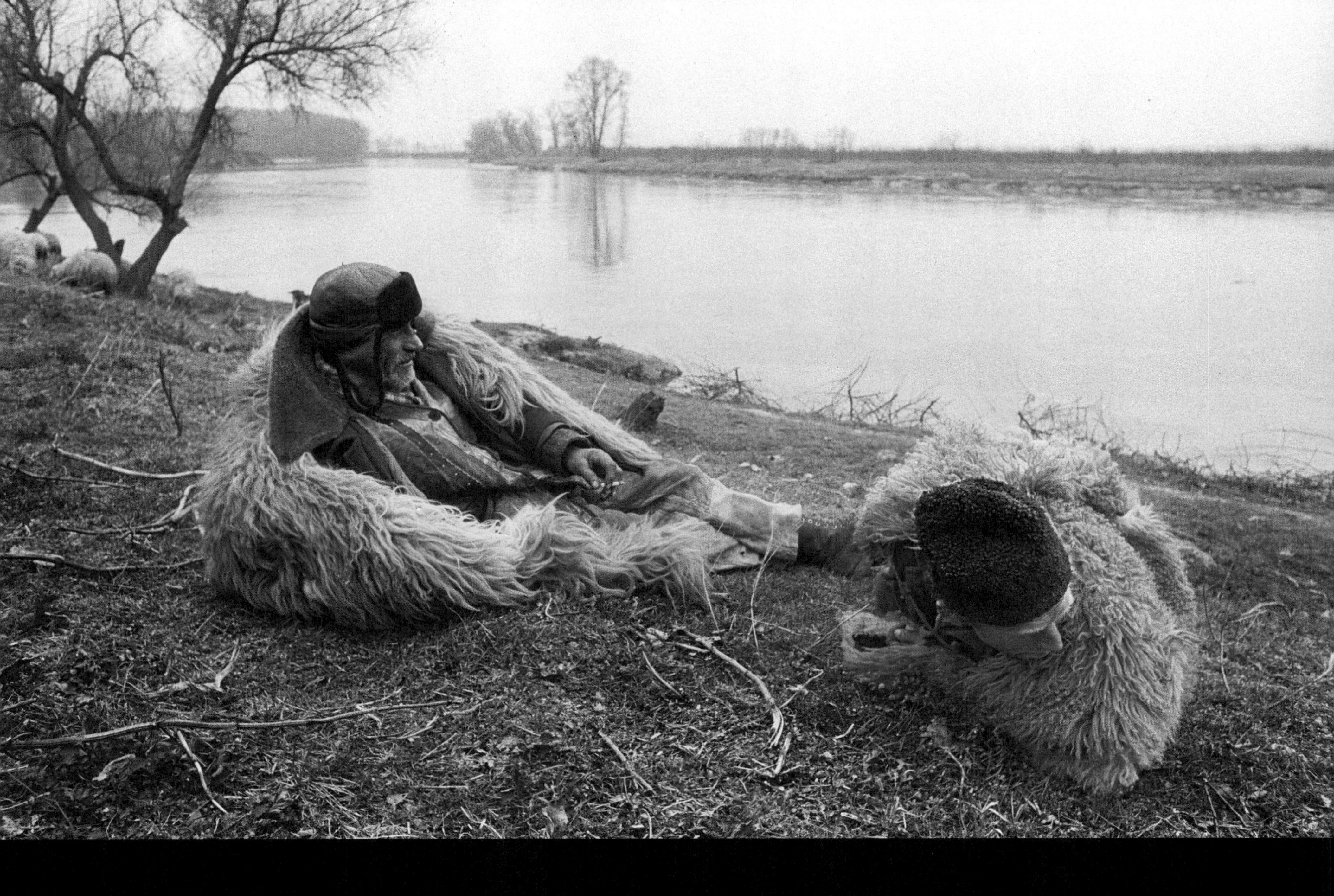

Andrei Pandele / Est&Ost Photography. Rumanía. 04.1981. Estanque de Oltenitza, a los márgenes del Danubio. Andrei Pandele / Est&Ost Photography. Romania. 04/1981. Oltenita basin, on the edge of the Danube.

Egyed Ufo Zoltan / Est&Ost Photography. Rumanía, 02.2010. Bucarest.   Egyed Ufo Zoltan / Est&Ost Photography. Romania, 02/2010. Bucharest.

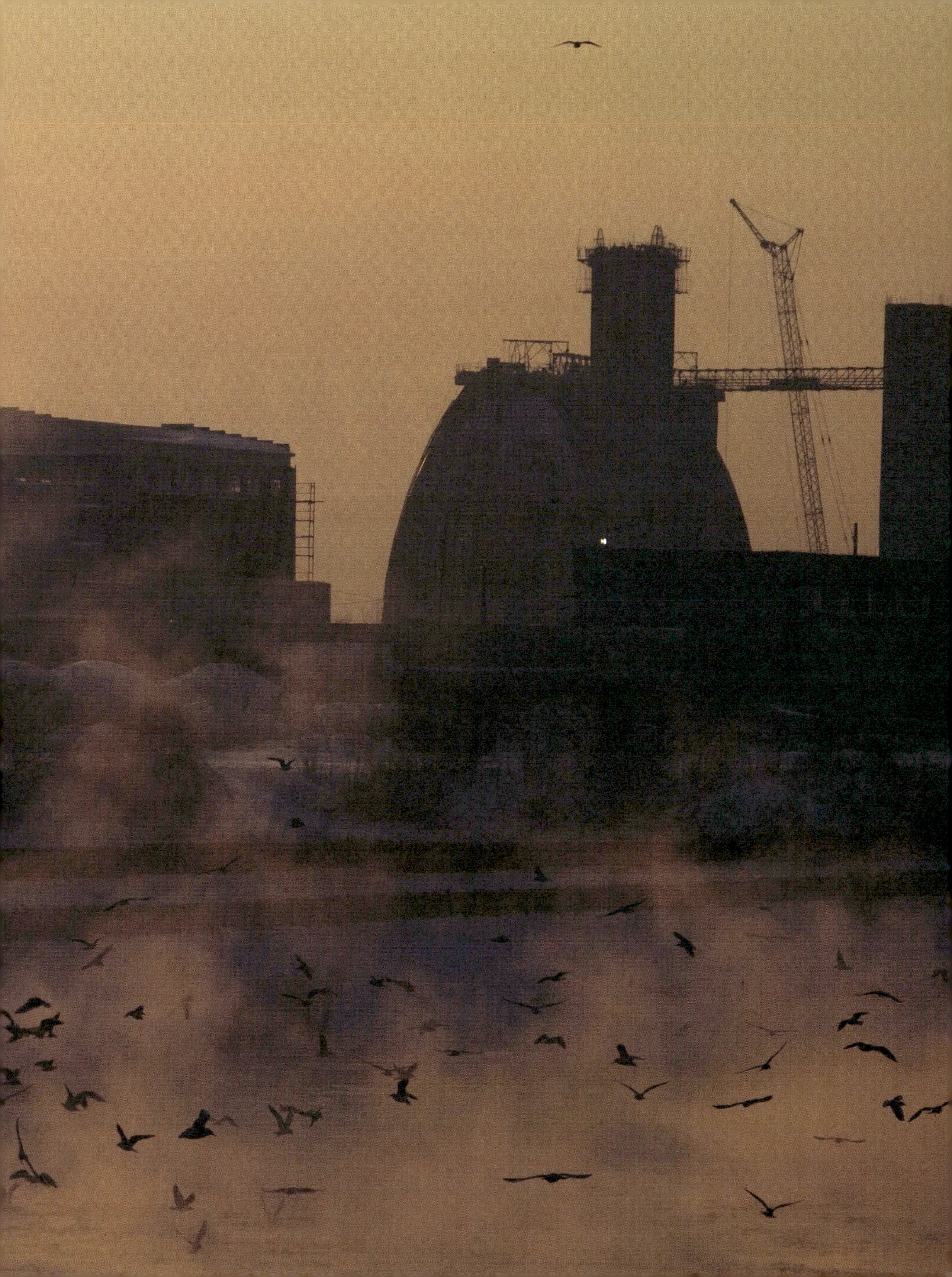

BRAZIL

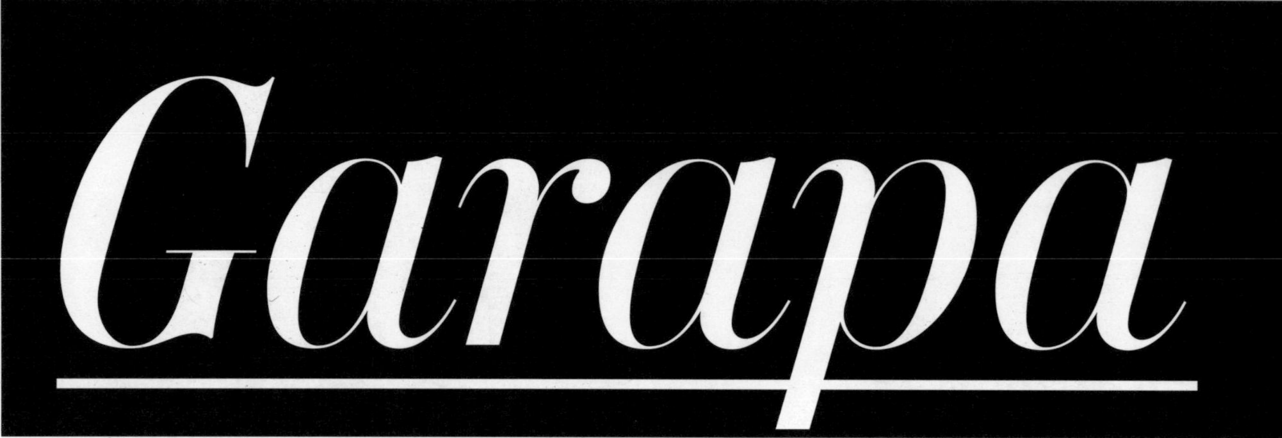

www.garapa.org

LA PARED

"La única ventaja de esa pared fue haber empleado a las personas de la colina para trabajar en su construcción... al final, hemos recibido para construir nuestra jaula".
(Caxinga, uno de los moradores del morro que ha trabajado en la construcción de la pared).
Gaza, Cisjordania, Berlín, frontera sur de Estados Unidos. De la unidad posible, a optar por la dualidad del lado de allá y del de acá. El muro es, por esencia, el fin de la diplomacia; el fracaso del diálogo; la división de lo suyo y de lo mío; la barrera que se pretende infranqueable; frontera, imposición de límite.
En Río de Janeiro las paredes, antes restringidas a la "invisibilidad" de las barreras socioeconómicas, son ahora muy concretas. En una iniciativa que pretende construir muros de tres metros de altura en doce favelas de la zona sur carioca (la región más rica de la ciudad), el hormigón se extenderá a lo largo de 15 km. En la colina Santa Marta, la primera localidad donde se instaló la pared, los 634 metros de extensión han separado a los habitantes de la zona que una vez sirvió como sendero y área de juego. La "ecobarrera", como es conocida por el poder público fue construida para proteger las zonas de bosque que quedaban en la ciudad, los residentes de la colina contemplan la separación del hombre y la naturaleza de forma muy crítica.

THE WALL

Gaza, the West Bank, Berlin, the U.S.-Mexico border. Instead of possible unity, to opt for the duality of this side and that side. A wall is essentially an end to diplomacy, the failure of dialogue, the division into yours and mine, the supposedly uncrossable barrier, a frontier, the imposition of limits.

In Rio de Janeiro the walls, formerly restricted to the "invisibility" of socio-economic barriers, are very concrete now. By an initiative that seeks to build three-meter-high walls in twelve *favelas* in the southern part of Rio (the wealthiest area of the city), the concrete will extend for at total of fifteen kilometers. On the Santa Marta hill, the first locality where a wall was erected, its 634 meters of extension have separated residents from a zone that once served as a path and play area. The "eco-barrier," as is it called by the authorities, was constructed to protect the wooded zones that still exist in the city, but the residents on the hill view this separation of human beings and nature very critically. "The only advantage of this wall is that it gave jobs to people living on the hill who work in construction," says Caxinga, one of the residents of the hill who worked on the construction of the wall. "In the end, we got something to build our own cage."

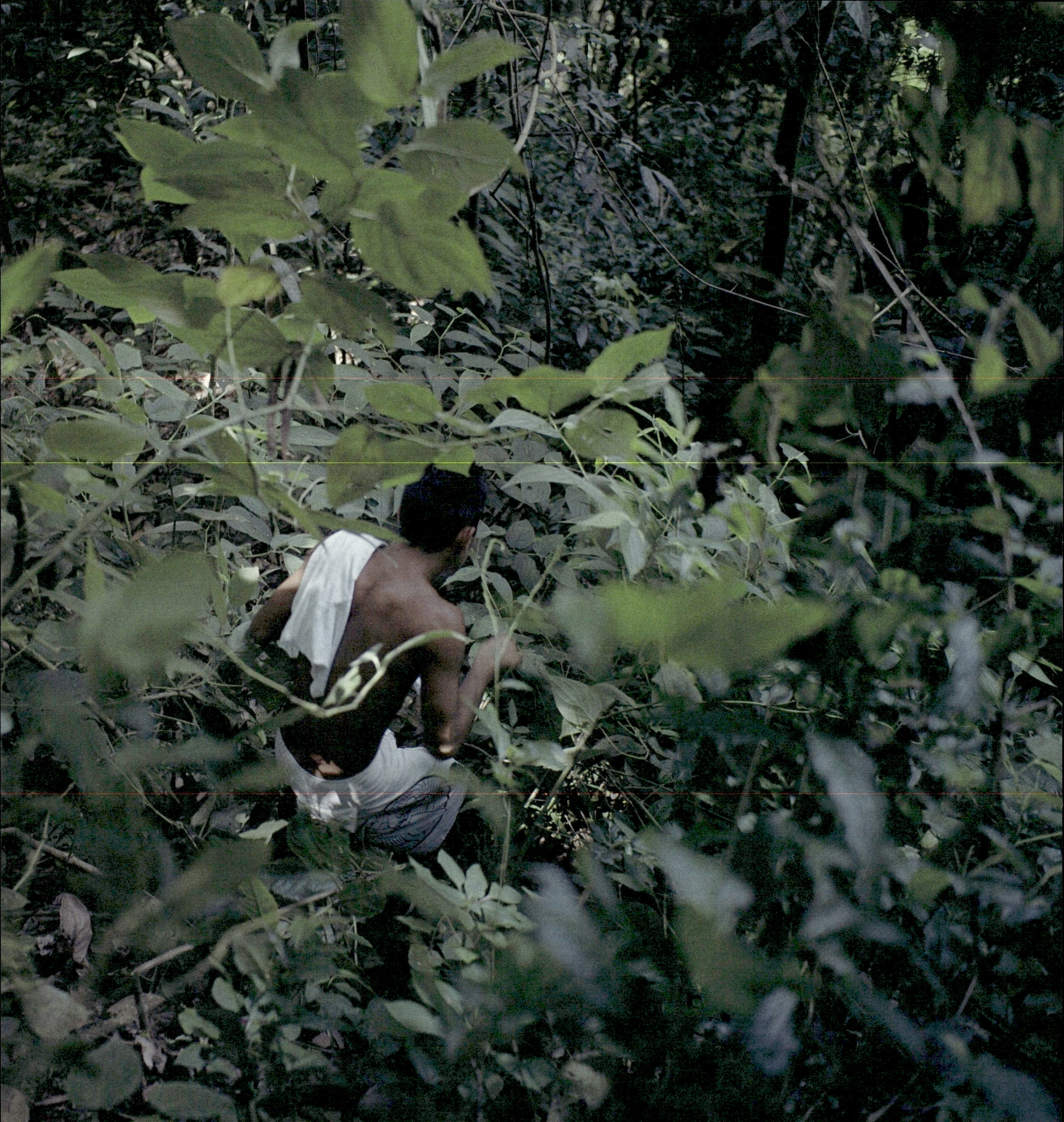

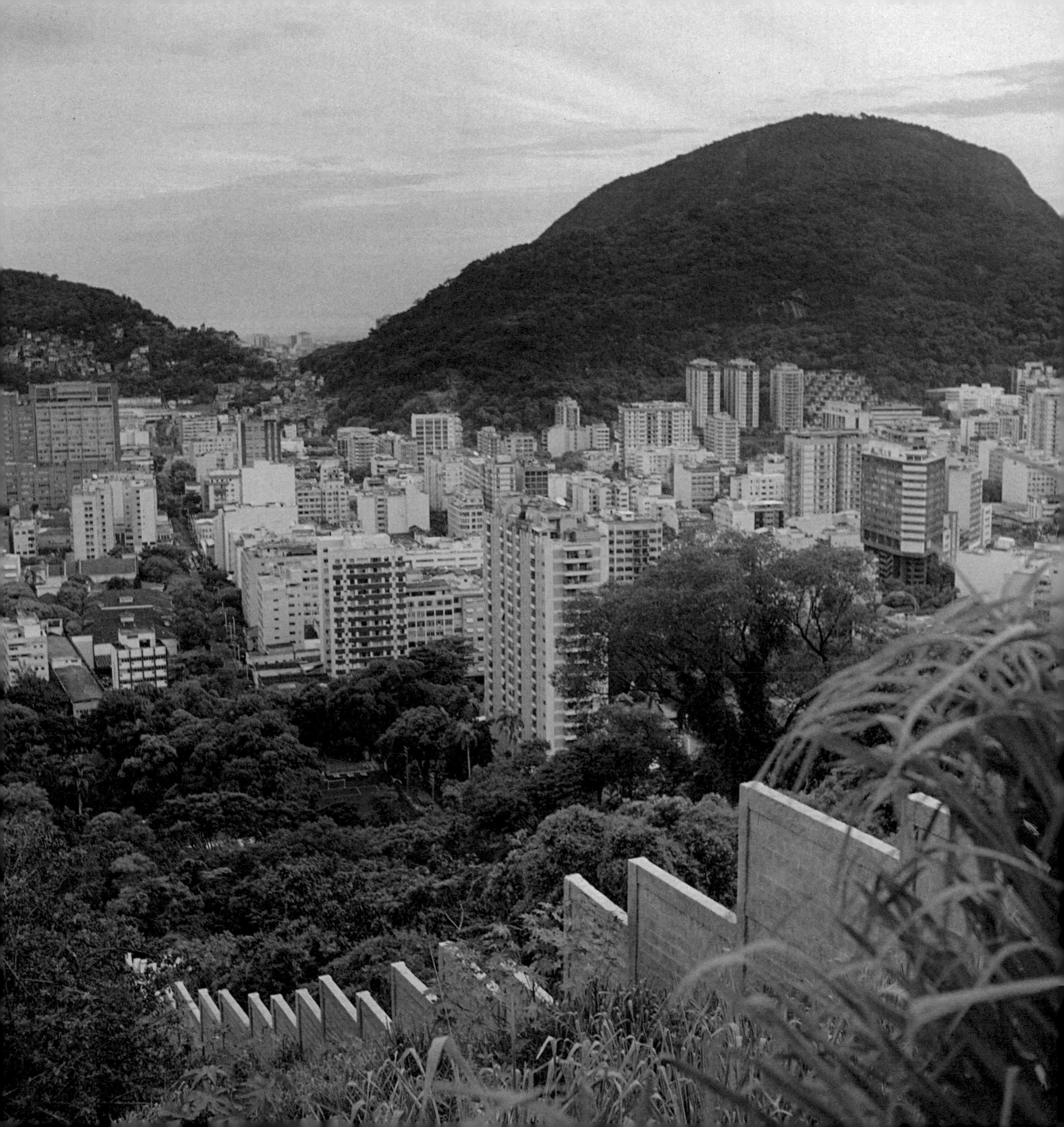

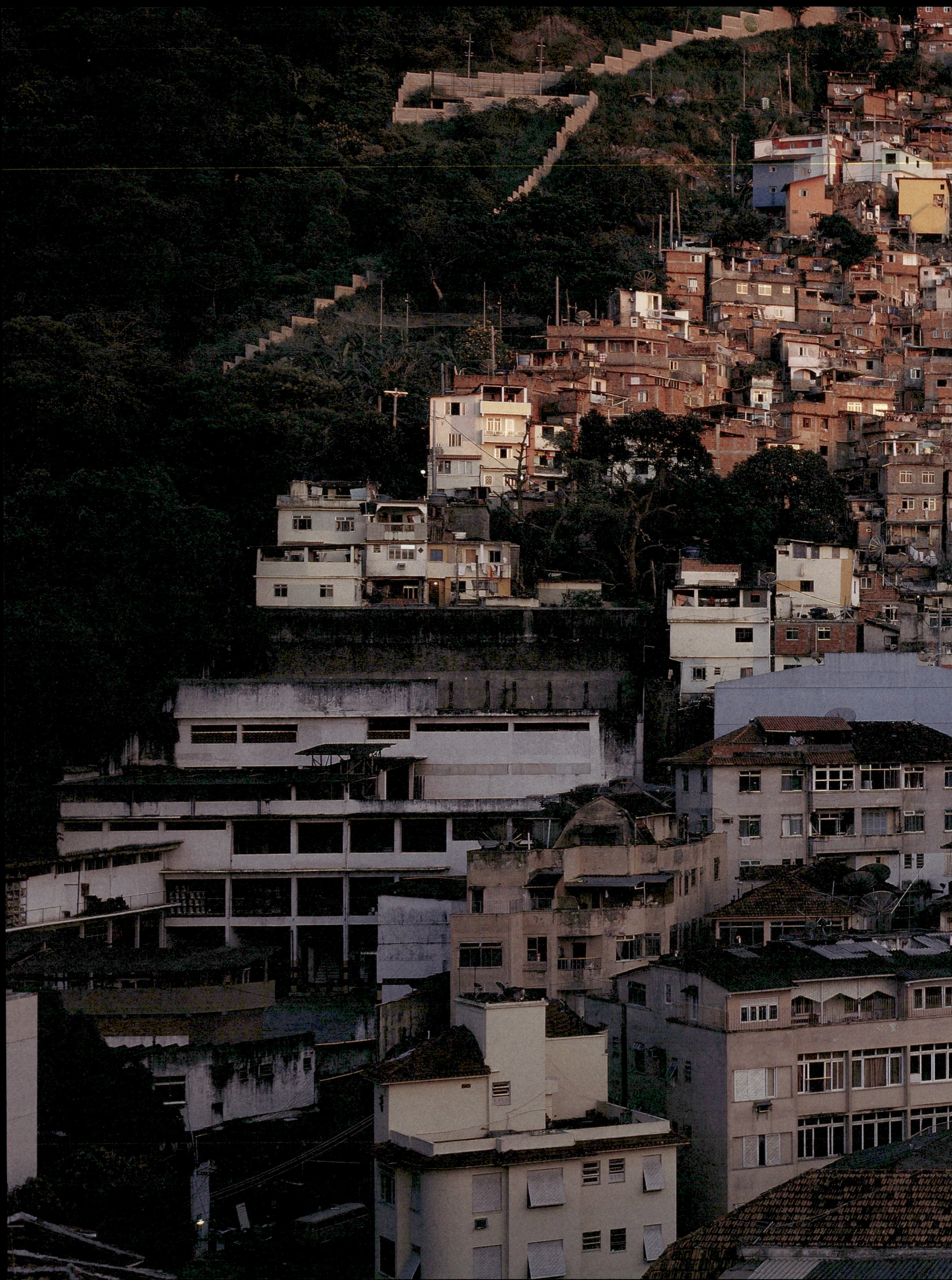

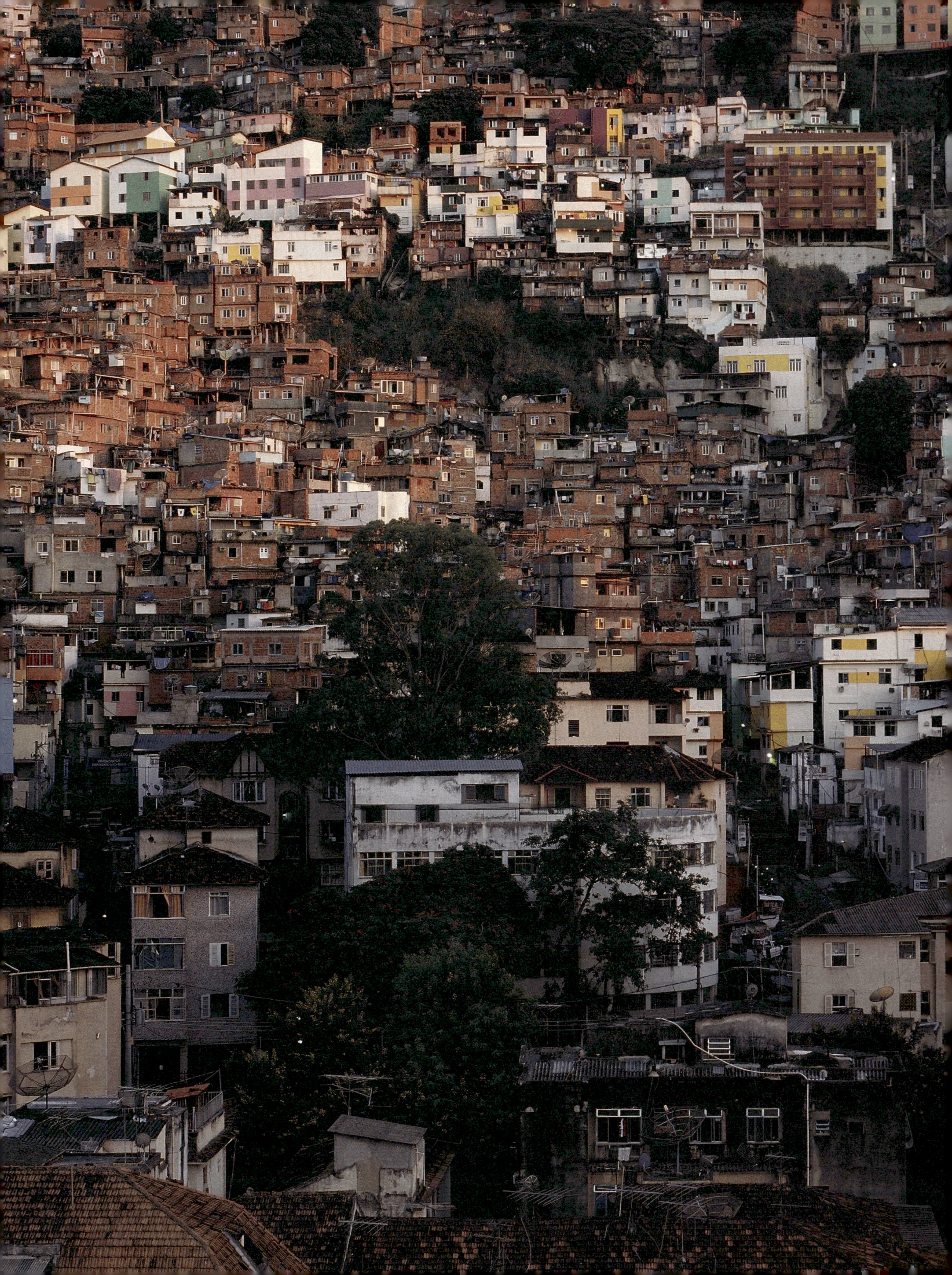

PORTUGAL

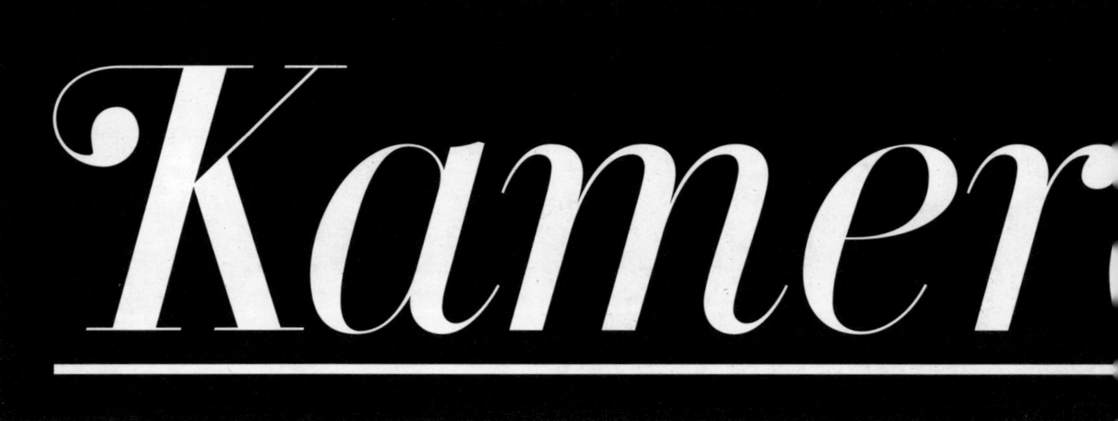

www.kameraphoto.com

MASCOTAS

La pérdida de la biodiversidad en Portugal es muy alta; lo que significa que un número cada vez mayor de especies se encuentra en vías de extinción. Hay varias causas: la destrucción de los hábitats, la persecución humana, las enfermedades y la aparición de especies invasoras.

***Mascotas* es un ensayo que parte de la creación de una metáfora en relación a las acciones tardías del hombre por preservar especies de la vida animal salvaje. Los animales disecados estuvieron de moda, especialmente en Portugal, después de la Revolución del 25 de abril de 1974. Un gran número de personas, sobre todo los cazadores, disecaban animales —algunos salvajes, otros domésticos— transformándolos de esa manera en especies protegidas o mascotas. Debido a una mala praxis de la taxidermia, bien por ignorancia, bien por cuestiones económicas, la gran mayoría de estos animales están en descomposición y, sean de particulares o museos, están considerados como especies protegidas o en peligro de extinción.**

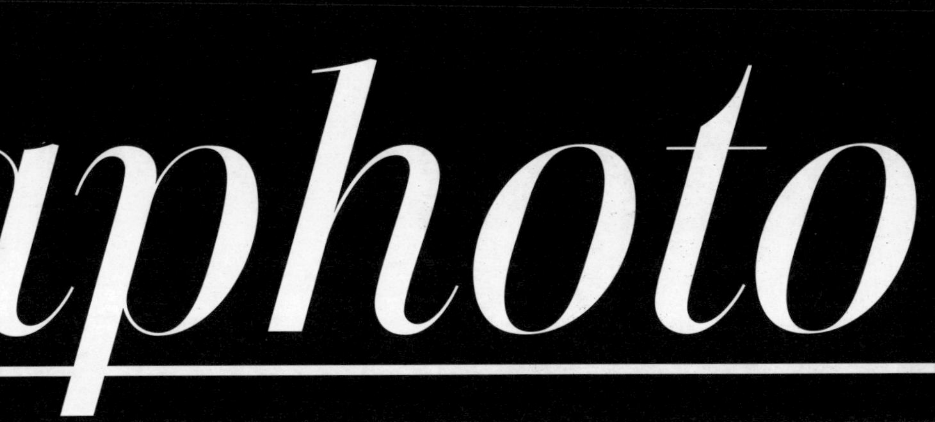

PETS

The loss of biodiversity in Portugal is proceeding apace. This means that an ever greater number of species are in danger of extinction. There are various causes: the destruction of habitats, human persecution, disease, and the appearance of invasive species.

Pets is an essay that starts with the creation of a metaphor for the tardiness of human intervention in the preservation of wild animal life. Stuffed animals were popular in Portugal, especially following the revolution of 25 April 1974. Many people, but especially hunters, dried, stuffed, and mounted animals—some of them wild, others domestic—to transform them into protected species or pets. Owing to incorrect taxidermic practices—out of ignorance or for economic reasons—most of these animals, in both museums and private collections, are now in a state of decomposition and are considered protected or endangered species.

Valter Vinagre / Kameraphoto.
Mascotas, 2010.
Gato Montés, Felis silvestris
[Schreber, 1775].

Valter Vinagre / Kameraphoto.
Pets, 2010.
Wildcat, Felis silvestris
[Schreber, 1775].

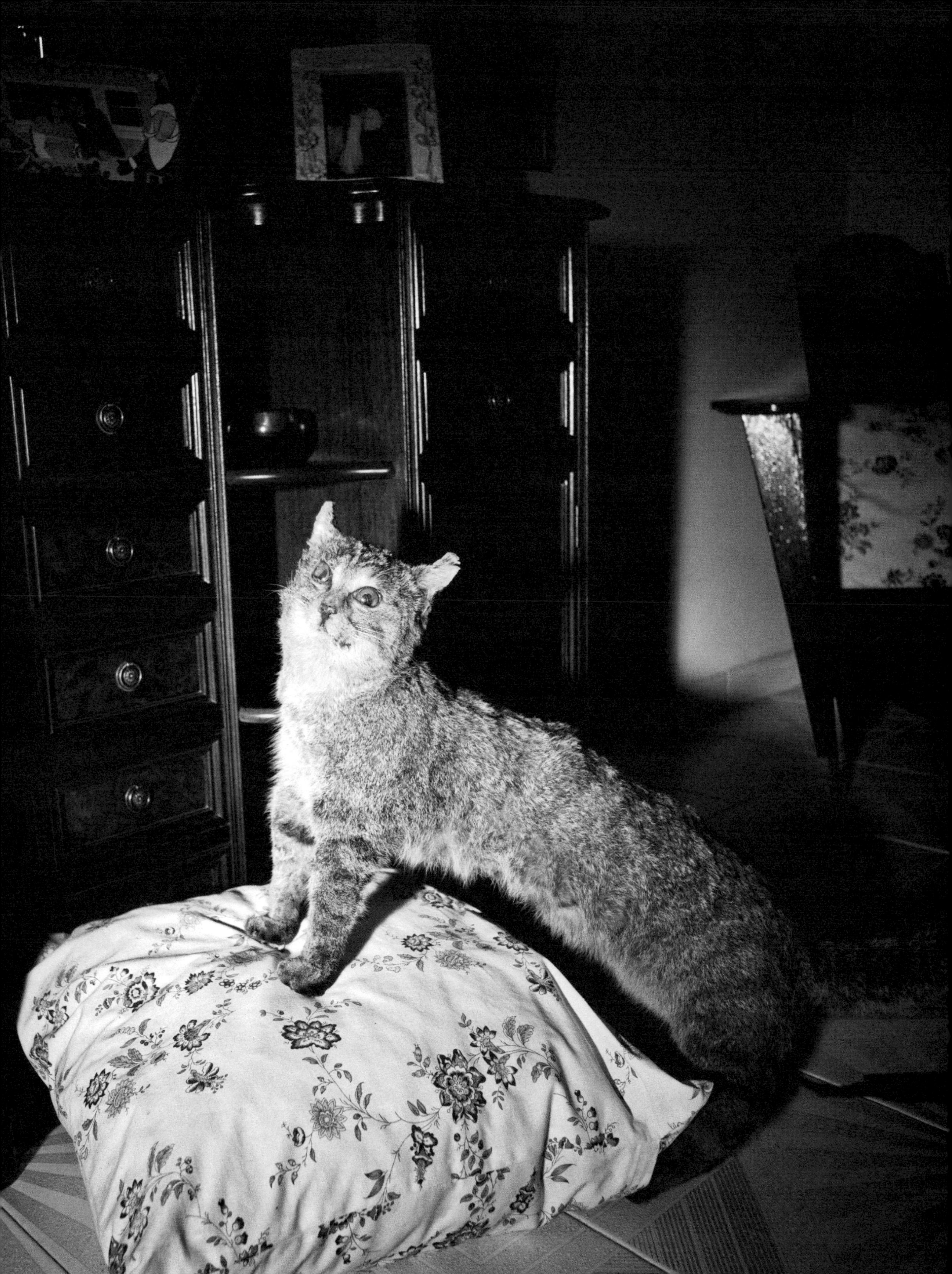

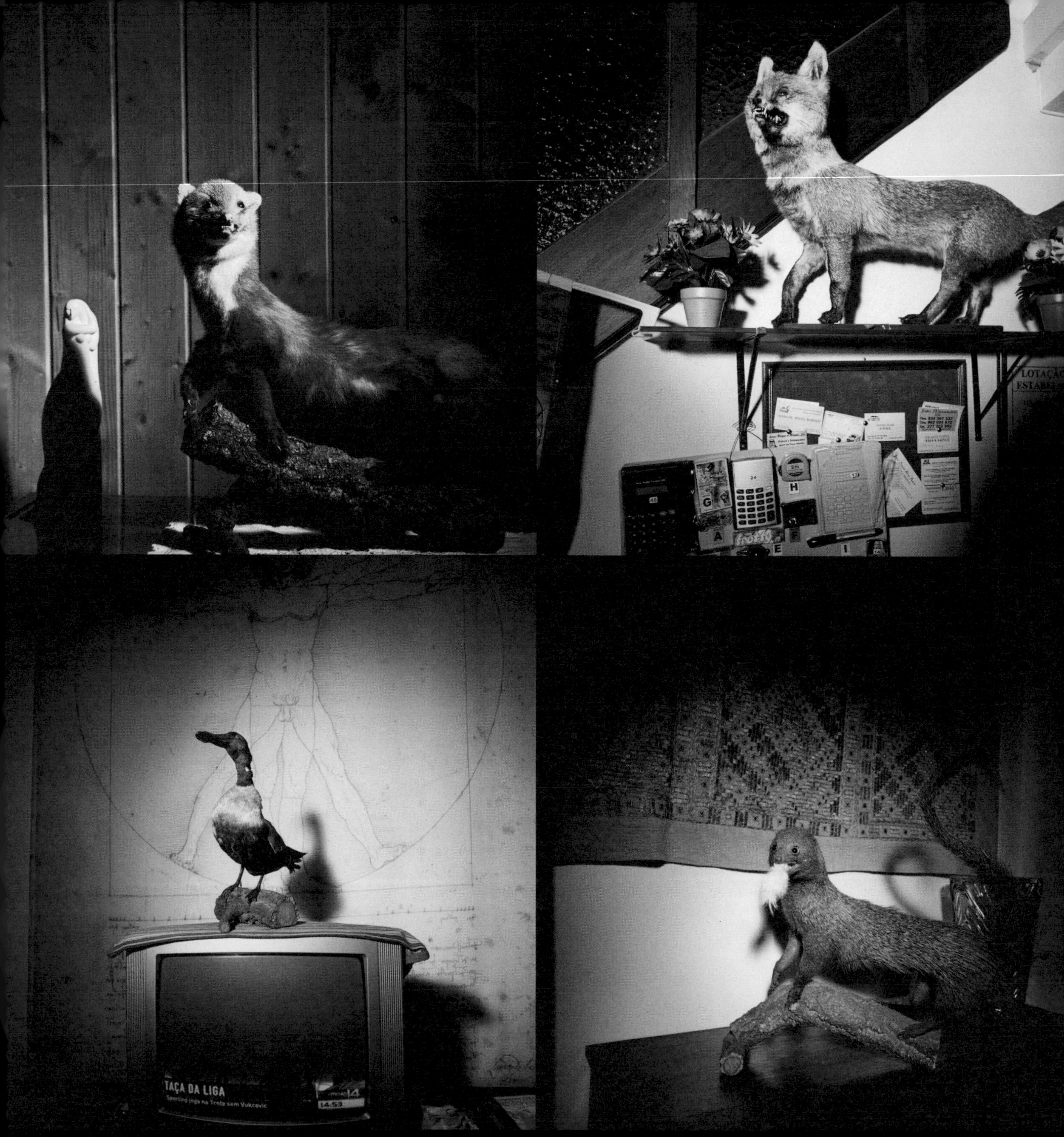

Garduña, *Martes foina*
Beech Marten
(Endeben, 1777).

Zorro, *Vulpes vulpes*
Red Fox
(Frisch, 1775).

Pato Cucharo, *Anas clypeata*
Northern Shoveler
(Linnaeus, 1758).

Meloncillo, *Herpestes ichneumon*
Egyptian Mongoose
(Linnaeus, 1758).

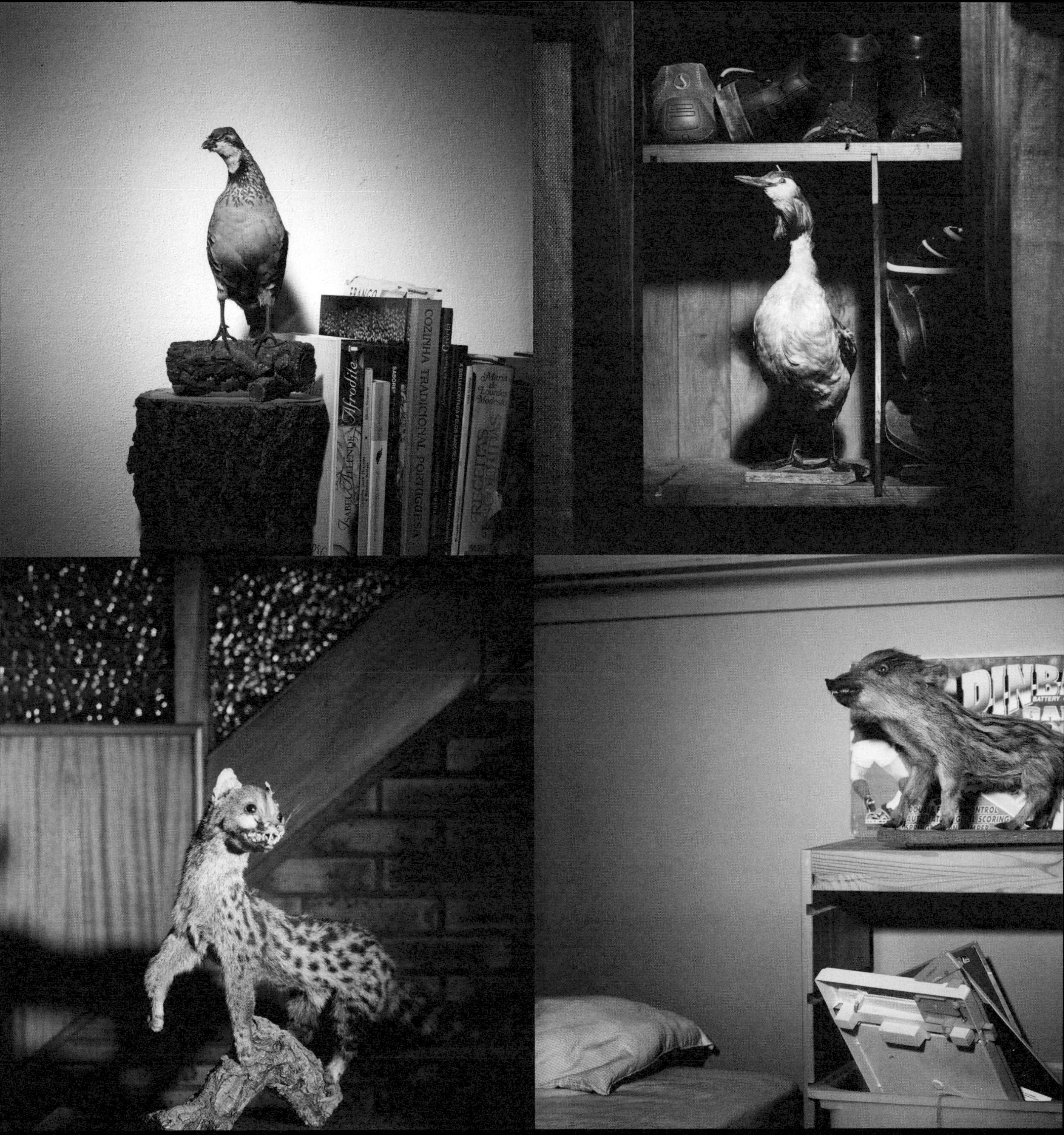

MEXICO

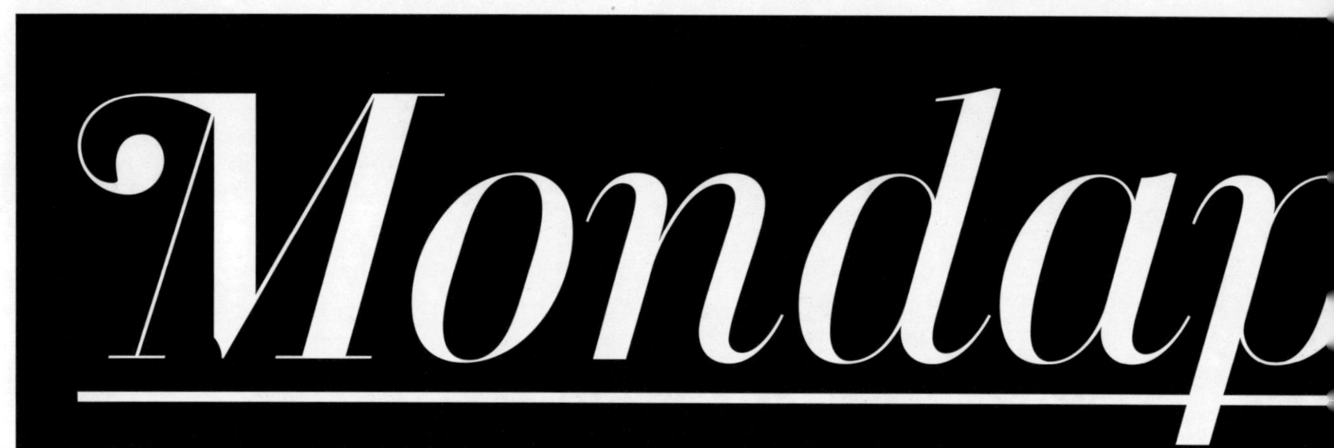

EL FIN DE LA ABUNDANCIA

Don Jesús Soto es un hacedor de lluvia. Sobrevivió a la descarga de un rayo cuando era niño, y por eso tiene el don de entenderse con la naturaleza. Él tiene el encargo de pedir agua para la siembra, y de salir a enfrentarla cuando viene hecha una furia. "Se le habla como ahorita nosotros estamos platicando", dice este anciano de Santiago Mamalhuazuca, un pueblo separado de la capital de México por montes y dos volcanes nevados. "Le hablo a Dios y a los espíritus trabajadores". Lleva una cruz, un ahumador para el incienso y las plegarias que él aprendió del granicero, quien le heredó la tarea en 1977.

"La gente ya no cree,!ay! ¡está loco!", parafrasea Jesús Soto, uno de pocos campesinos que acatan hoy día esta tradición prehispánica. Pero él cree en la energía que el rayo depositó en sus manos. Cree en que hay que hablarles a las montañas, hablar con el agua y pedir que riegue sus sembradíos. Donde él vive no les falta, pero la administran como si habitaran en el desierto.

THE COLLECTIVE MONDAPHOTO WAS CREATED OUT OF THE DESIRE OF A GROUP OF PHOTOGRAPHERS TO EXPLORE THE MEXICAN PHOTOGRAPHIC MILIEU INDEPENDENTLY, THROUGH THE PRODUCTION OF JOINT, SELF-ORGANIZED PROJECTS THAT WOULD ADDRESS THE EXPRESSIVE NEEDS OF THE MEMBERS OF THE GROUP. ORIGINALLY FOUNDED BY CARLOS ARANDA AND ALFREDO PELCASTRE, WHO WERE LATER JOINED BY LIZETH ARAUZ, JERÓNIMO ARTEGA-SILVA, AND ERNESTO RAMÍREZ, THE COLLECTIVE HAS FUNCTIONED WITH THE CONSTANT PARTICIPATION OF ITS MEMBERS AND THE FEEDBACK GENERATED DURING THE PRODUCTION OF MATERIALS AND PROJECTS.

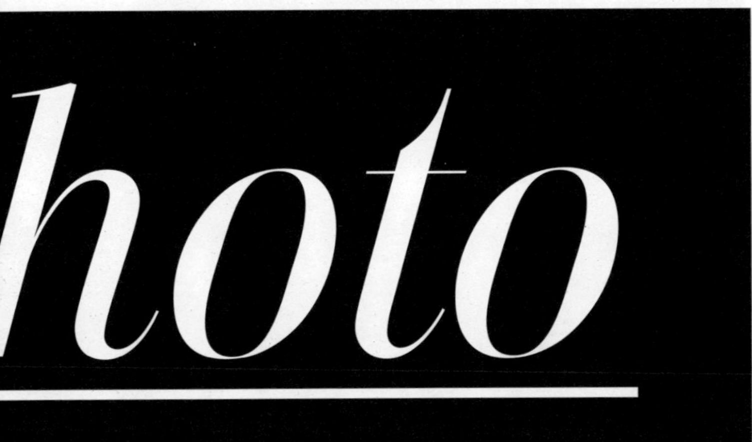

www.mondaphoto.com

THE END OF ABUNDANCE

Don Jesús Soto is a rainmaker. He survived being struck by lightning as a child and therefore possesses the gift of understanding nature. He is responsible for requesting rain to sow the crops and for going out to meet it when it arrives in the form of raging storms. "I speak to it just as we are speaking now," says this elderly man from Santiago Mamalhuazuca, a village separated from the Mexican capital by two snow-capped volcanoes. "I speak to God and the worker spirits." He takes with him a cross, a censer for incense, and the prayers he learned from the *granicero*, or weather-worker, who bequeathed him his task in 1977.

"People don't believe anymore. 'Ay, he's crazy,'" explains don Jesús, one of the few campesinos who still follow this pre-Hispanic tradition. But he believes in the energy the lightning bolt placed in his hands. He believes in the need to speak to the mountains, to speak to the water, and to ask it to rain on his crops. Where he lives there is no shortage of water, but it is rationed as if they lived in the desert.

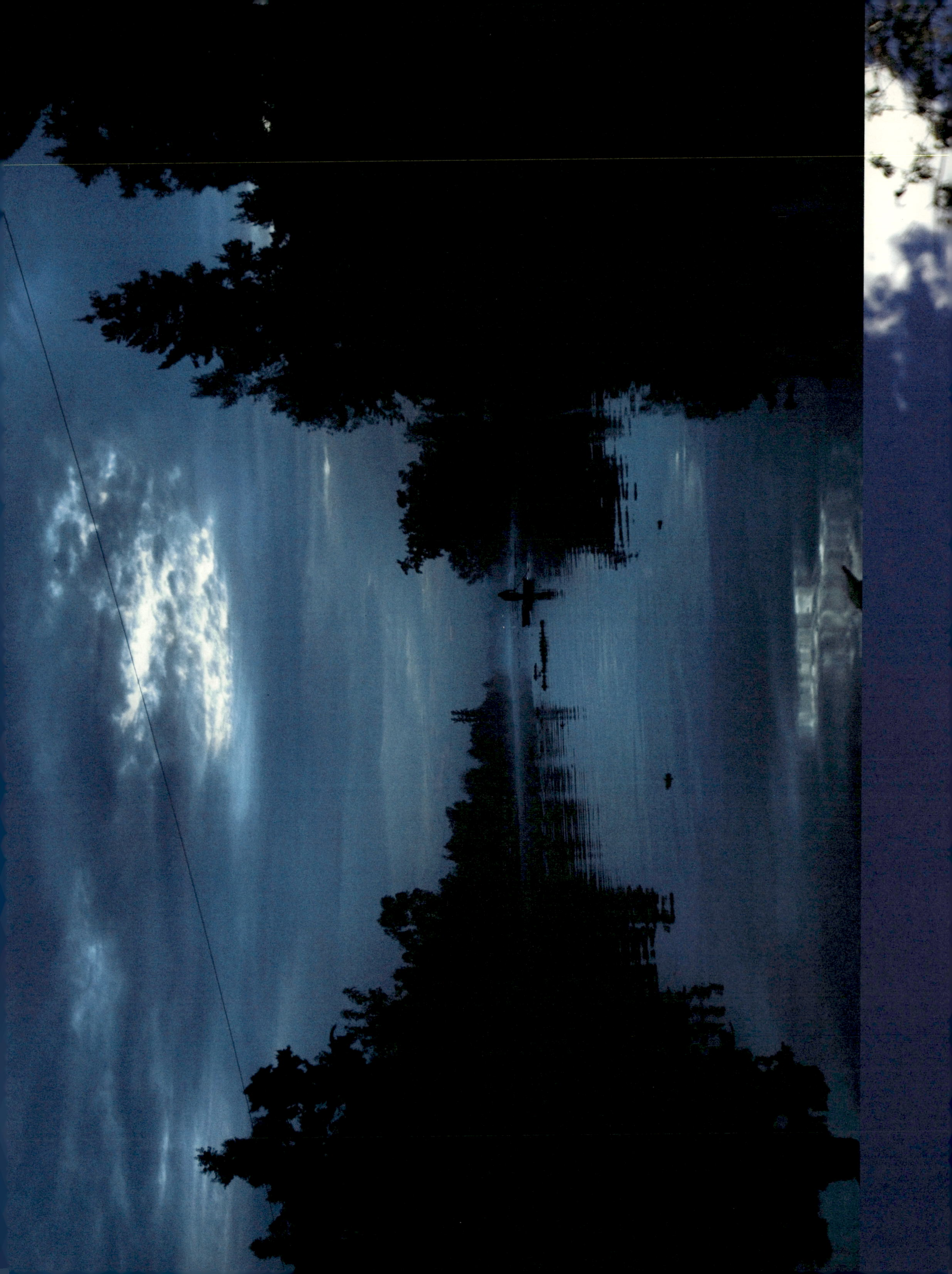

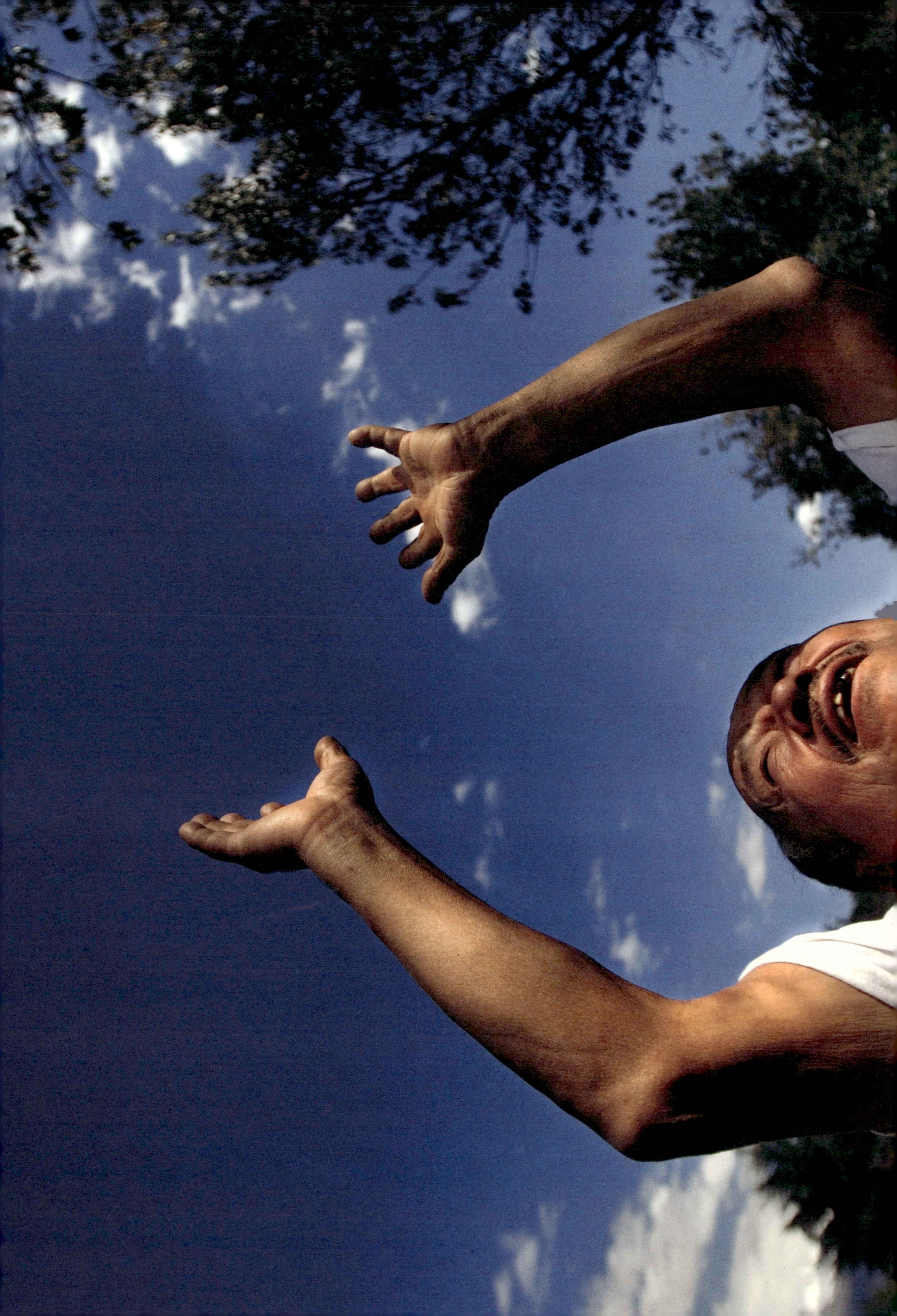

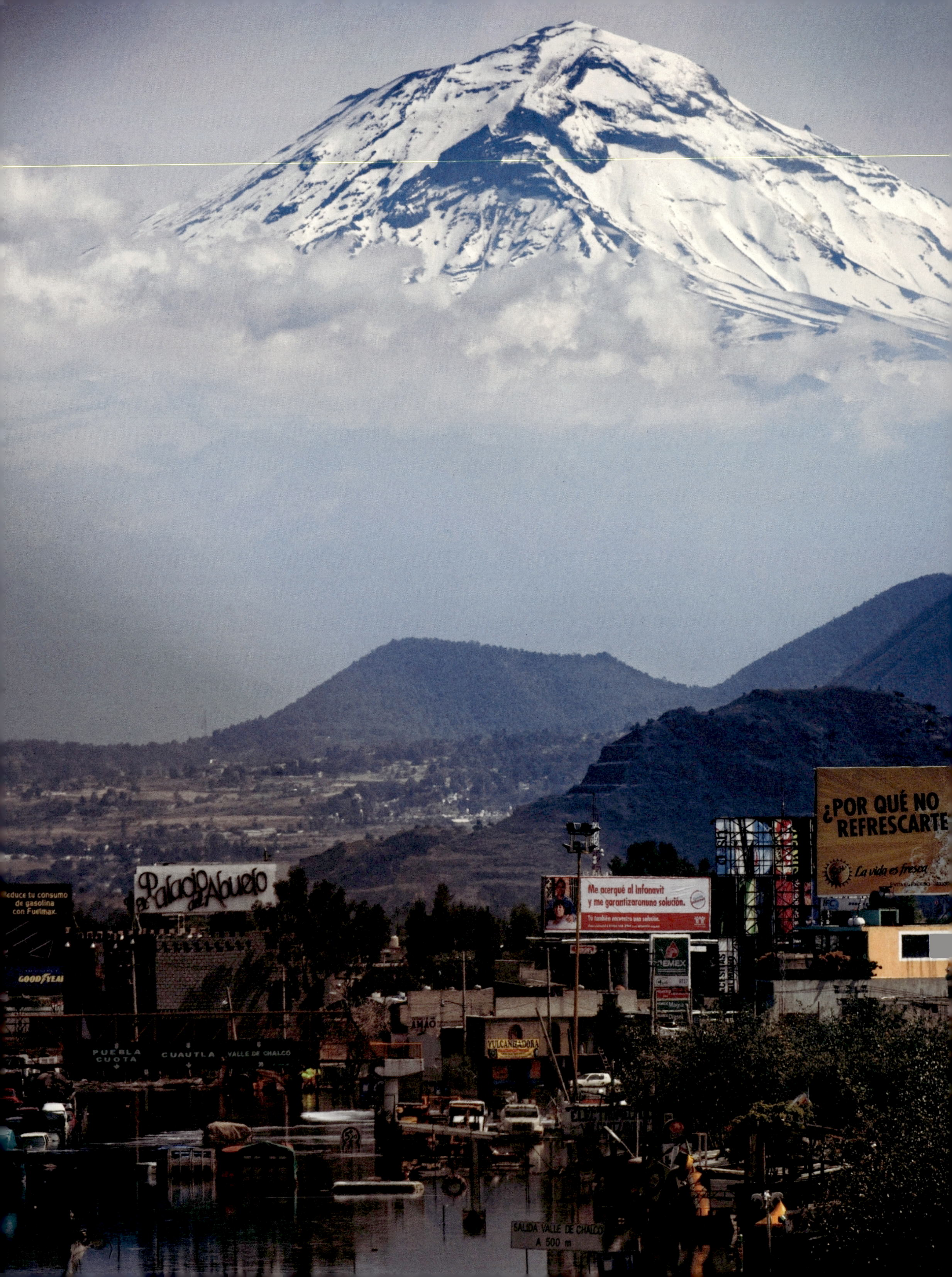
¿POR QUÉ NO REFRESCARTE
La vida es fresca
Me acerqué al Infonavit
y me garantizaronuna solución.
Tu también encuentra una solución.
Palacio del Abuelo
Reduce tu consumo
de gasolina
con Fuelmax.
GOODYEAR
PEMEX
PUEBLA
CUOTA
CUAUTLA
VALLE DE CHALCO
VULCANIZADORA
SALIDA VALLE DE CHALCO
A 500 m

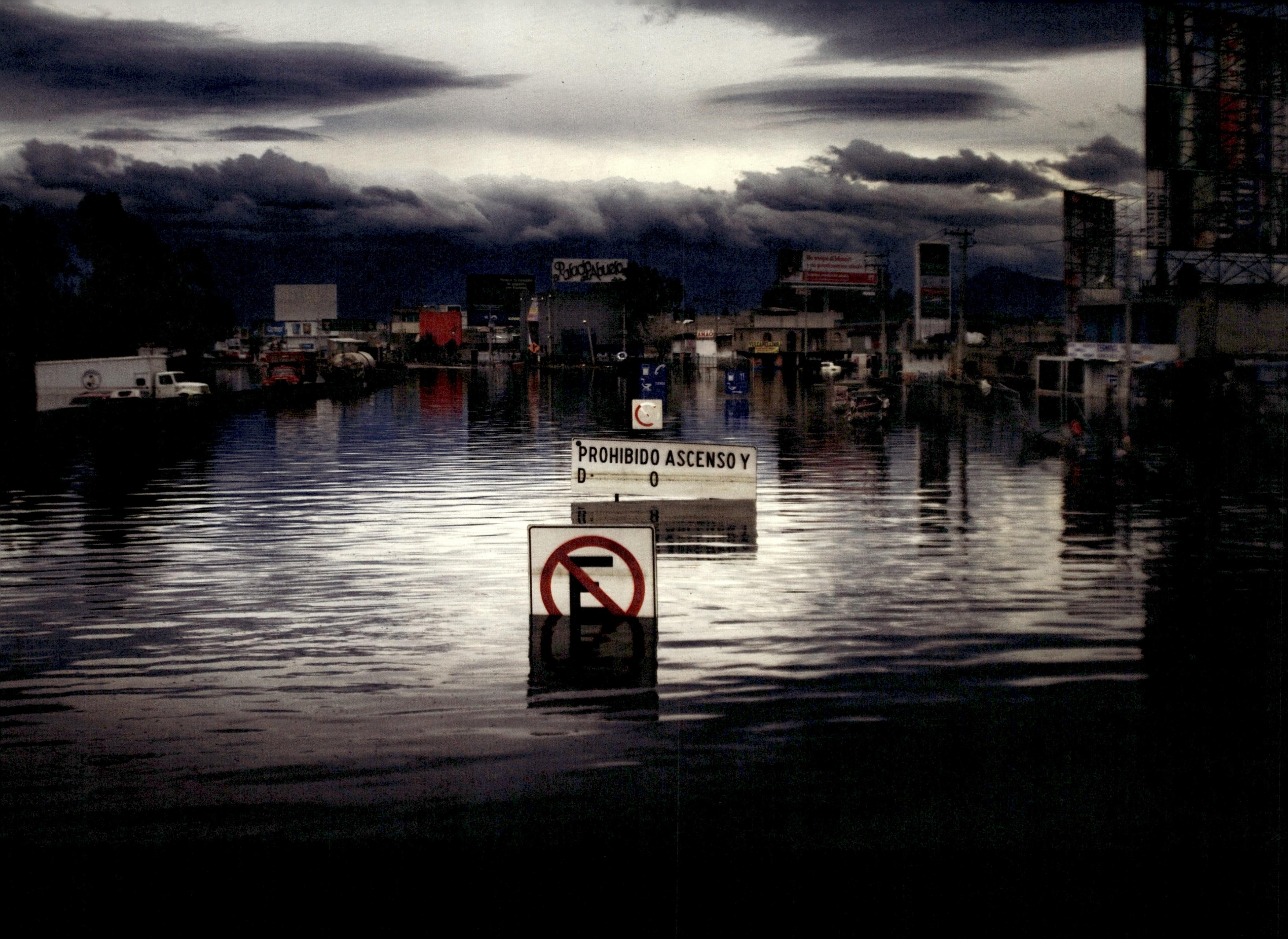

PROHIBIDO ASCENSO Y
D - O
R - 8

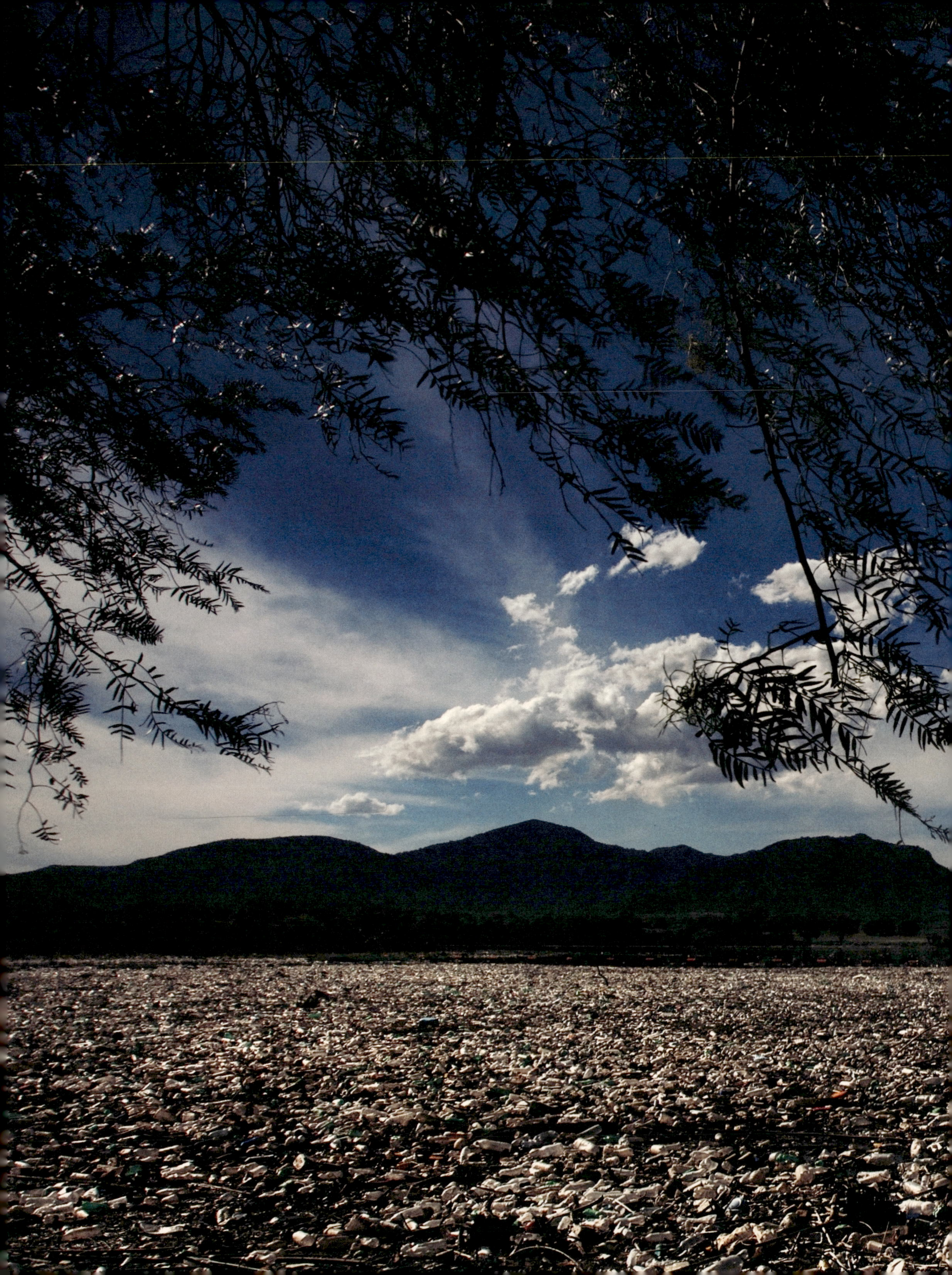

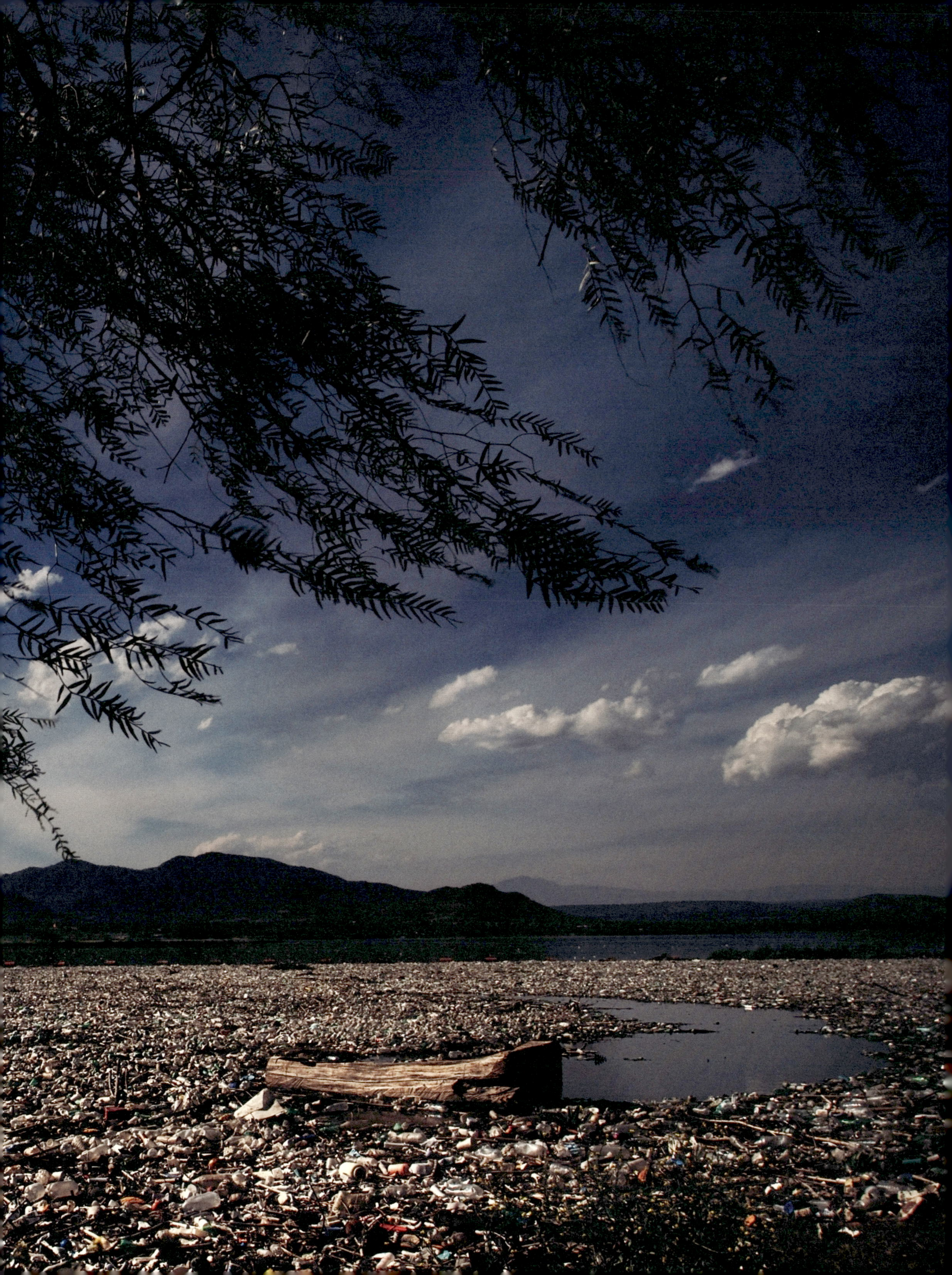

SPAIN

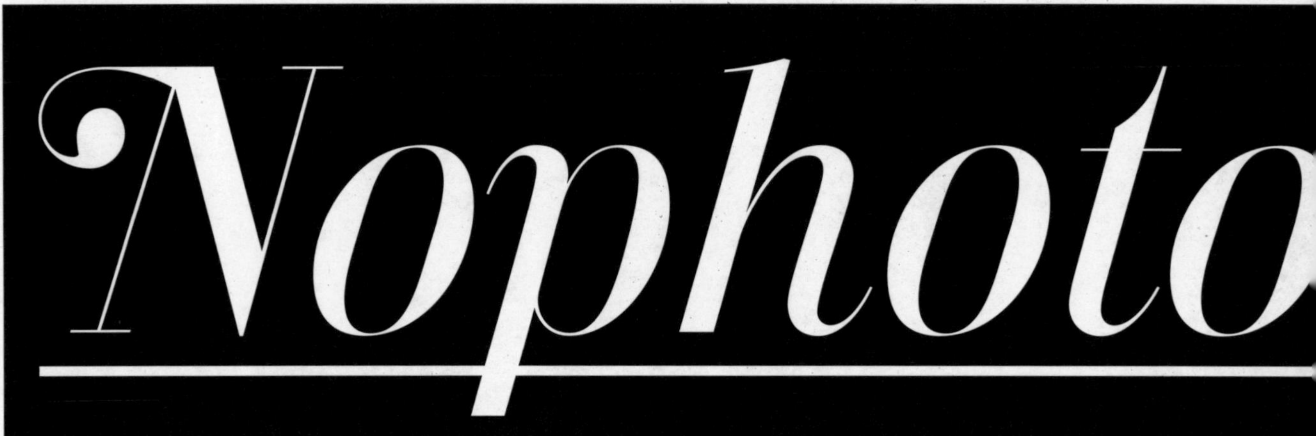

www.nophoto.org

98 / 99

COREOGRAFÍA SOSTENIBLE PARA UN EQUIPO CICLISTA CHINO

El proyecto de Nophoto pretende cuestionar las ideas preconcebidas y tópicos contradictorios con los que se simplifica la información en general y los temas relativos al medio ambiente en particular.

El proyecto visual consiste en la creación de una coreografía, interpretada por un equipo ciclista chino patrocinado por Nophoto, que recorrerá diferentes lugares de la ciudad china de Wuhan, una de las más contaminadas del planeta.

El conjunto de textos, imágenes, videos y objetos integrarán una instalación que no hablará de forma directa sobre el medio ambiente, sino que será el contexto expositivo general el que obligará a una segunda lectura.

SUSTAINABLE CHOREOGRAPHY FOR A CHINESE CYCLING TEAM

Nophoto's project seeks to challenge the preconceived ideas and contradictory stereotypes by which information in general, and environmental issues in particular, are simplified. The visual project consists of the creation of a choreography performed by a Chinese cycling team, sponsored by Nophoto, which will tour various venues in the Chinese city of Wuhan, one of the most polluted urban conglomerations on the planet.

The collection of texts, images, videos, and objects will make up an installation that will not only address the issue of the environment directly, but will provide a general expository context that leads viewers to a second reading.

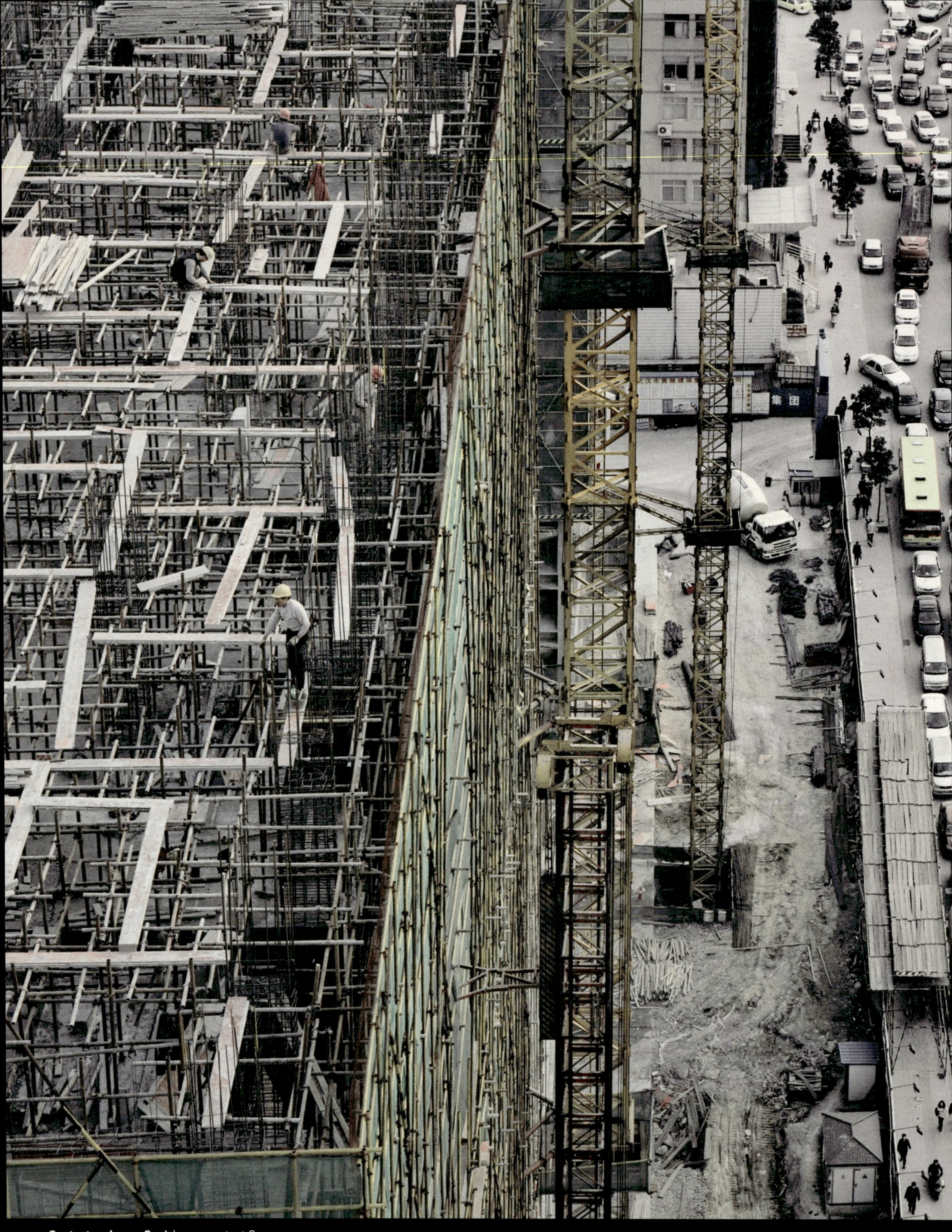

Contexto adverso 2. Adverse context 2.

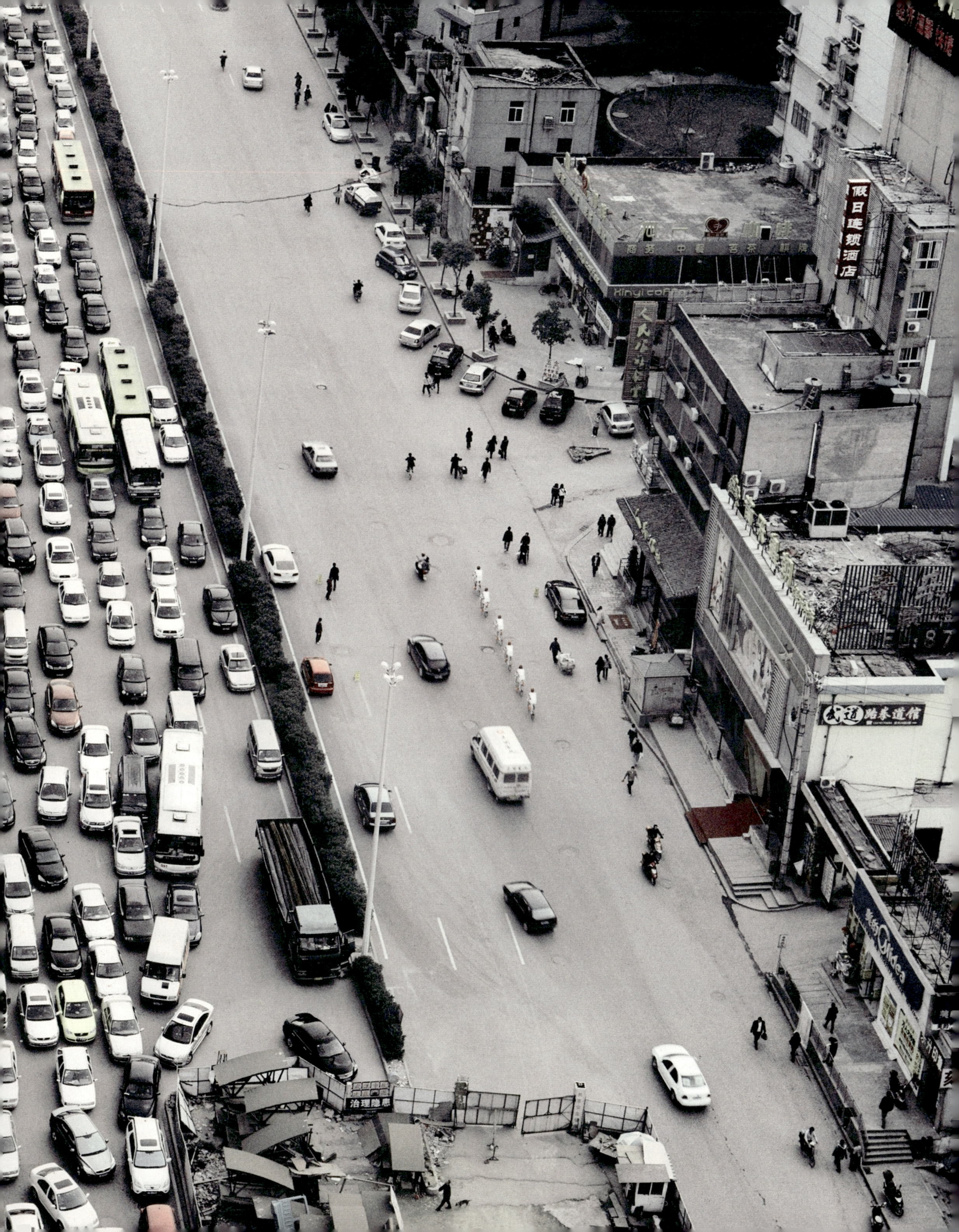

假日连锁酒店
咖啡
xingi coffee
人人乐超市
跆拳道馆
87
Older
治理隐患

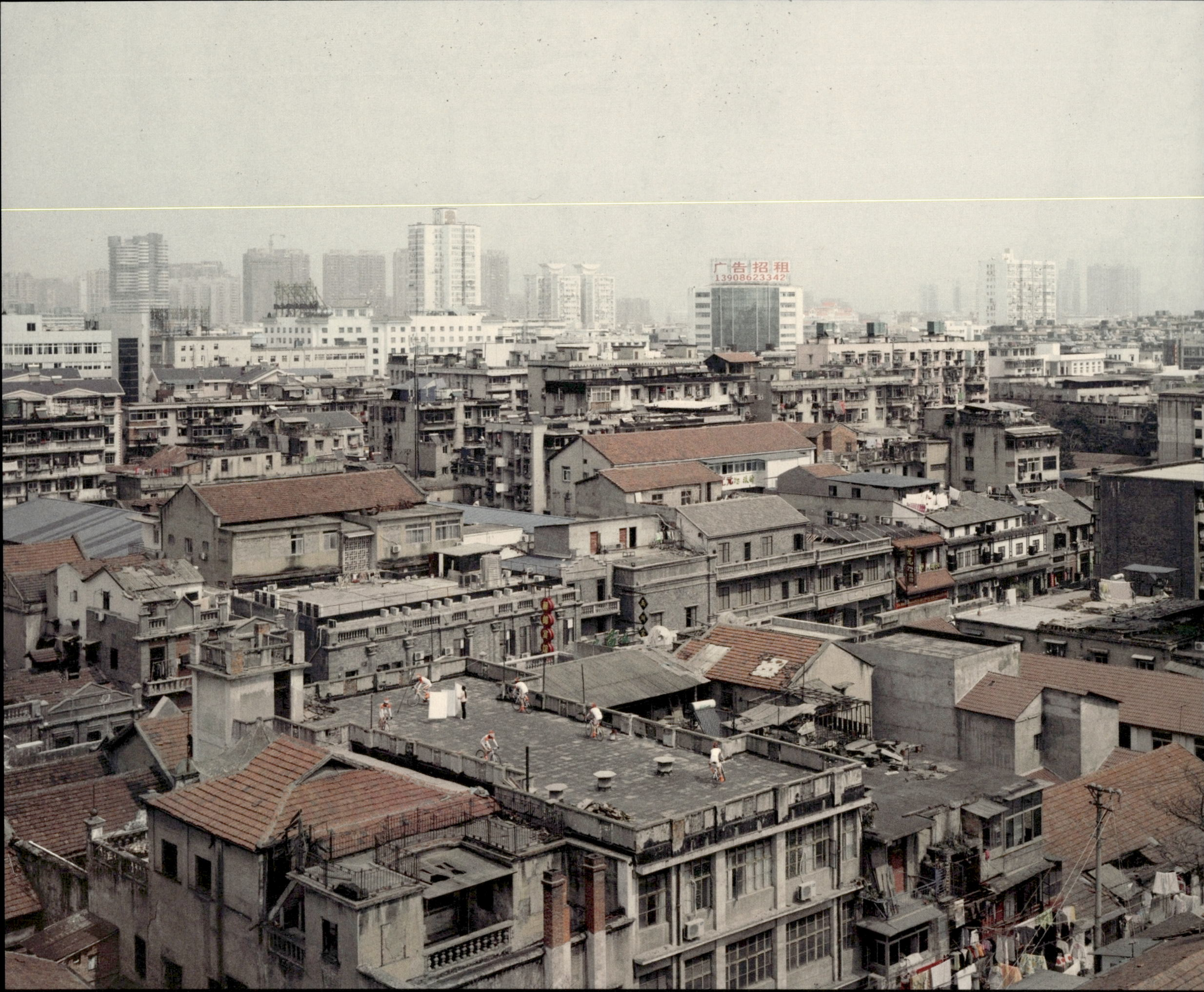

Contexto adverso 1. Adverse context 1.

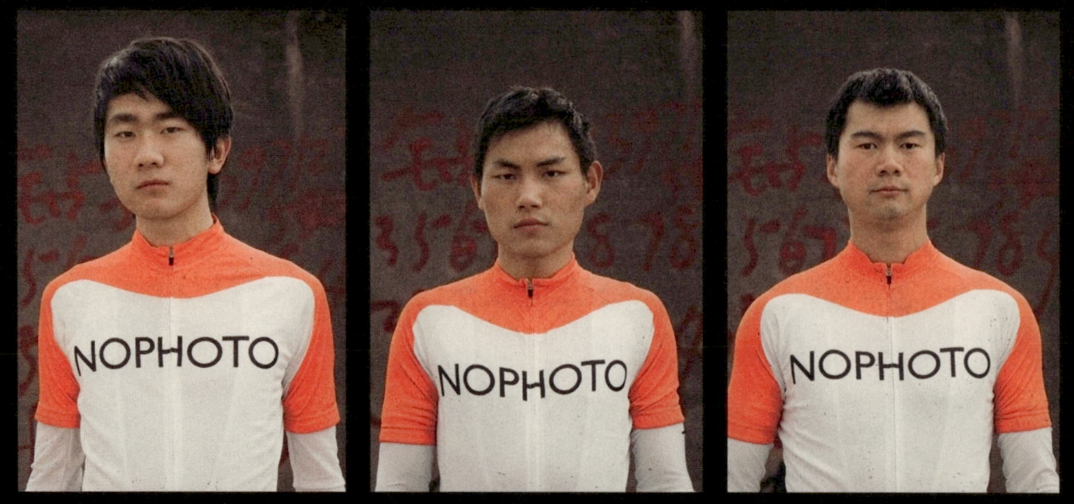

Somos un equipo ciclista. We are a cycling team.

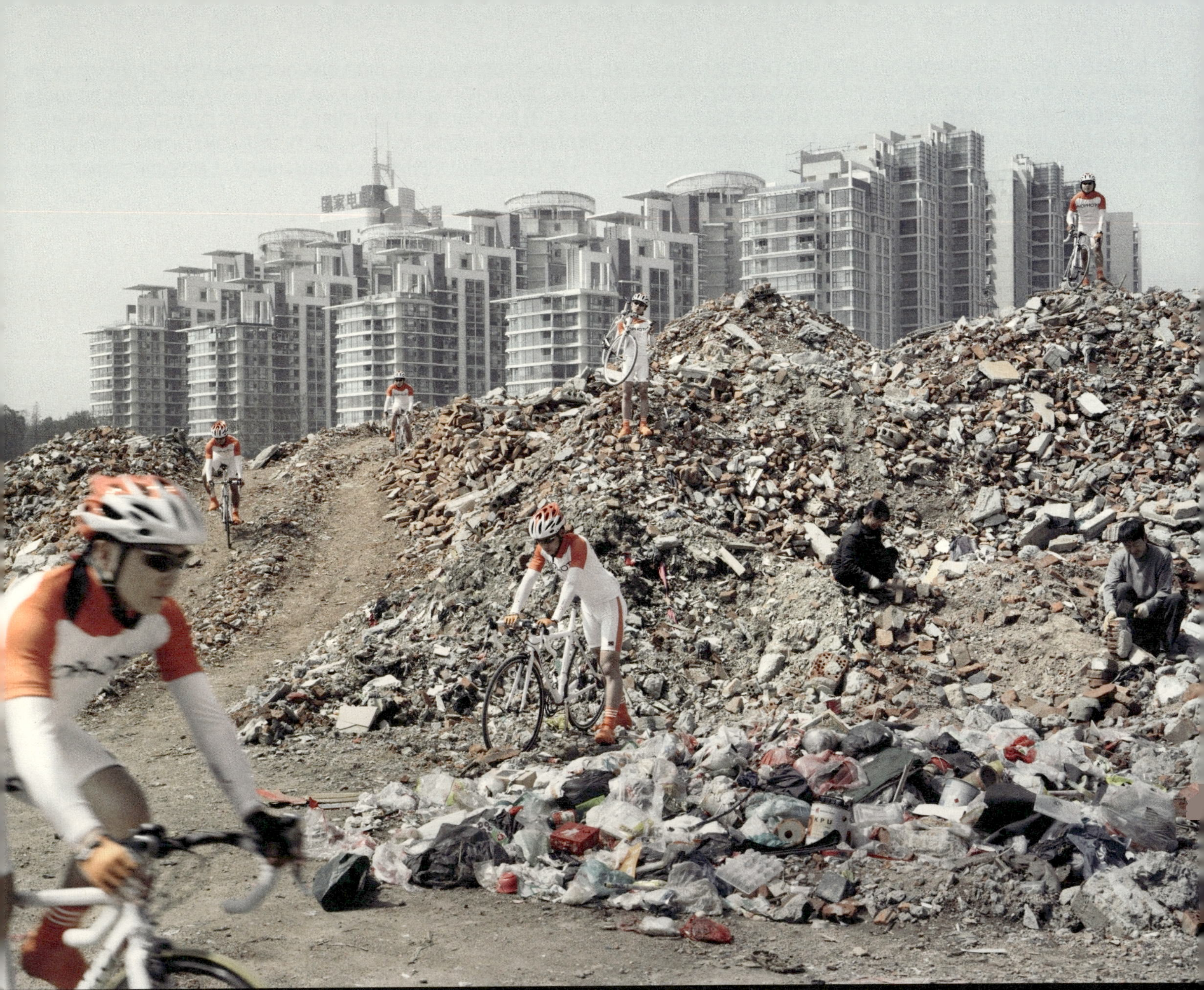

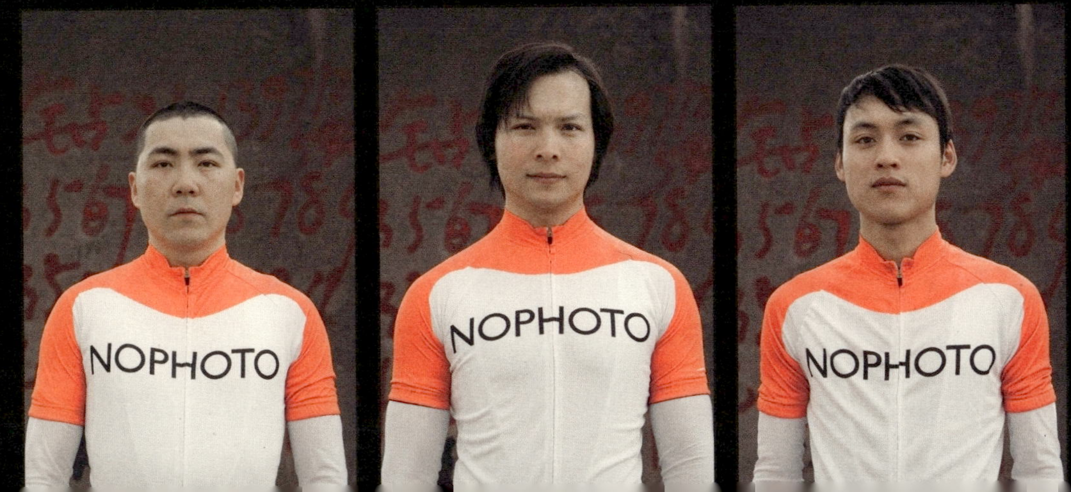

Contexto adverso 5. Adverse context 5.

DÉJÀ VU

El medio ambiente funciona gracias a una multitud de ciclos naturales imbricados uno con otros. Los ciclos astronómicos, por ejemplo, han sido desde siempre una referencia esencial. Entenderlos permite también al intelecto humano probar un tipo de resumen sintético de la esencia misma de este medio ambiente: dios, un panteón o la natura divinizada. Odessa presenta una serie de fotografías que evocan las fases que rigen la vida: creación, preservación, destrucción.

Muestra una naturaleza virgen de intervenciones humanas; después, poco a poco, las huellas de una instalación, hasta la alineación. Esas huellas se vuelven vestigios, de los cuales renacerá otra naturaleza.

DÉJÀ VU

The environment functions thanks to a multiplicity of interrelated natural cycles. Astronomical cycles, for example, have always been an essential reference. Understanding them also allows the human intellect to test a sort of synthetic summary of the very essence of this environment: god, a pantheon, or divinized nature.

Odessa presents a series of photographs that evoke the phases that govern life: creation, preservation, destruction. It shows nature free of human intervention; then, little by little, the traces of an installation, ending in complete alignment. These traces become vestiges, from which another nature will be born.

FRANCE

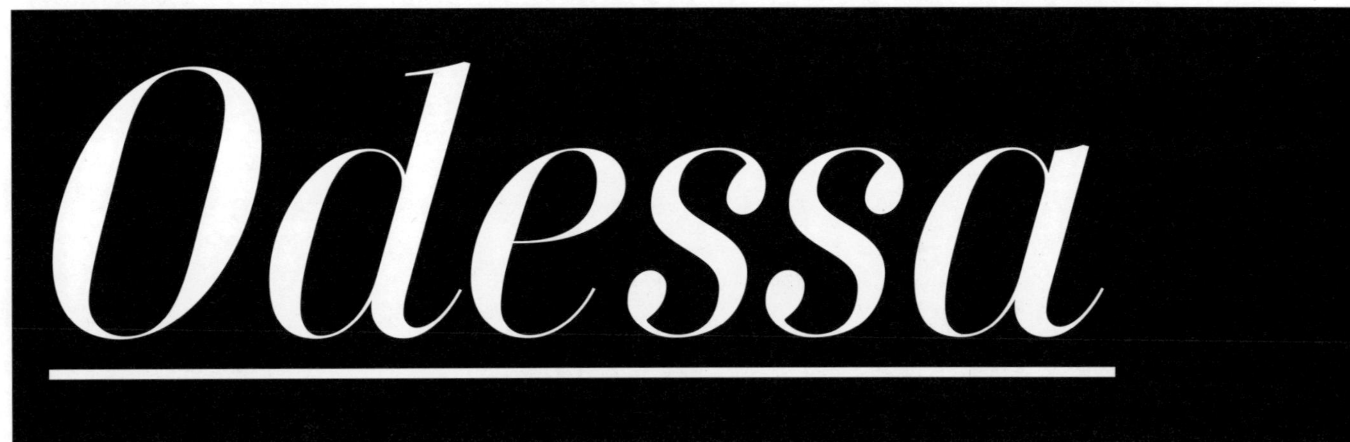

www.odessaphotographies.com

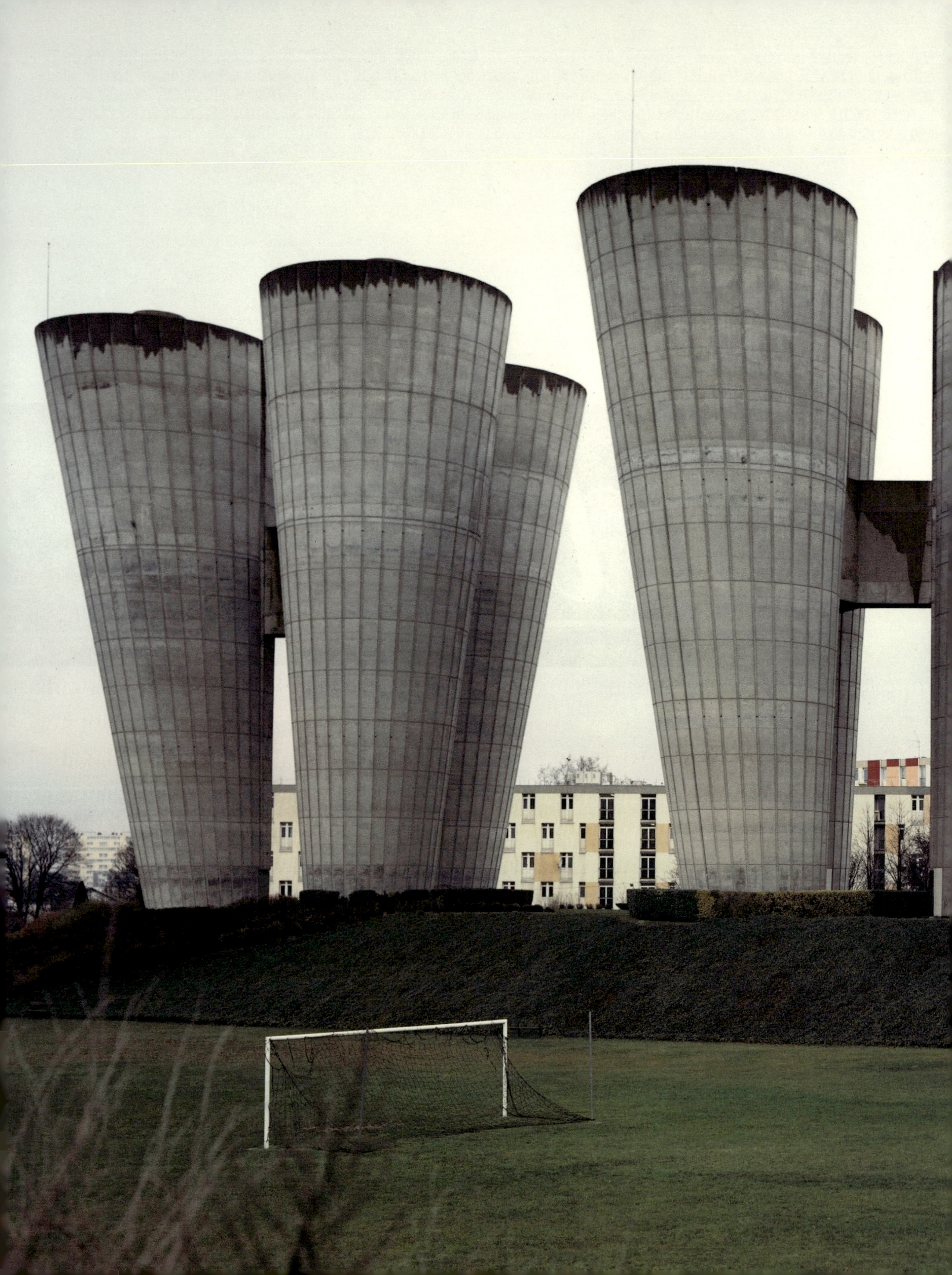

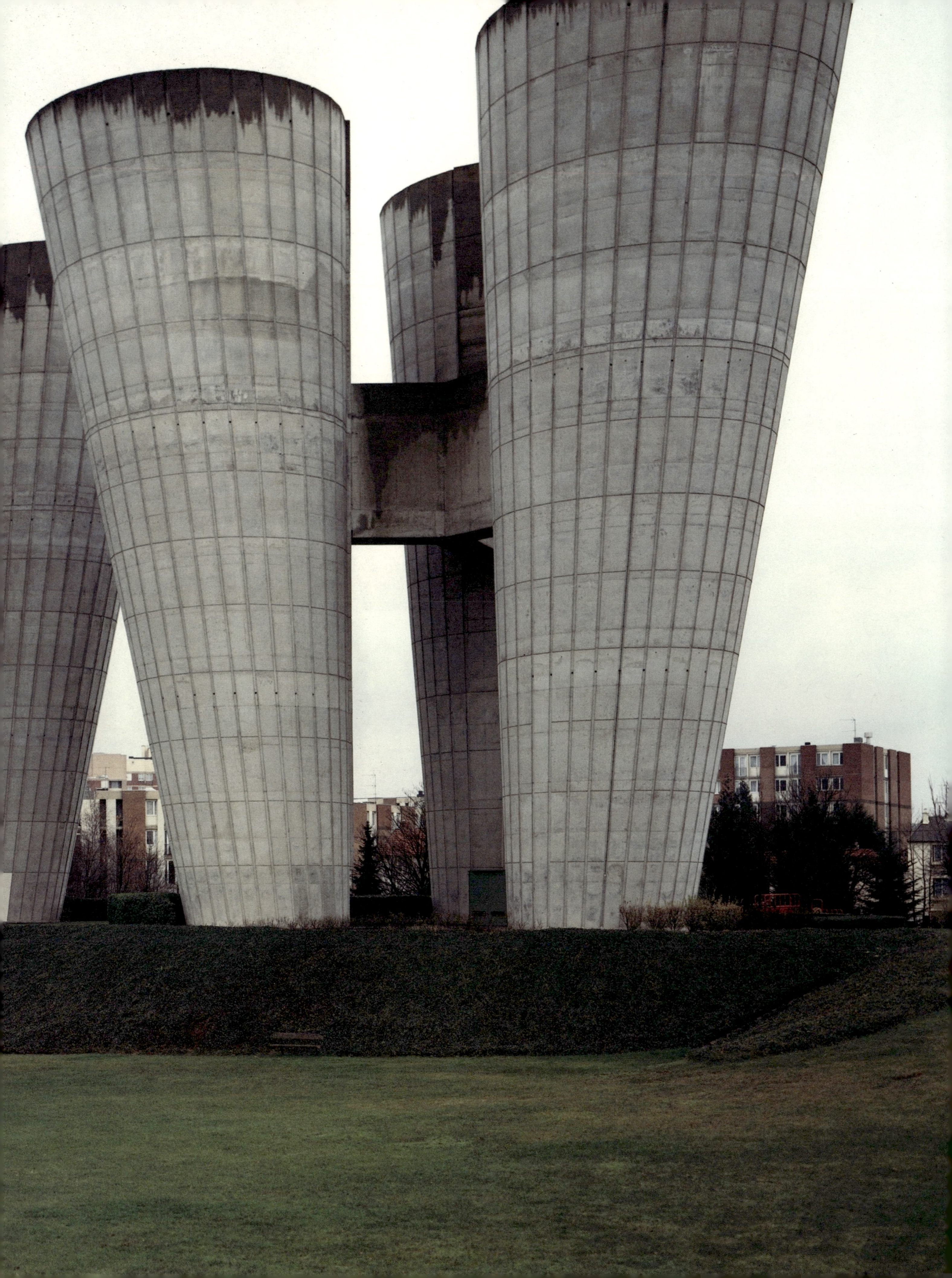

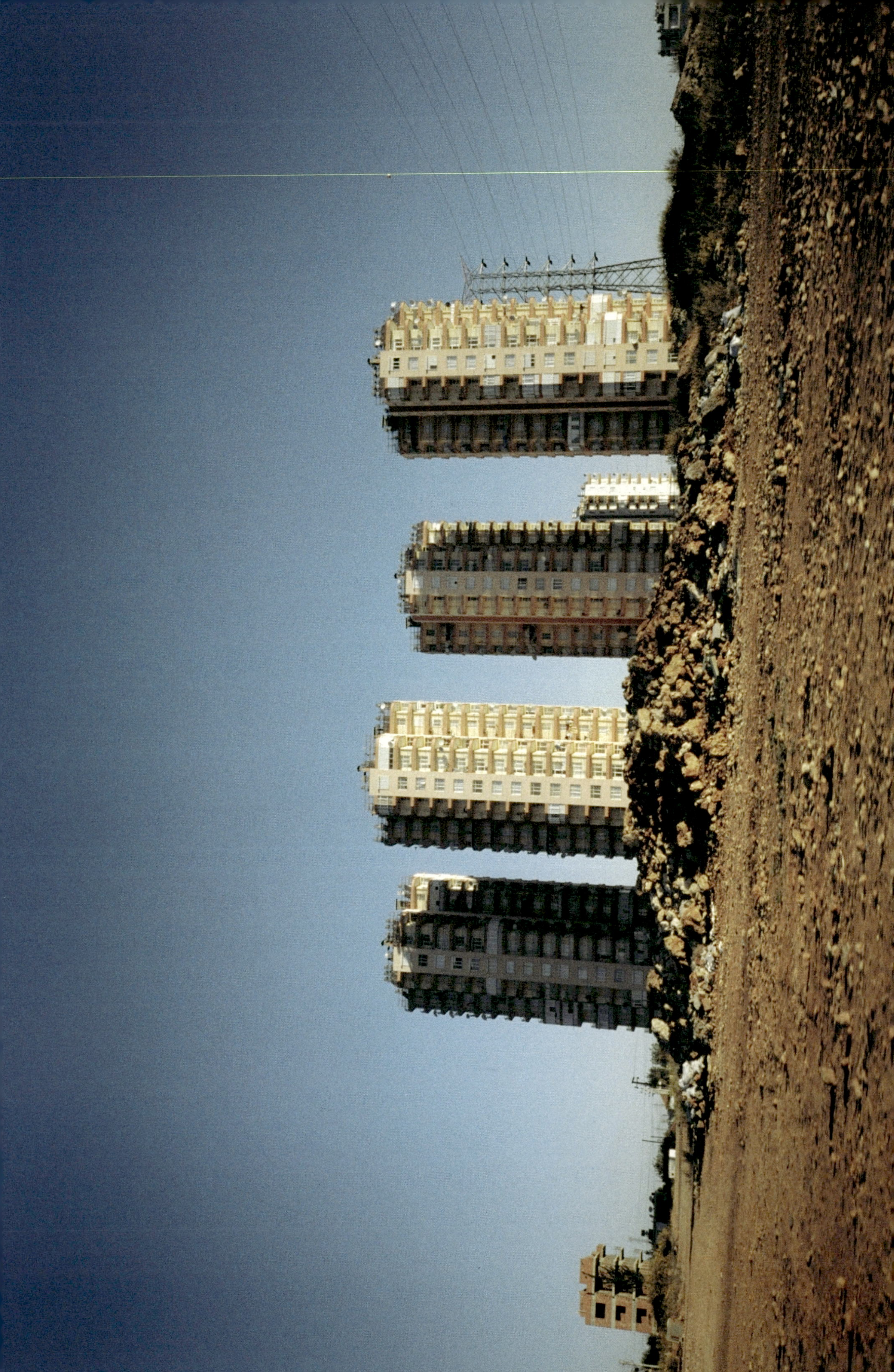

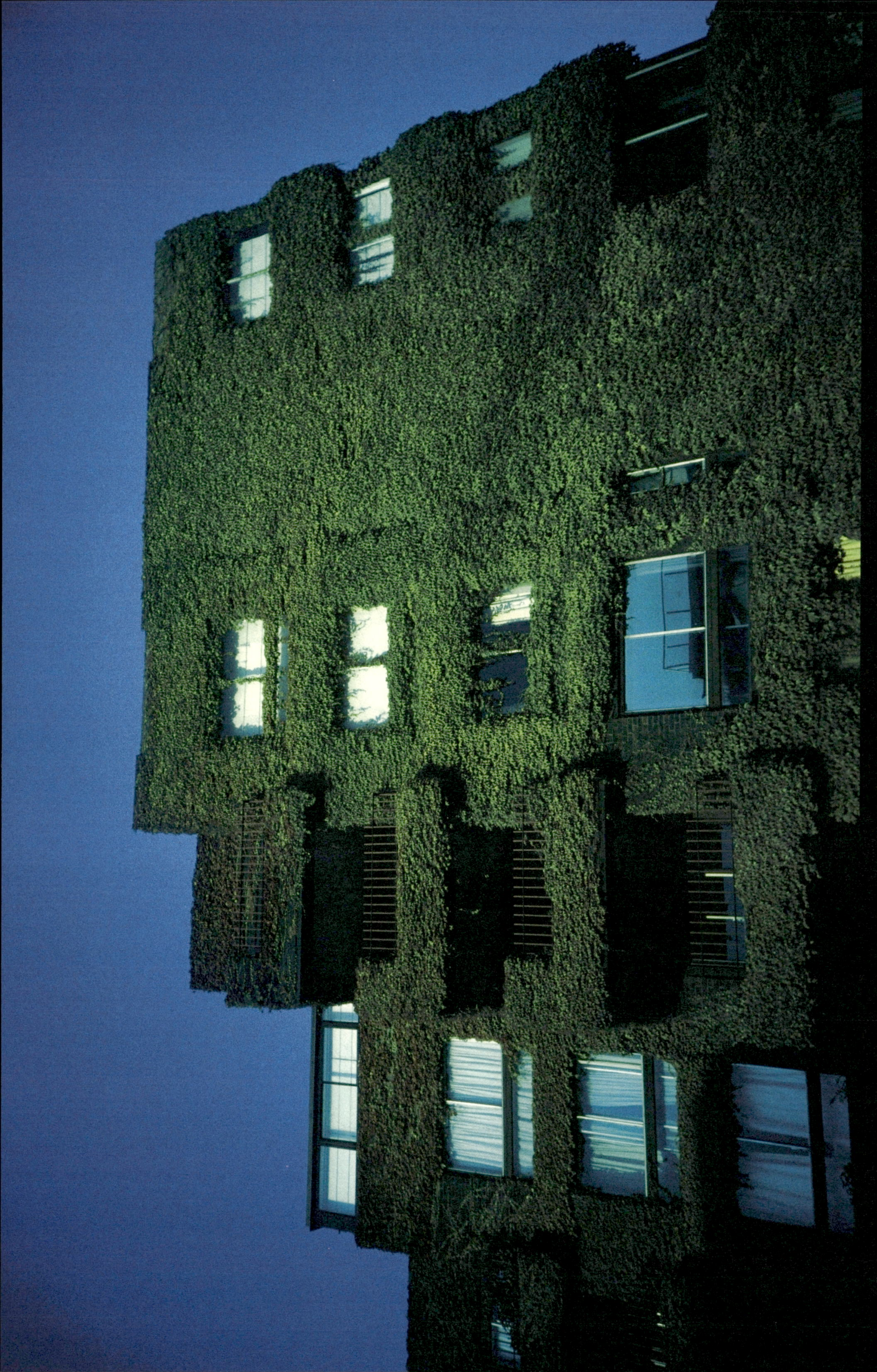

VENEZUELA

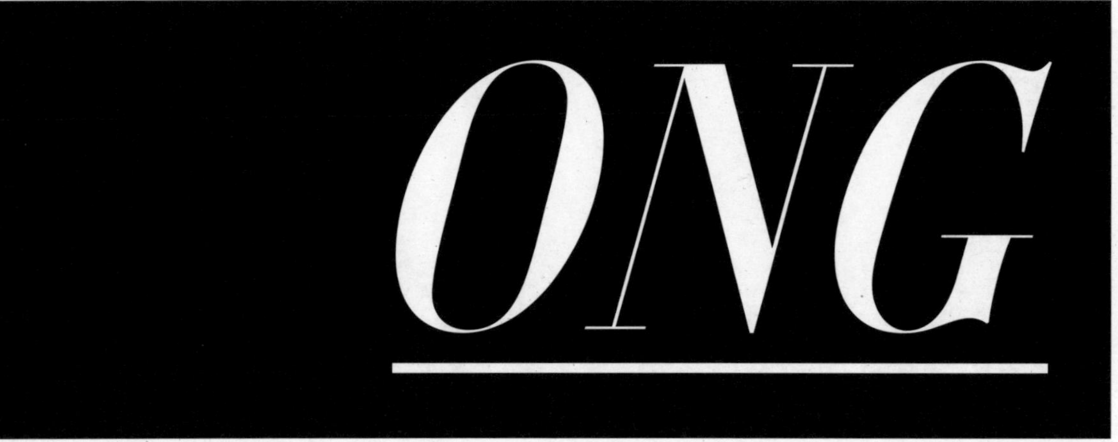

www.organizacionelsongarrido.com

110 / 111

LA VIOLENCIA ESTÁ EN EL AMBIENTE
A partir de la invitación de E·CO [Encuentro y Exposición de Colectivos], enfocada en utilizar el tema del medio ambiente como inspirador de una propuesta, el colectivo de la ONG [Organización Nelson Garrido] lo interpreta desde una óptica plural y muestra algunas expresiones de la violencia que afectan la calidad de vida en Venezuela. Asume como agentes contaminantes los símbolos de la violencia, los rastros, la sensación de inseguridad que se vive y se respira tanto en los espacios públicos como en los privados y en los medios de comunicación social.
El medio ambiente, como parte de la realidad venezolana, está contaminado por los signos de la violencia cotidiana en cualquiera de sus expresiones: doméstica, delictiva, terrorismo de Estado, mediática, entre otras. Esa violencia enrarece el ambiente y provoca que nos sintamos inseguros, convirtiendo a las ciudades en la topología de las cercas, las rejas eléctricas, los muros y los alambres de púas colocados para protegernos. Sin embargo, paradójicamente, también provoca que convirtamos los espacios domésticos, de trabajo y escolares en una especie de cárceles. A las consecuencias de los cambios climáticos, se suma la ineficiencia gubernamental para enrarecer más el ambiente.

THE VIOLENCE IS ON THE AIR
In response to E·CO's invitation to focus on the environment as the inspiration for a project, the collective ONG has interpreted the commission from a plural viewpoint and presents some expressions of violence that affect quality of life in Venezuela. It treats as polluting agents the symbols of violence, the slaughterhouses, the feeling of insecurity that is lived and breathed in public spaces, private spaces, and the social communication media.
The environment, as part of Venezuelan reality, is polluted by the signs of daily violence in all of its forms: domestic violence, crime, state terrorism, violence in the media, and others. This violence rarifies the atmosphere and makes us feel unsafe, transforming cities into a typology of fences, electric barriers, walls, and barbed wire set up to protect us. Paradoxically, however, it also makes us convert domestic spaces, workplaces, and schools into prisons, of a kind. To the consequences of climate change may be added the inefficiency of the government, which rarifies the atmosphere still more.

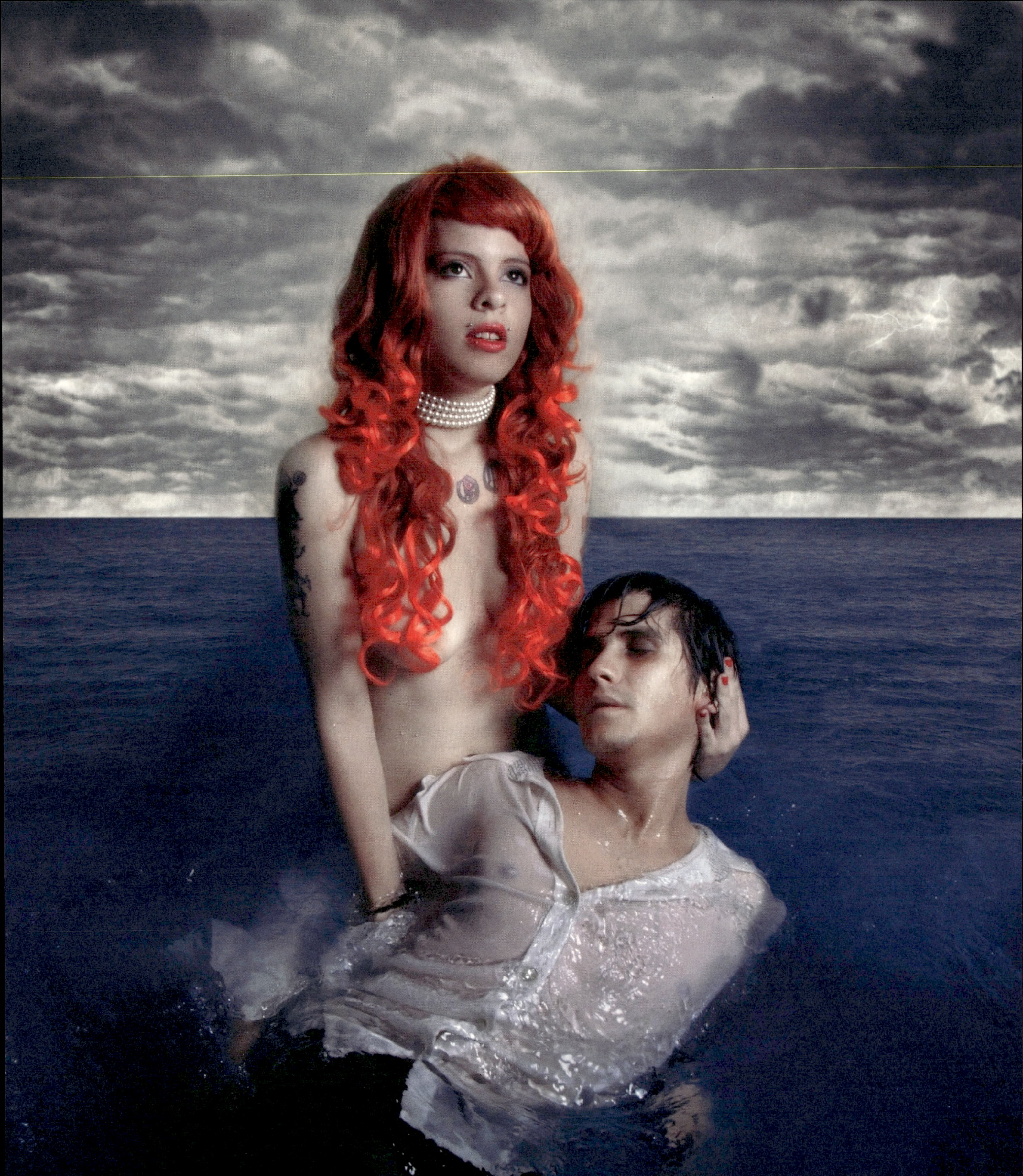

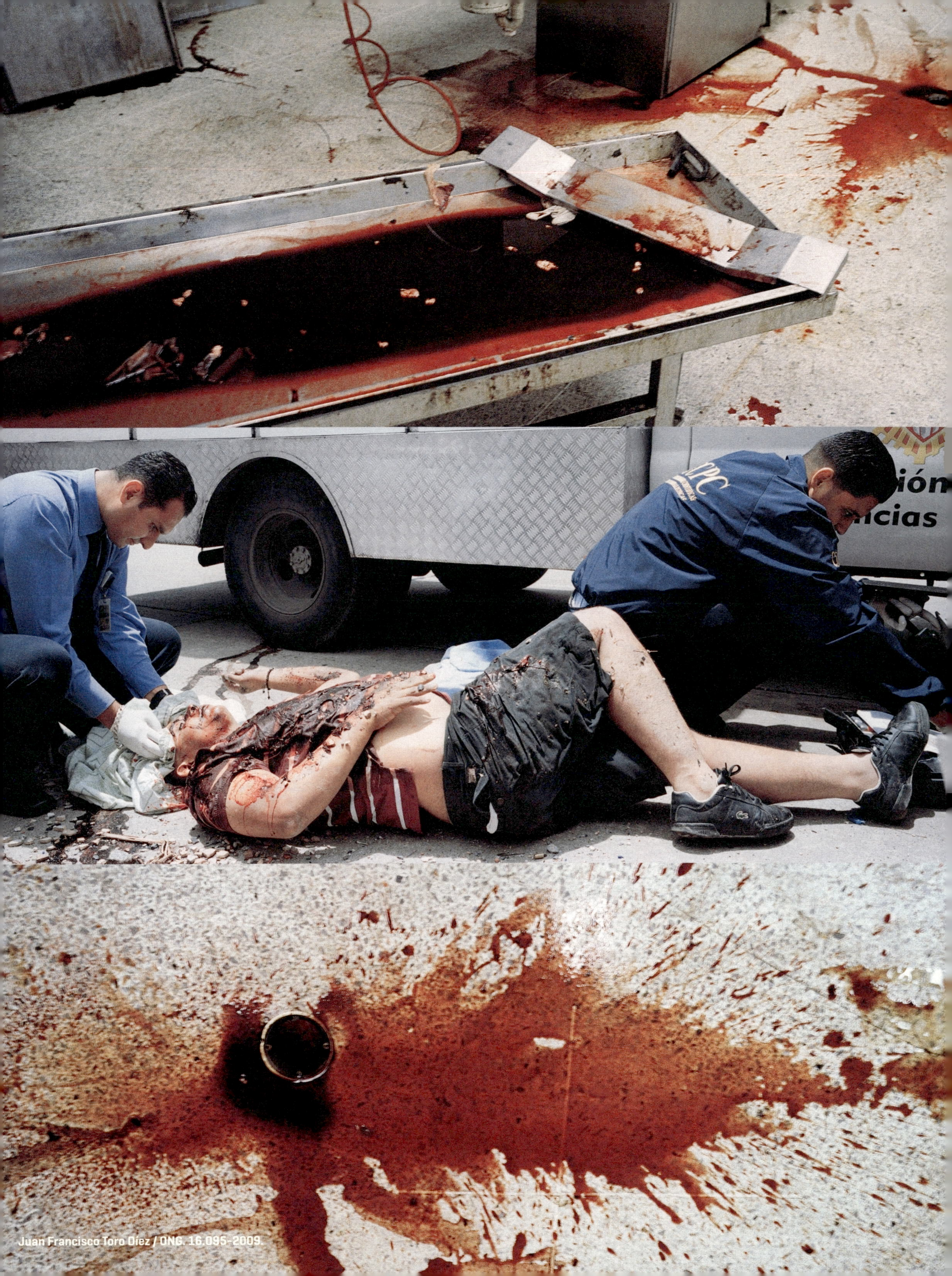

Juan Francisco Toro Diez / ONG. 16.095-2009.

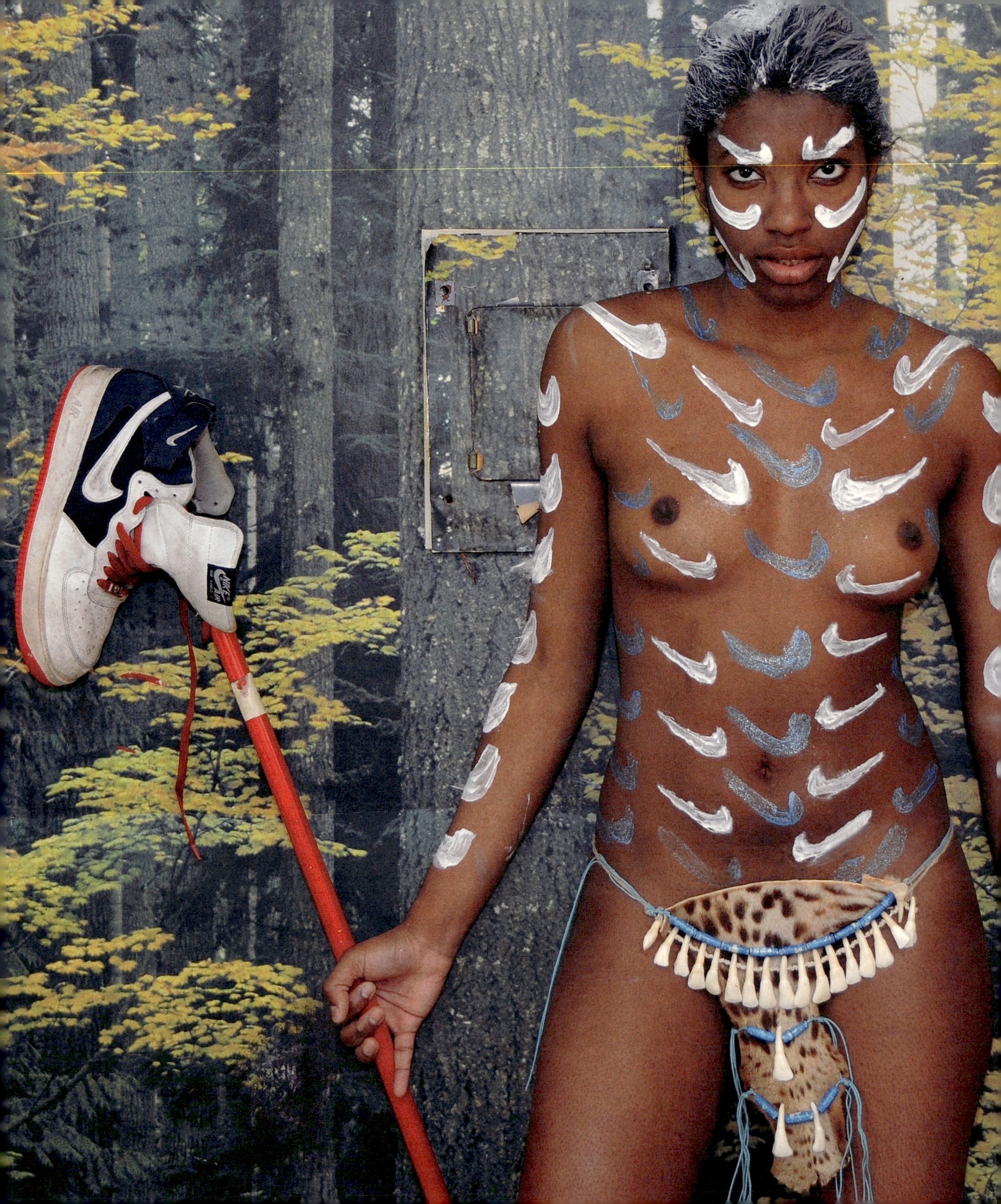

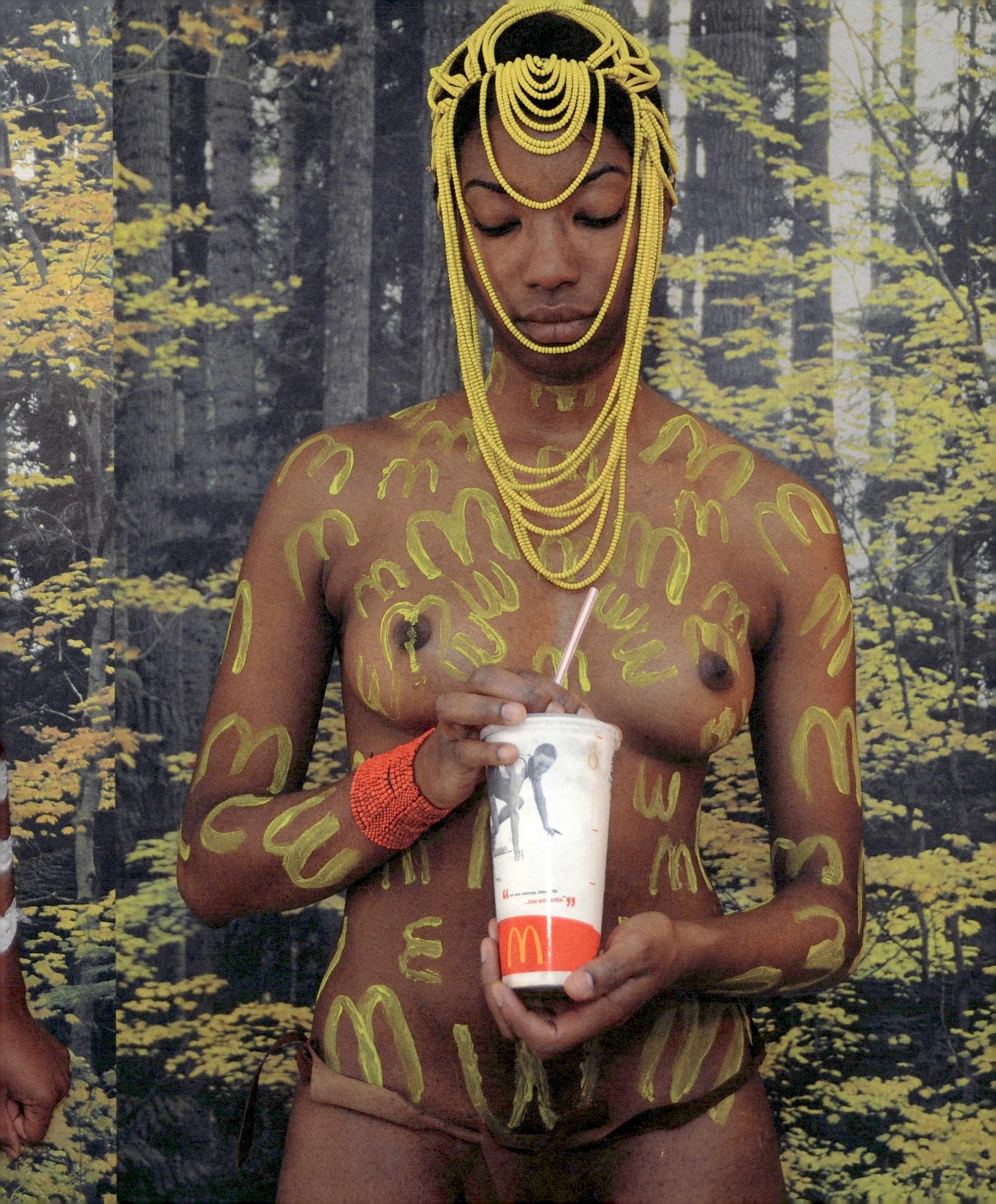
...me encanta

OSTKREUZ ES EL NOMBRE DE UNA ESTACIÓN DEL METRO DE BERLÍN, QUE SE ASEMEJA A UNA ROSA DE LOS VIENTOS, YA QUE COMBINA LÍNEAS DE TODAS LAS DIRECCIONES. EN OTOÑO DE 1990, SIETE HOMBRES Y MUJERES SE REUNIERON PARA FUNDAR SU AGENCIA FOTOGRÁFICA Y DECIDIERON PONERLE ESTE NOMBRE. HOY EN DÍA ES LA AGENCIA DE MAYOR ÉXITO LIDERADA POR FOTÓGRAFOS EN TODA ALEMANIA; CUENTA CON DIECIOCHO MIEMBROS PROCEDENTES DE TODAS LAS REGIONES ALEMANAS Y DE OTROS PAÍSES. CADA UNO DE ELLOS MIRA AL MUNDO CON SU PROPIA PERSPECTIVA, ESTÁN INTERESADOS EN DIVERSOS ASPECTOS DE LA REALIDAD Y SE DESPLAZAN HACIA DIFERENTES LUGARES. OSTKREUZ ES, SOBRE TODO, UN ENFOQUE PARA APROXIMARSE A LA REALIDAD, DESCUBRIR LA QUINTAESENCIA DE LAS COSAS A TRAVÉS DE UN MISMO TRABAJO QUE MANTIENE LA HONESTIDAD. EL SER GENUINOS.

GERMANY

www.ostkreuz.de

Ostkreuz

ATOM. Thomas Meyer
In my images of the dismantling of the Greifswald nuclear facility, the provisional northern storage installations, and the nuclear cemetery of Asse II, I have tried to visualize in a subtle way the problem of residual waste: the enormous effort involved in dismantling old plants, along with the unresolved problem of the storage of contaminated material and the nuclear cemetery known as Asse II, in danger of collapse. From a formal viewpoint, I have tried to capture the feeling of helplessness—a result of the feeble effort made to try to resolve the problem of nuclear waste—and the esthetic of old and new technologies, combined with invisible radiation.

ÁTOMO. Thomas Meyer
En mis imágenes sobre el desmantelamiento de la central nuclear de Greifswald, la instalación de almacenamiento provisional del Norte y el cementerio nuclear de Asse II, trato de visualizar de manera sutil el dilema acerca de los residuos nucleares; el gran esfuerzo que se necesita para desmantelar las viejas centrales nucleares; la solución pendiente en torno al almacenamiento de material contaminado, y el cementerio nuclear conocido como Asse II, en riesgo de colapso. De manera formal, pretendo capturar este sentimiento de impotencia —como resultado del escaso esfuerzo empleado en tratar de resolver los problemas de la basura nuclear—, y la estética entre la vieja y la nueva tecnología, combinada con la radiación invisible.

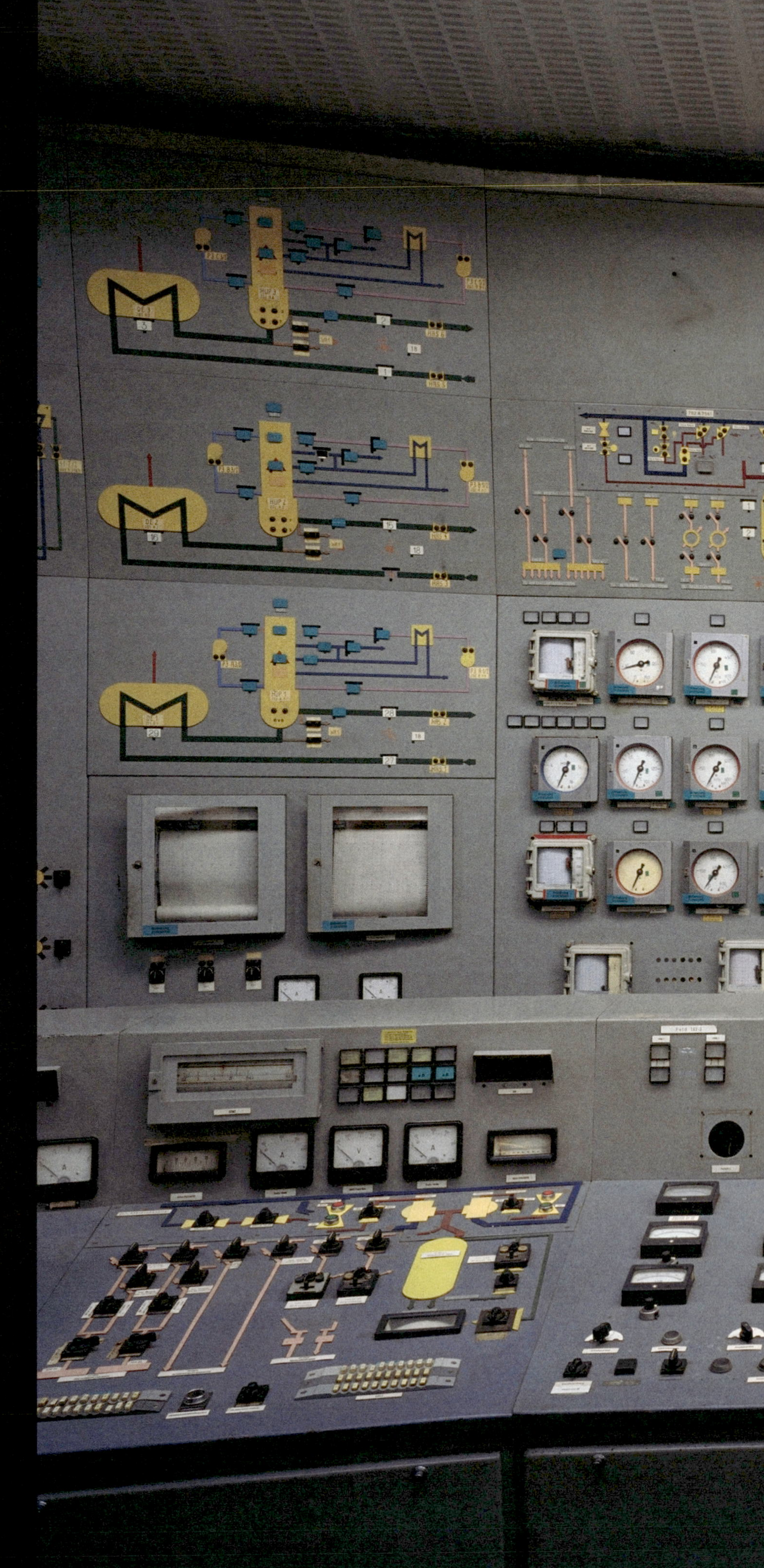

Thomas Meyer / Ostkreuz
Residuos nucleares.
Sala de Control.
Central Nuclear de Greifswald.

Thomas Meyer / Ostkreuz.
Nuclear waste.
Control room.
Greifswald Nuclear Power Plant.

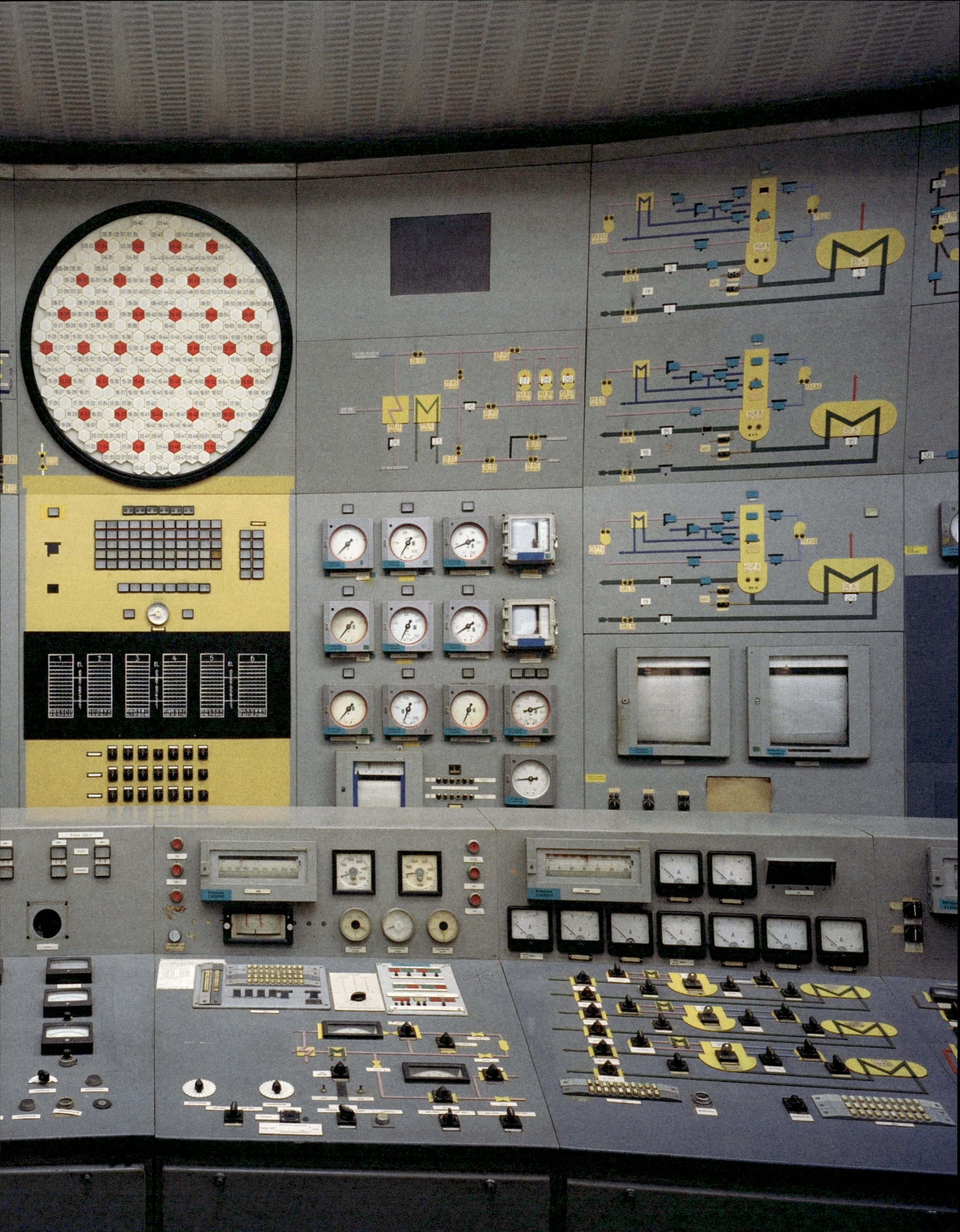

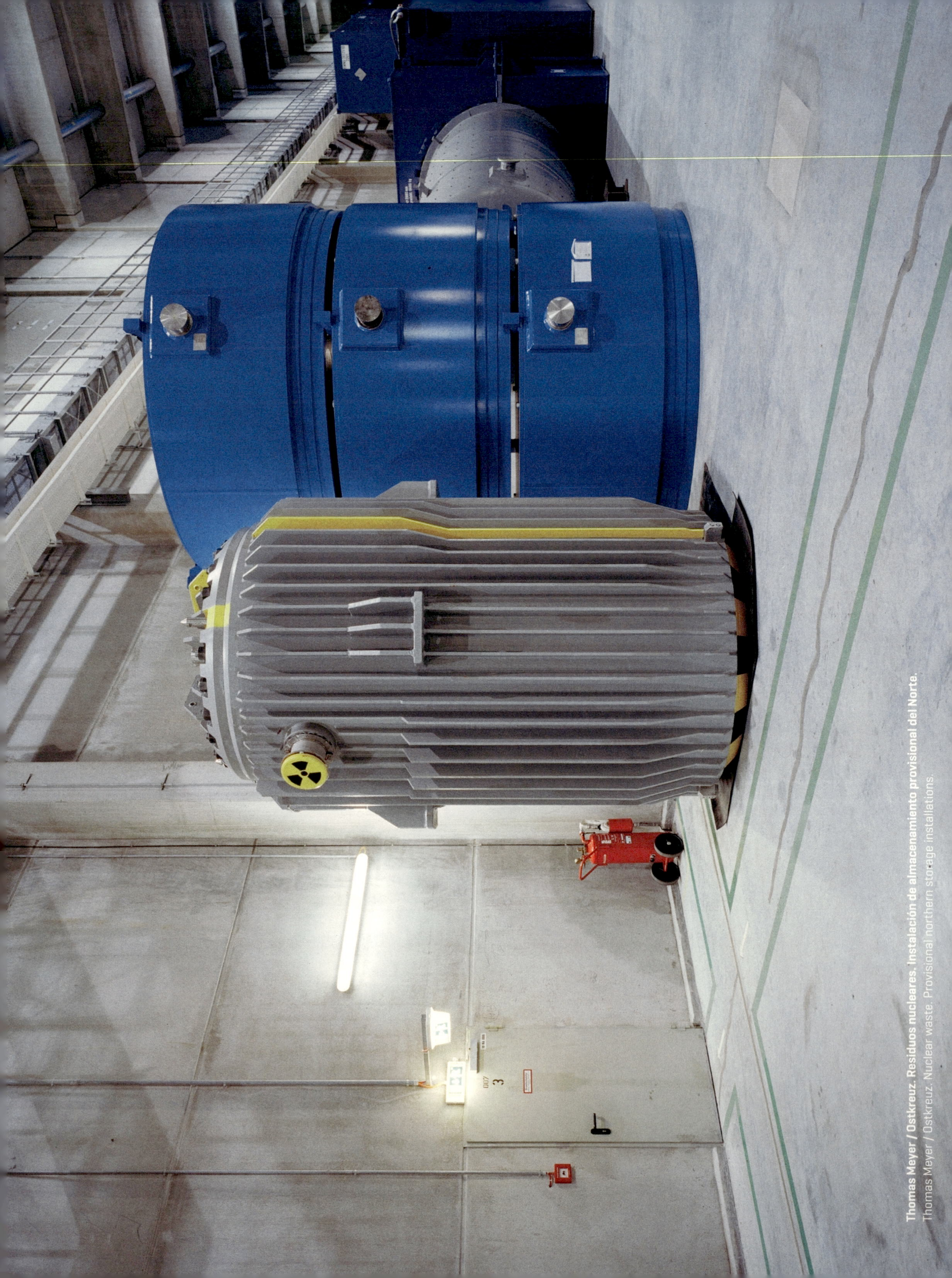

Thomas Meyer / Ostkreuz. Residuos nucleares. Instalación de almacenamiento provisional del Norte.
Thomas Meyer / Ostkreuz. Nuclear waste. Provisional northern storage installations.

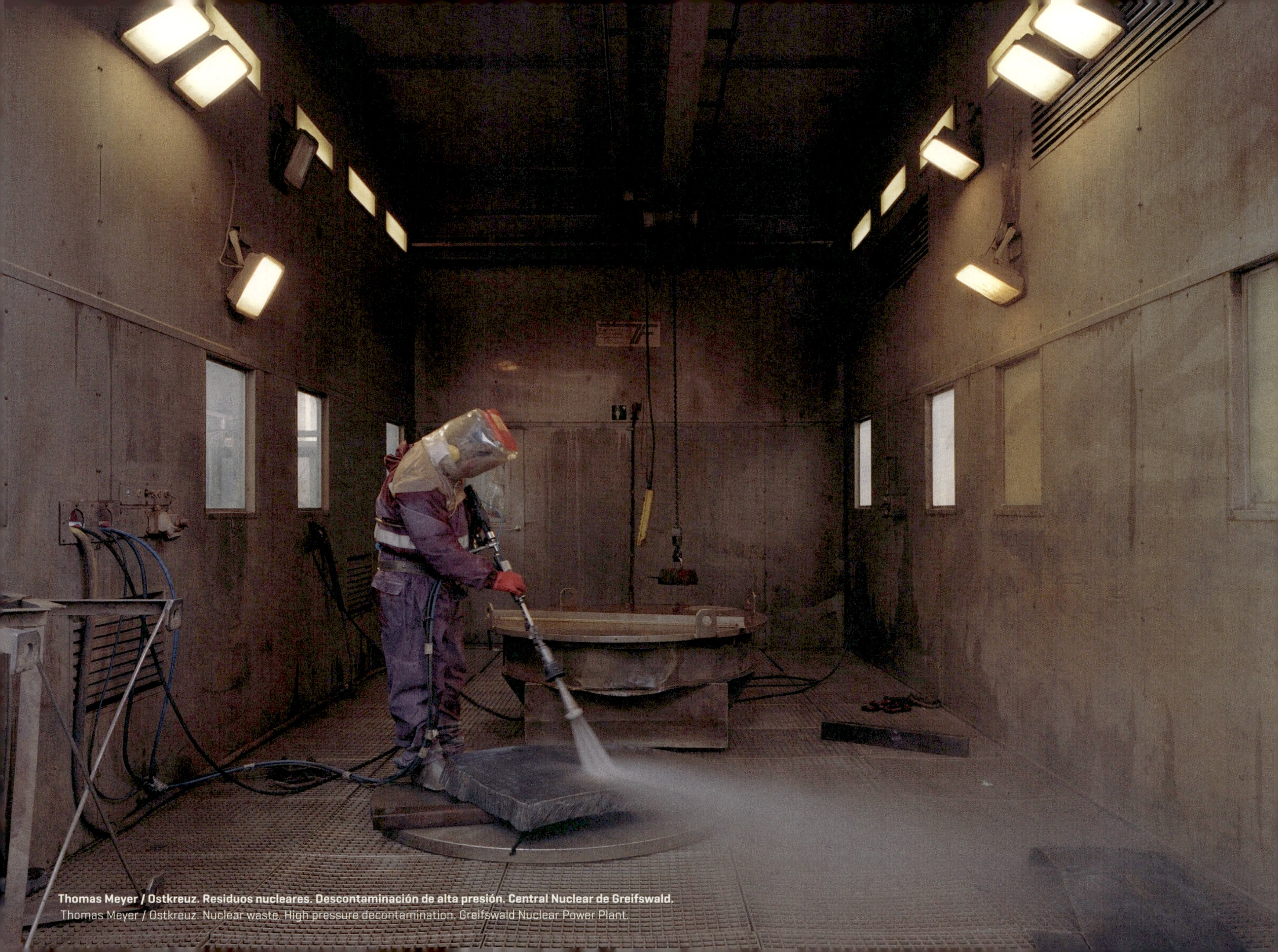

Thomas Meyer / Ostkreuz. Residuos nucleares. Descontaminación de alta presión. Central Nuclear de Greifswald.
Thomas Meyer / Ostkreuz. Nuclear waste. High pressure decontamination. Greifswald Nuclear Power Plant.

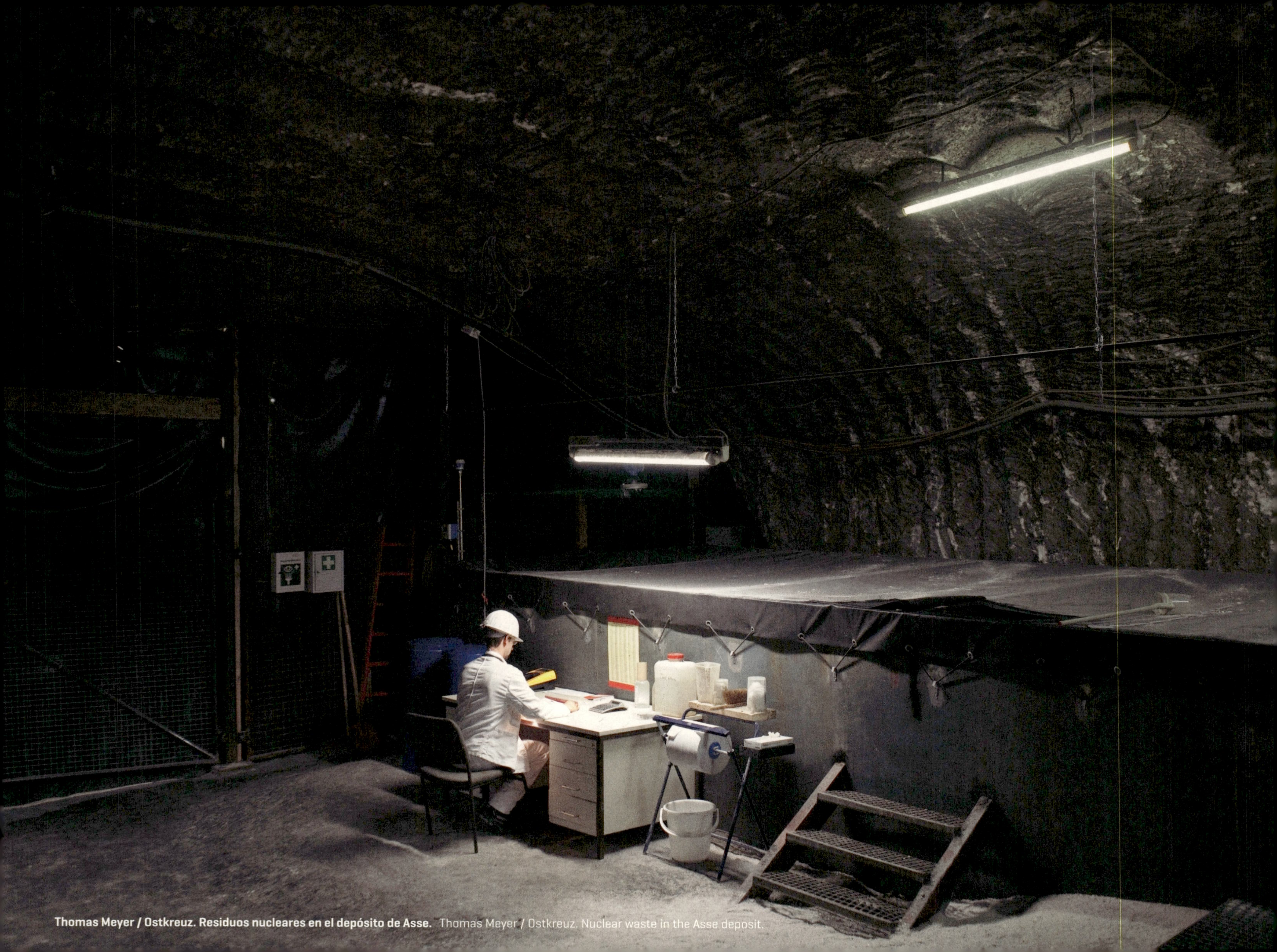

Thomas Meyer / Ostkreuz. Residuos nucleares en el depósito de Asse. Thomas Meyer / Ostkreuz. Nuclear waste in the Asse deposit.

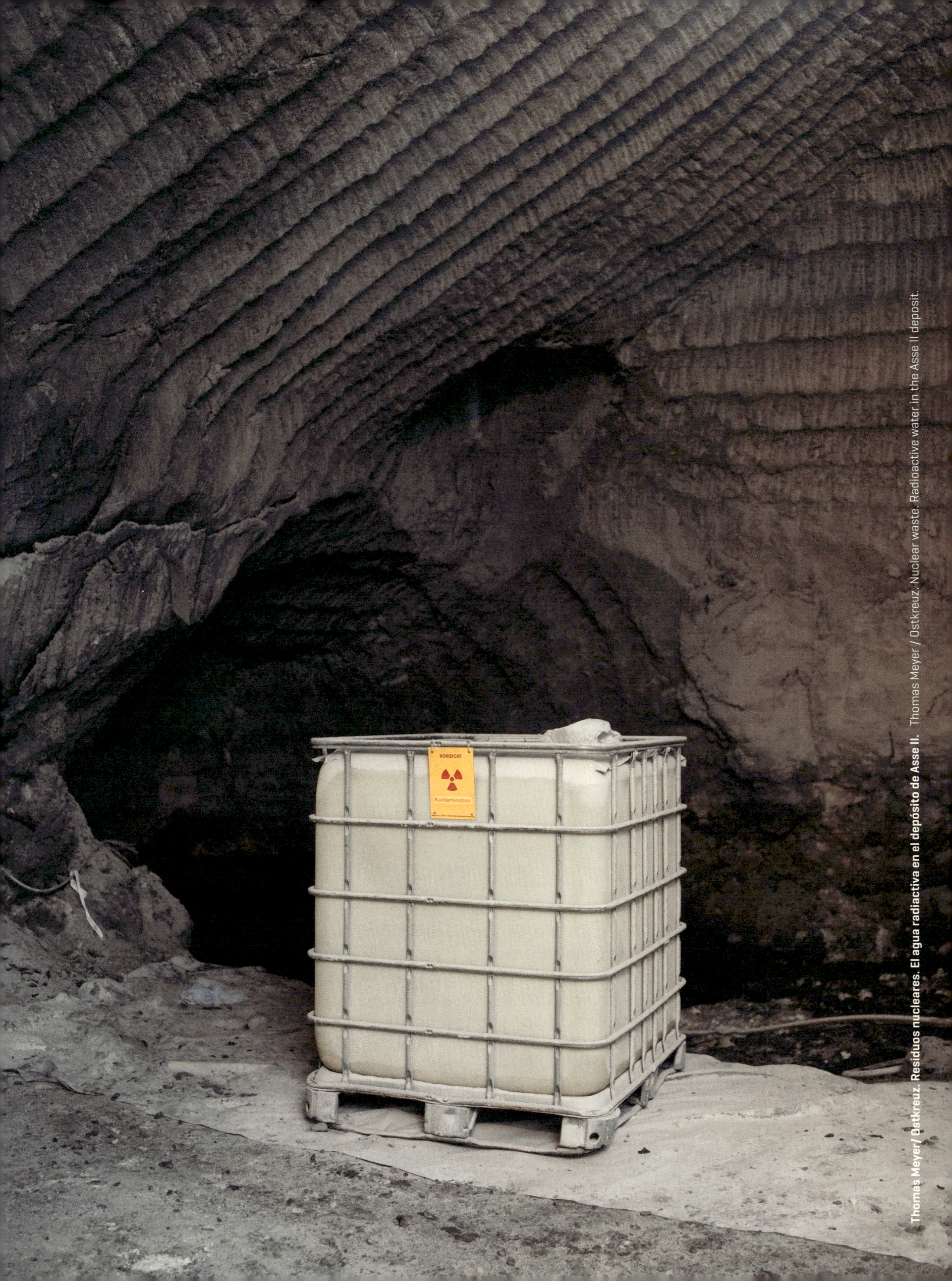

Thomas Meyer/ Ostkreuz. Residuos nucleares. El agua radiactiva en el depósito de Asse II. Thomas Meyer / Ostkreuz. Nuclear waste. Radioactive water in the Asse II deposit.

PANDORA ES UNA AGENCIA CREADA POR FOTÓGRAFOS EN 2007 CON EL OBJETIVO DE DESARROLLAR PROYECTOS AUDIOVISUALES COLECTIVOS. A PARTIR DE LA REFLEXIÓN SOBRE TEMAS CONTEMPORÁNEOS, PROPONE PROYECTOS ELABORADOS TANTO A NIVEL CONCEPTUAL COMO FORMAL, APROVECHANDO LA FUERZA DE UN CONJUNTO DE MIRADAS PROPIAS QUE SE DISTINGUEN POR SU DIVERSIDAD Y ALTO VALOR ARTÍSTICO Y DOCUMENTAL.

Pando Foto

www.pandorafoto.com

BASURA ELECTRÓNICA

La ONU calcula que en el mundo se producen alrededor de 50 millones de toneladas de chatarra electrónica cada año. En Europa reciclar de manera profesional y responsable un ordenador de tubo cuesta 3.5 euros, mientras que enviarlo a Ghana o Pakistán en un contenedor cuesta alrededor de 1.5 euros.
Compuestos venenosos encontrados en los basureros electrónicos en Ghana y Karachi: plomo (monitores de tubo), afecta al cerebro y los sistemas nervioso y sanguíneo; cadmio (placas, contactos e interruptores), afecta a los riñones y huesos; antimonio (soldaduras y semiconductores), afecta a la piel y al sistema inmunológico; bifenil policlorato (plásticos y aislamientos), afecta al crecimiento y al comportamiento, es cancerigeno; dioxinas y furan (recubrimientos de PVC), provocan cáncer.

SPAIN

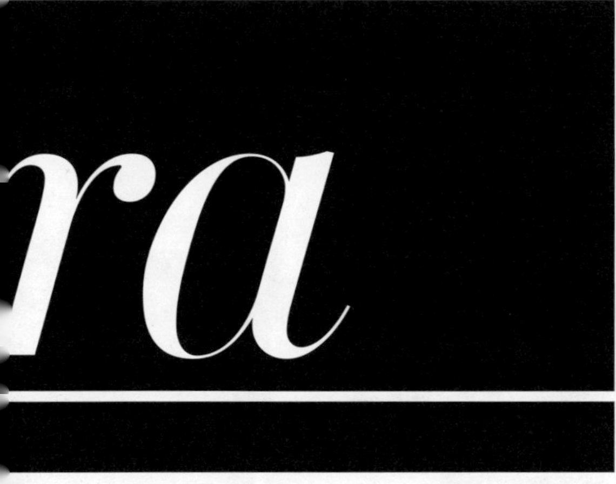

ELECTRONIC WASTE

The United Nations estimates that some fifty million tons of electronic scrap
are produced every year. In Europe, recycling a tube computer responsibly and
professionally costs 3.5 Euros, whereas sending it to Ghana or Pakistan costs around
1.5 Euros.
Poisonous compounds found in the electronic garbage dumps of Ghana and Karachi;
lead [from tube monitors] that affects the nervous system and the blood; cadmium
[plates, contacts, and switches] that affects the kidneys and the bones; antimony
[welding and semiconductors] that affects the skin and the immune system;
carcinogenic polychlorinated biphenyl [plastic insulation] that affects growth and
behavior; dioxins and furan [PVC cladding] that cause cancer.

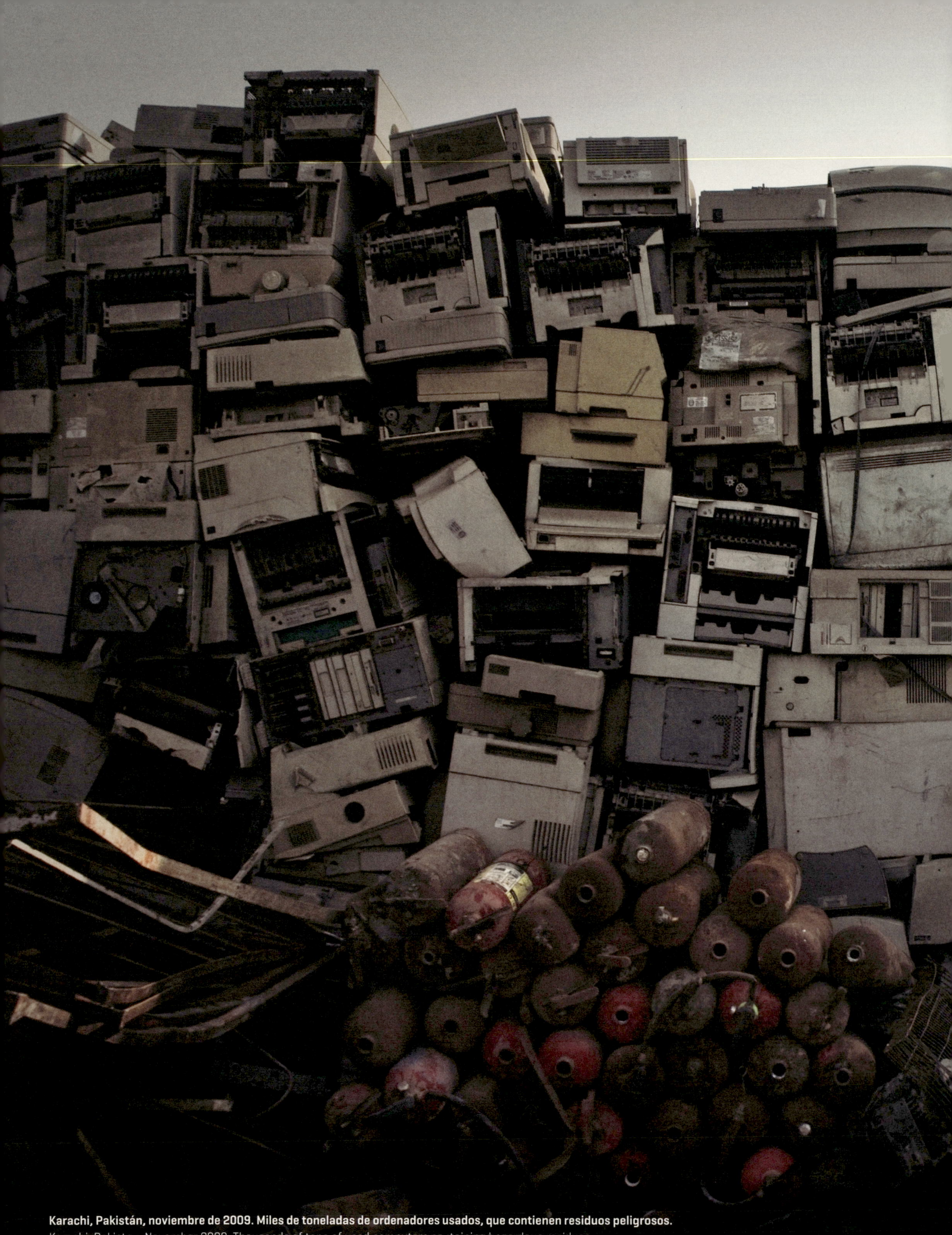

Karachi, Pakistán, noviembre de 2009. Miles de toneladas de ordenadores usados, que contienen residuos peligrosos.
Karachi, Pakistan. November 2009. Thousands of tons of used computers containing hazardous residues.

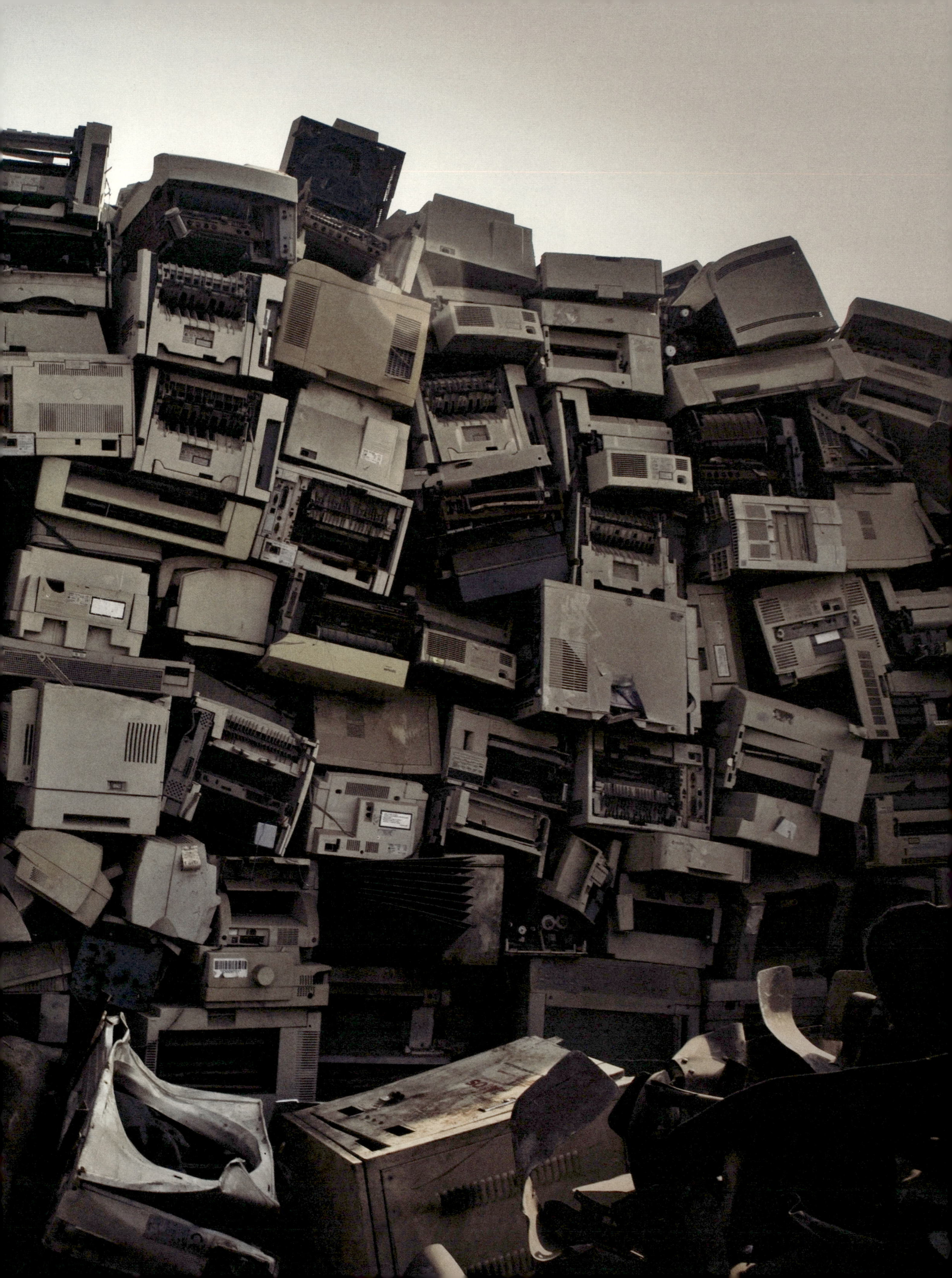

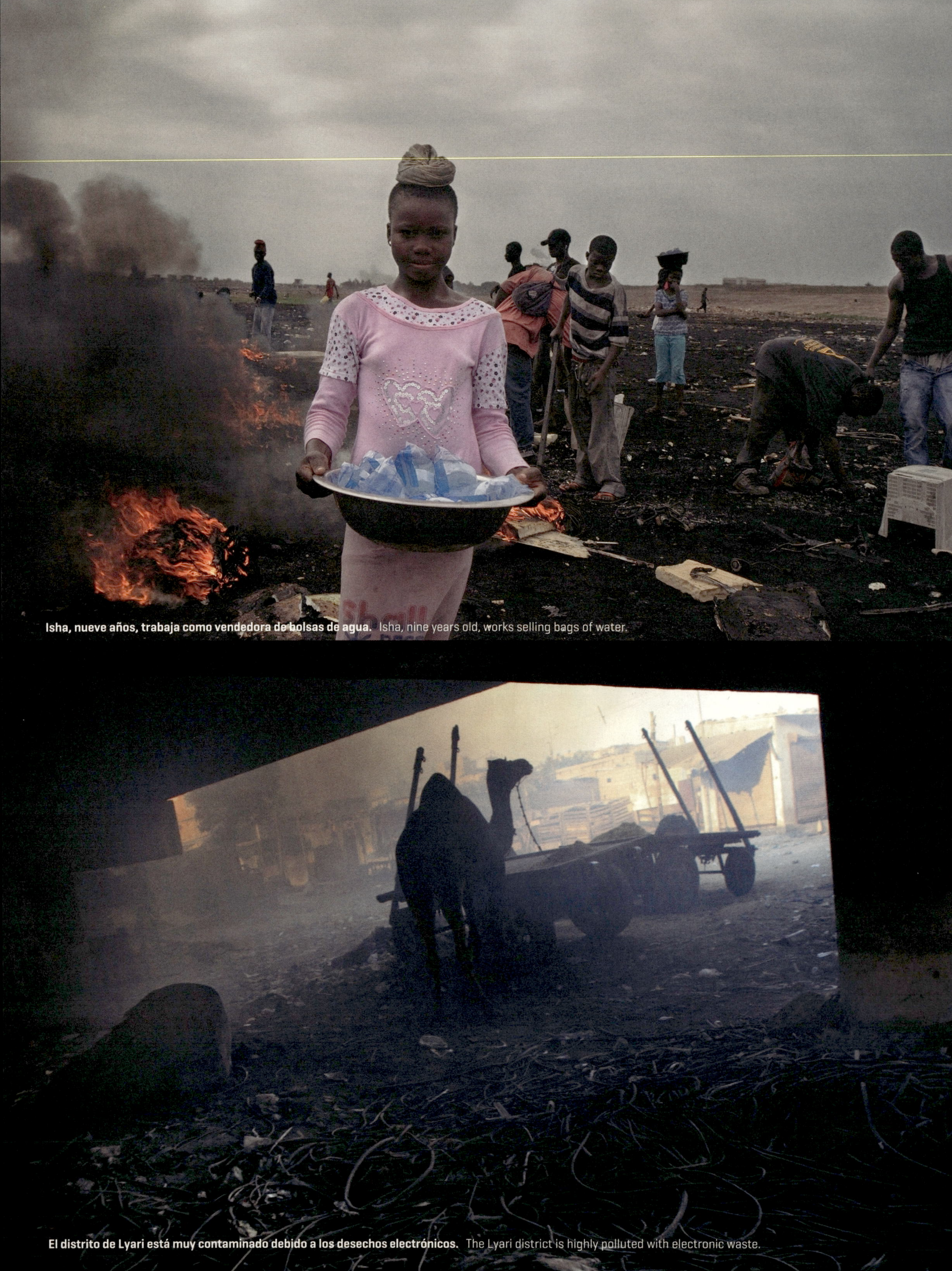

Isha, nueve años, trabaja como vendedora de bolsas de agua. Isha, nine years old, works selling bags of water.

El distrito de Lyari está muy contaminado debido a los desechos electrónicos. The Lyari district is highly polluted with electronic waste.

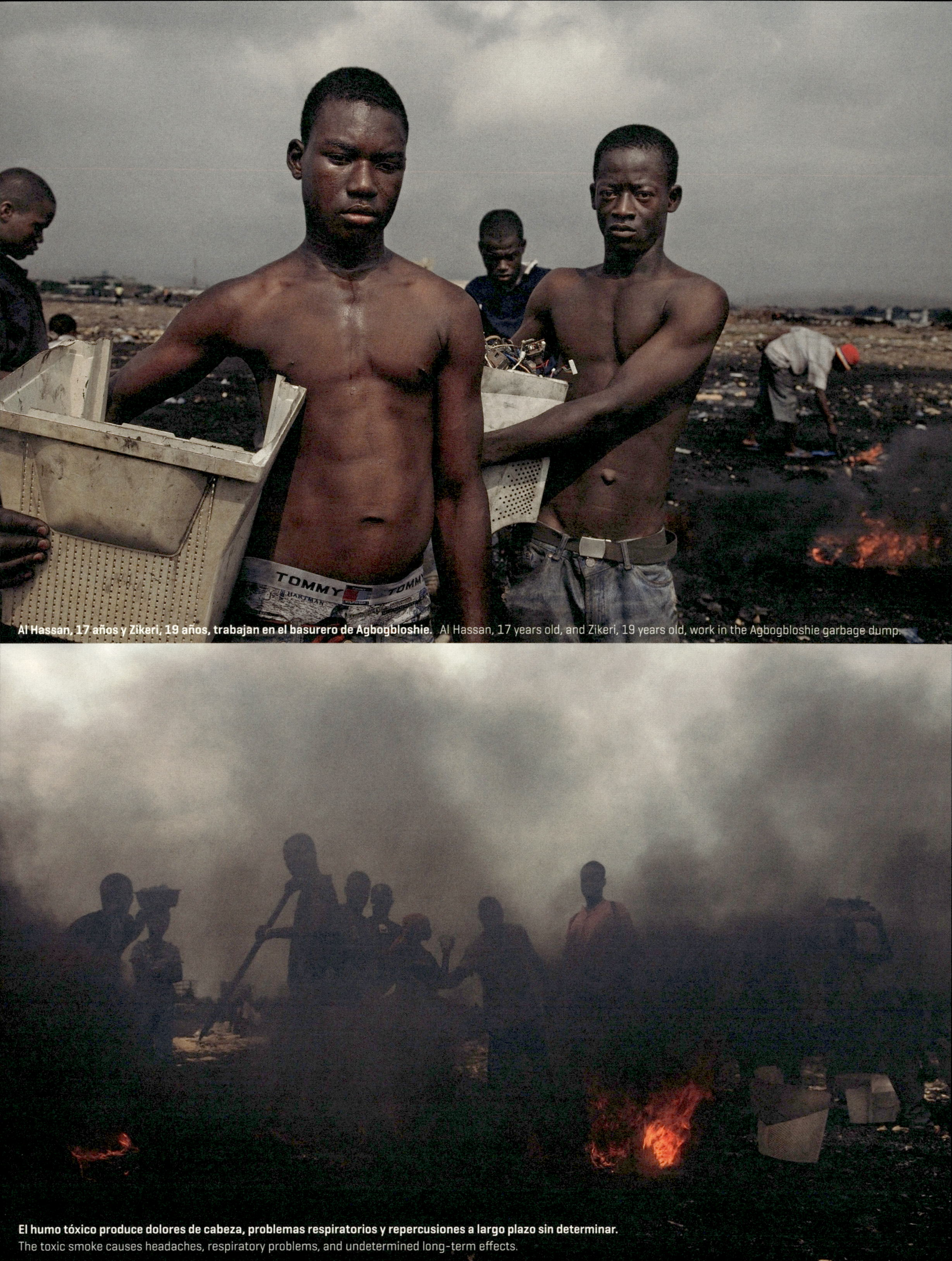

Al Hassan, 17 años y Zikeri, 19 años, trabajan en el basurero de Agbogbloshie. Al Hassan, 17 years old, and Zikeri, 19 years old, work in the Agbogbloshie garbage dump.

El humo tóxico produce dolores de cabeza, problemas respiratorios y repercusiones a largo plazo sin determinar. The toxic smoke causes headaches, respiratory problems, and undetermined long-term effects.

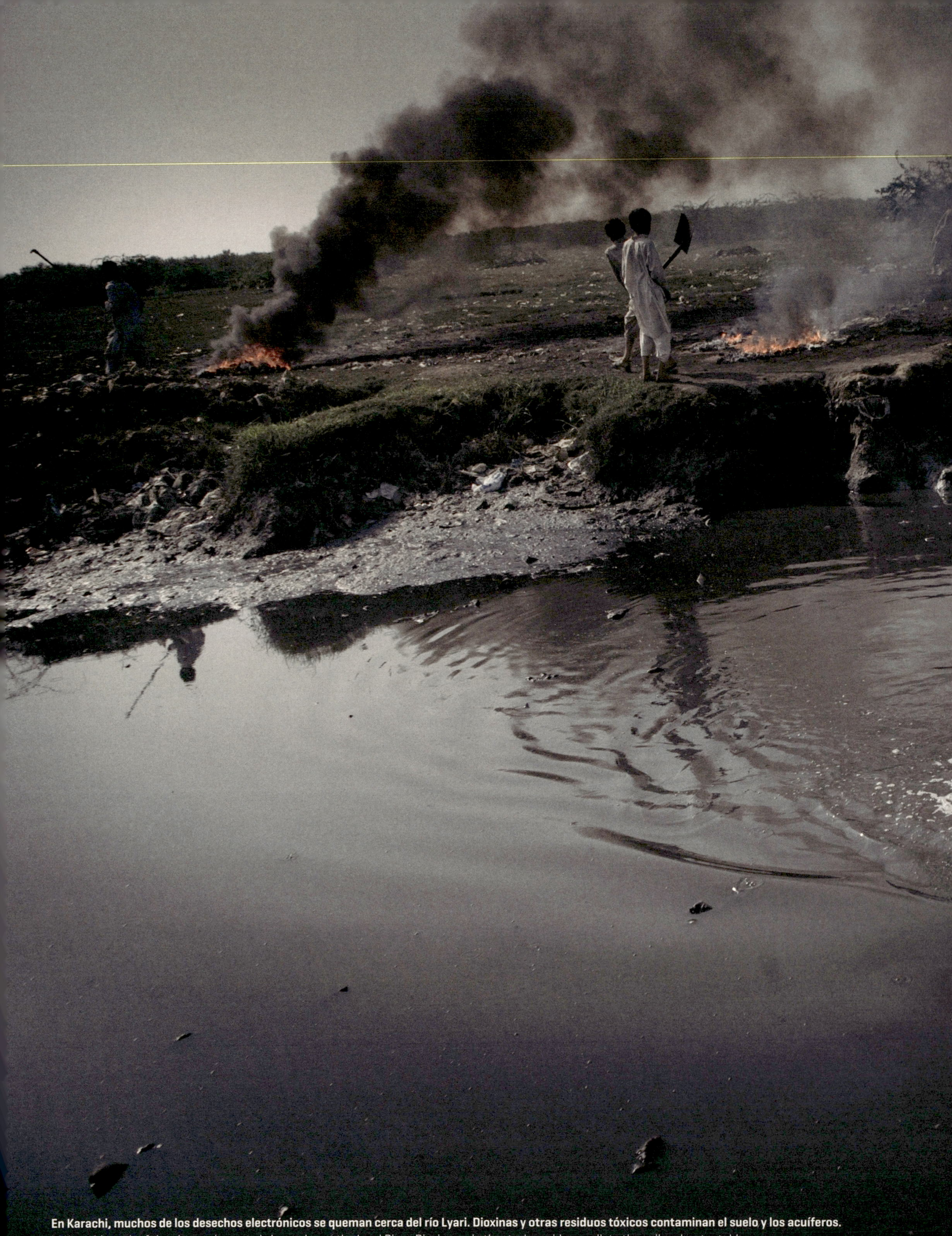

En Karachi, muchos de los desechos electrónicos se queman cerca del río Lyari. Dioxinas y otras residuos tóxicos contaminan el suelo y los acuíferos.
In Karachi much of the electronic waste is burned near the Lyari River. Dioxins and other toxic residues pollute the soil and water table.

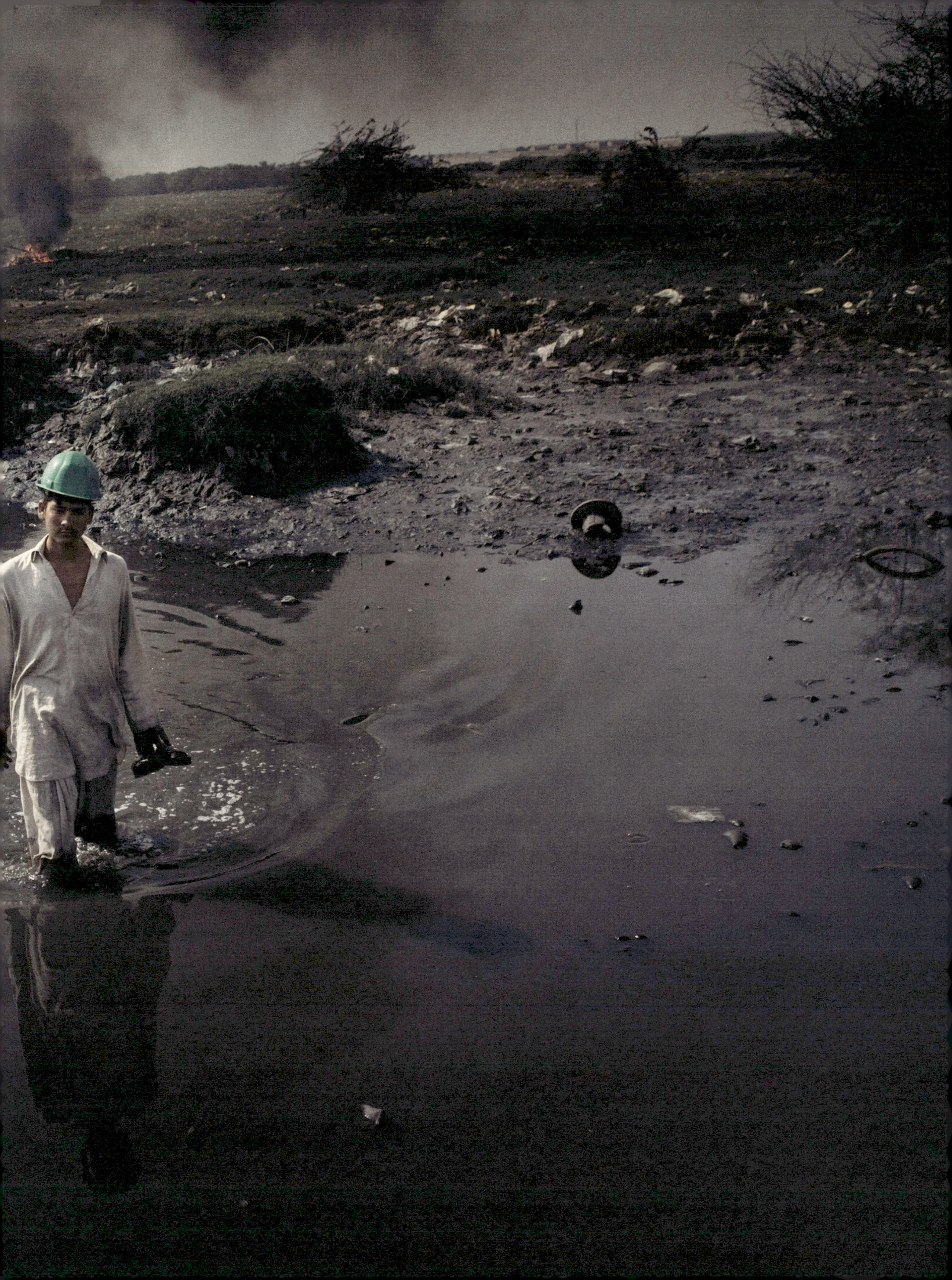

RUIDO PHOTO SE CONSTITUYE COMO ASOCIACIÓN SIN ÁNIMO DE LUCRO EN 2005 A PARTIR DEL INTERÉS DE SUS SOCIOS POR CREAR UNA PLATAFORMA DESDE LA CUAL REALIZAR PROYECTOS DOCUMENTALES INDEPENDIENTES, CRÍTICOS Y COMPROMETIDOS. ACTUALMENTE TRABAJA EN TRES LÍNEAS PRIORITARIAS QUE COMPRENDEN LA PUBLICACIÓN DE REPORTAJES Y LA REALIZACIÓN DE UN DOCUMENTAL; UNA REVISTA DIGITAL DE FOTOGRAFÍA DOCUMENTAL Y PROYECTOS DE FOTOGRAFÍA PARTICIPATIVA, A TRAVÉS DE TALLERES DE FOTOGRAFÍA Y DINÁMICAS DE PARTICIPACIÓN.

SPAIN

Ruido Photo

www.ruidophoto.com

LA CIUDAD DE YESO

En Huelva hay dos bandos: uno defiende el Polo Químico; otro lucha contra él. Es difícil mantenerse indiferente ante las gigantescas chimeneas que desde hace cuarenta y seis años vomitan humo en el cielo de la ciudad. Huelva está flanqueada. Antes, se viera hacia donde se viera, la tierra terminaba en agua o en el río Tinto o en el Odiel. Ahora, las fábricas y el vertedero ocupan la mayor parte del panorama. Son 2,400 hectáreas de lo que en un tiempo fueron marismas y playas; un territorio mayor que el de la propia ciudad. Y en medio, dos bandos. En un lado, dieciséis empresas químicas y energéticas y cerca de 15 mil trabajadores que viven de ellas; hombres y mujeres que no conocen otro trabajo que el de mantener activas las máquinas de industrias. En el otro lado, asociaciones de ciudadanos hartos de ver un paraje natural invadido por cerca de 100 millones de toneladas de fosfoyesos, un residuo químico con alto nivel de radiactividad. En este bando también los miles de enfermos que produce cada año el lugar con mayor índice de cáncer de toda España.

Ésta es la historia de una ciudad cuyo futuro se debate entre la enfermedad, la catástrofe ecológica y la falta de empleo; entre dos bandos con sus dos razones.

PLASTER CITY

In Huelva there are two sides: one defends the "chemical pole" and the other struggles against it. It is difficult to remain indifferent to these gigantic smokestacks that for forty years have been spewing out smoke into the sky above the city. Huelva is surrounded. Before, wherever you looked, the land ended in water, either in the Río Tinto or in the Odiel. Now factories and the landfill occupy the greater part of the panorama. These 2,400 hectares used to be marshland and beach, a territory larger than the city itself. And the two sides are in between. On the one hand, sixteen chemical and energy companies and the almost 15,000 workers who make a living from them: men and women whose only work is to keep the machinery of industry running. On the other, citizens' associations fed up with seeing a natural landscape invaded by almost 100 million tons of phosphor-gypsum, a highly radioactive chemical residue. On this side there are also the thousands who fall sick every year in a place with the highest cancer rate in all of Spain. This is the story of a city whose future is being debated amidst illness, ecological devastation, and unemployment, by two sides, each one with a case to defend.

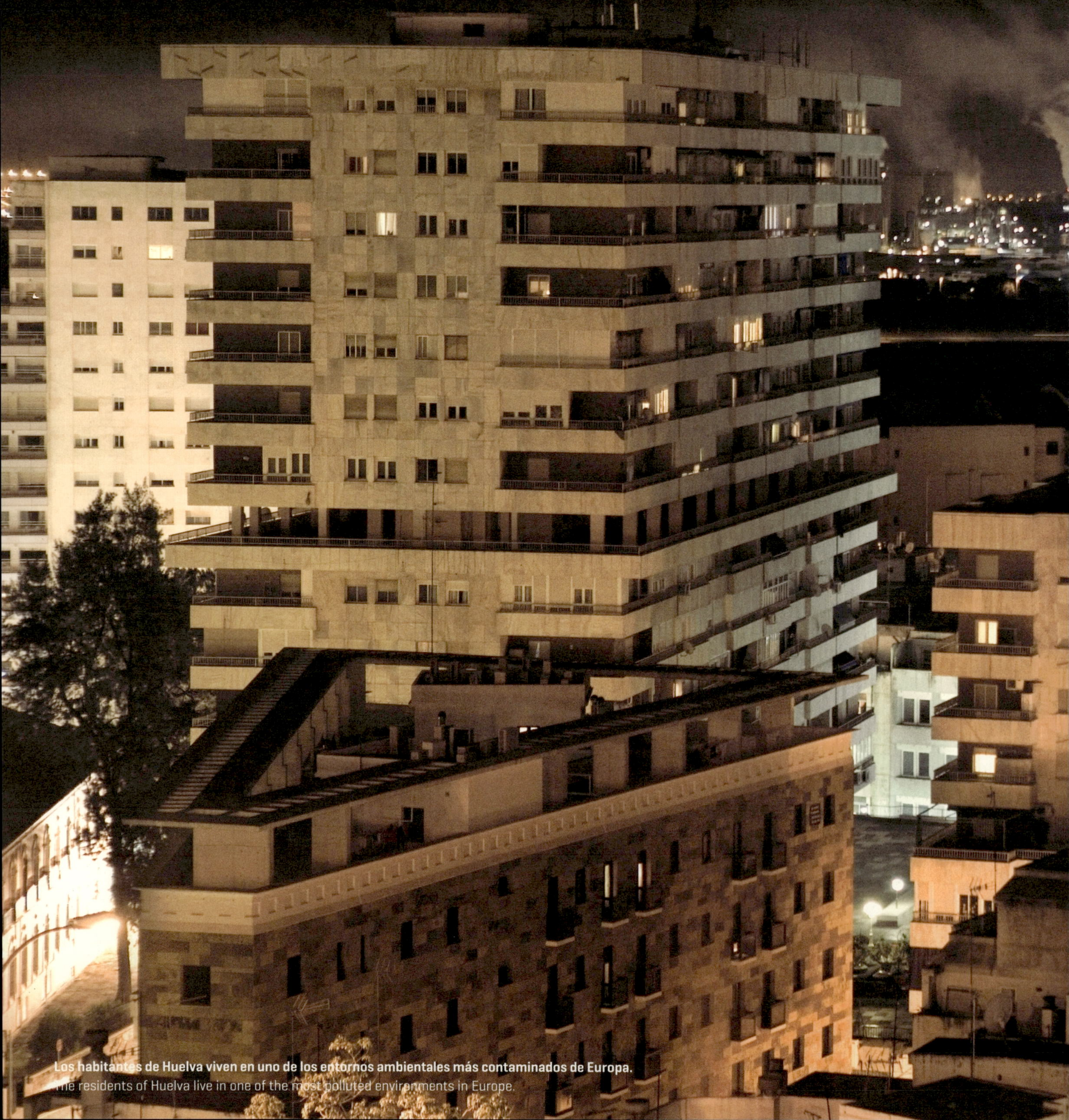

Los habitantes de Huelva viven en uno de los entornos ambientales más contaminados de Europa.
The residents of Huelva live in one of the most polluted environments in Europe.

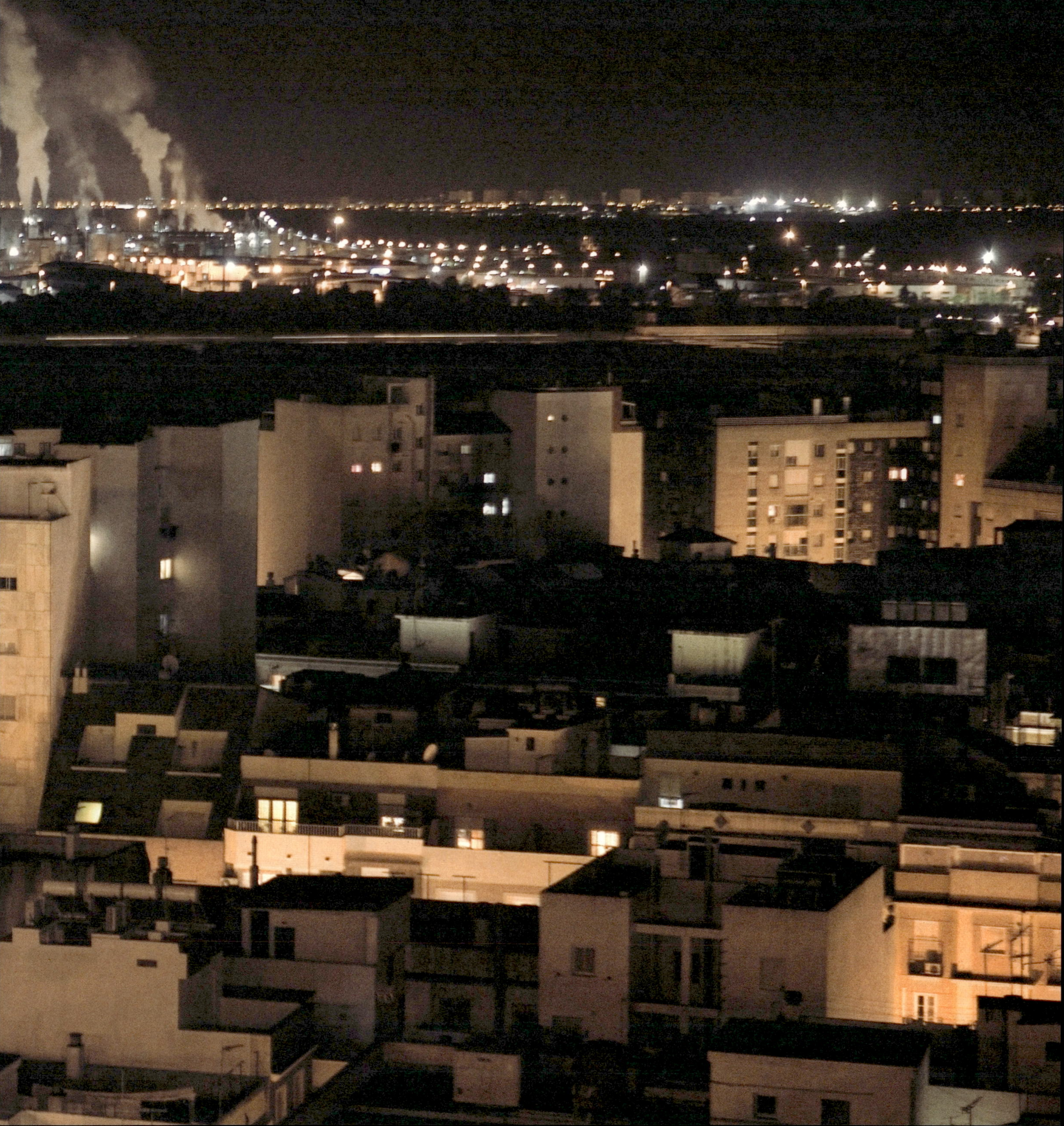

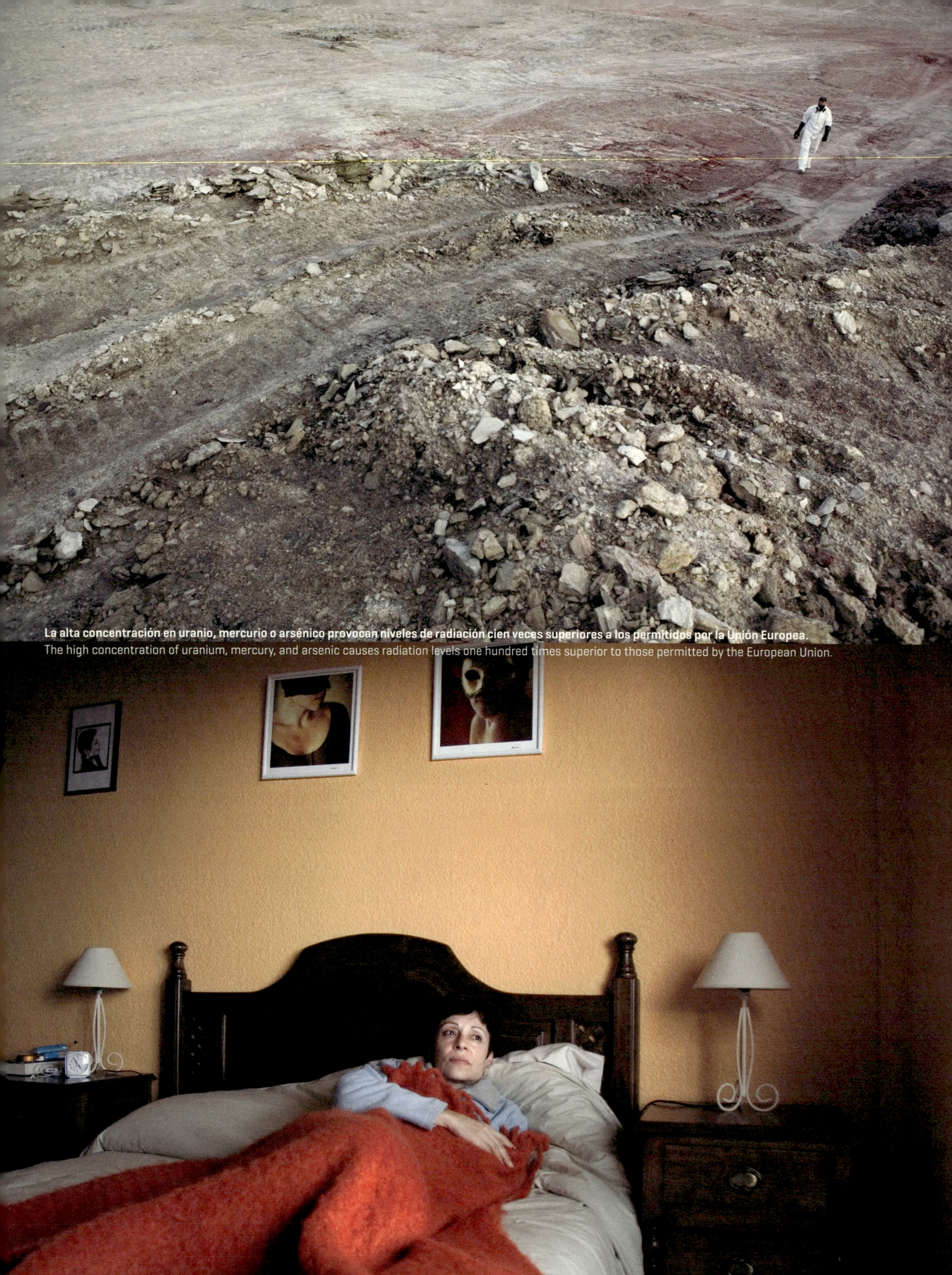

La alta concentración en uranio, mercurio o arsénico provocan niveles de radiación cien veces superiores a los permitidos por la Unión Europea.
The high concentration of uranium, mercury, and arsenic causes radiation levels one hundred times superior to those permitted by the European Union.

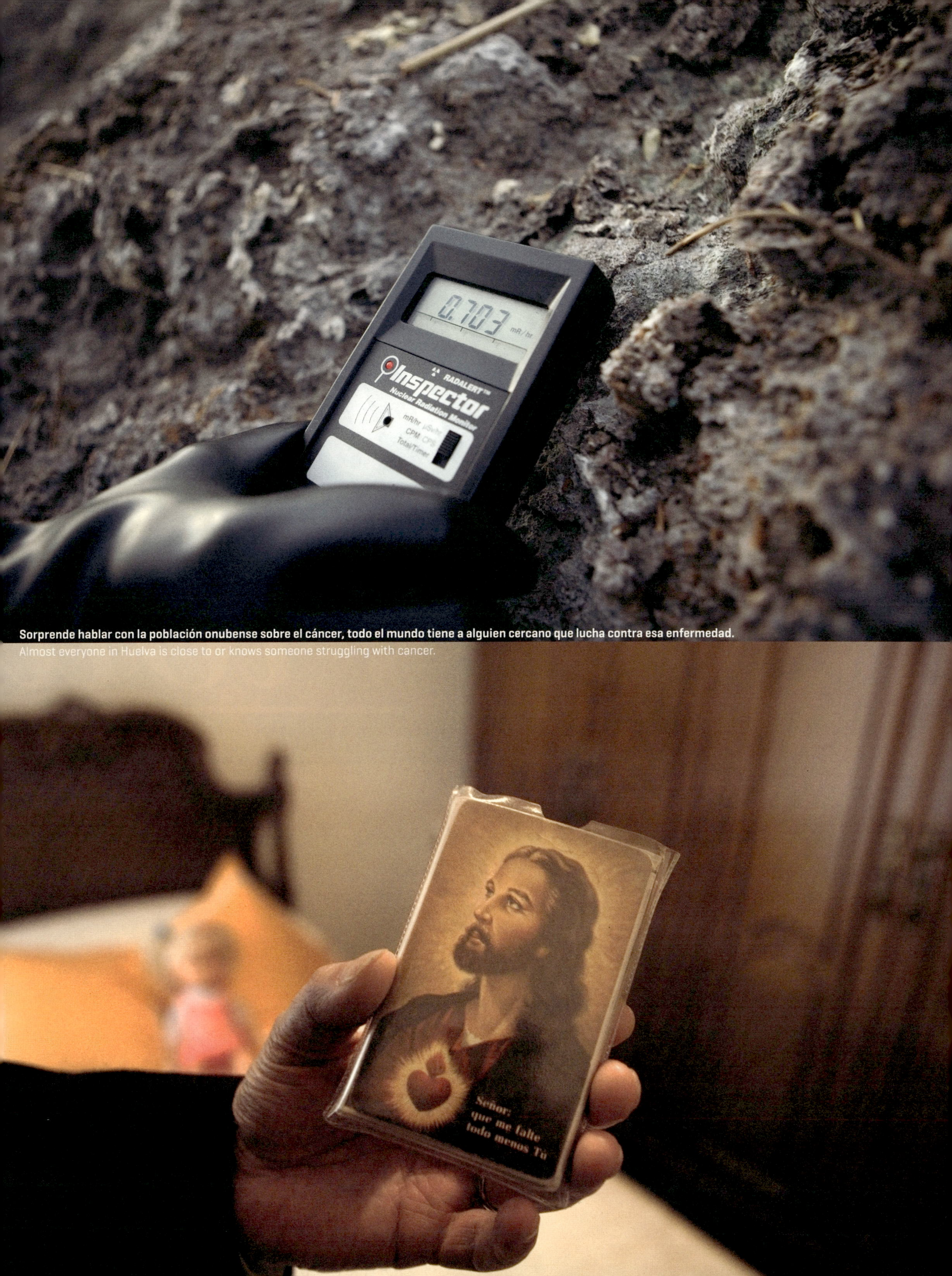

Sorprende hablar con la población onubense sobre el cáncer, todo el mundo tiene a alguien cercano que lucha contra esa enfermedad.
Almost everyone in Huelva is close to or knows someone struggling with cancer.

FUNDADO EN 1991, TENDANCE FLOUE ES UN COLECTIVO DE DOCE FOTÓGRAFOS. SU CREACIÓN NACE DE UN FUERTE DESEO POR CONSERVAR CIERTA FORMA DE INDEPENDENCIA QUE GARANTIZA LA LIBERTAD DE CADA UNO: EXPLORAR EL MUNDO A CONTRACORRIENTE DE UNA IMAGEN GLOBAL, MIRAR EN LA SOMBRA DE LOS TEMAS EXPUESTOS, APROVECHAR MOMENTOS APARTE. MÁS ALLÁ DE SU PROCESO INDIVIDUAL, LOS FOTÓGRAFOS SE EMBARCAN EN AVENTURAS FOTOGRÁFICAS DE ORDEN DIFERENTE, CON AIRES DE *PERFORMANCE*: COMPARAN IMÁGENES, REÚNEN Y COMBINAN; SU TRABAJO EN CONJUNTO PRODUCE UN NUEVO MATERIAL, UNA NUEVA VISIÓN.

FRANCE

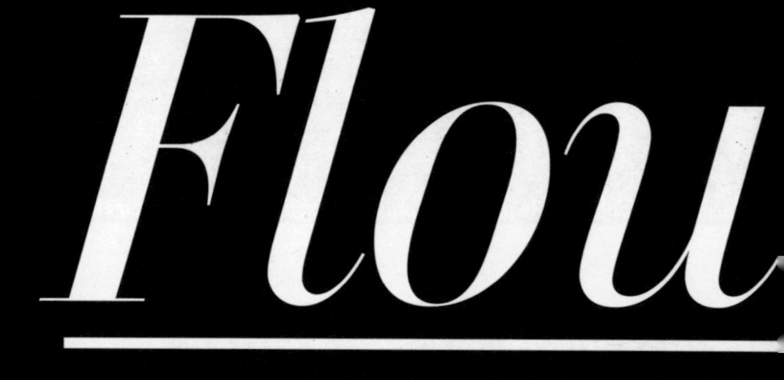

138 / 139

www.tendancefloue.net

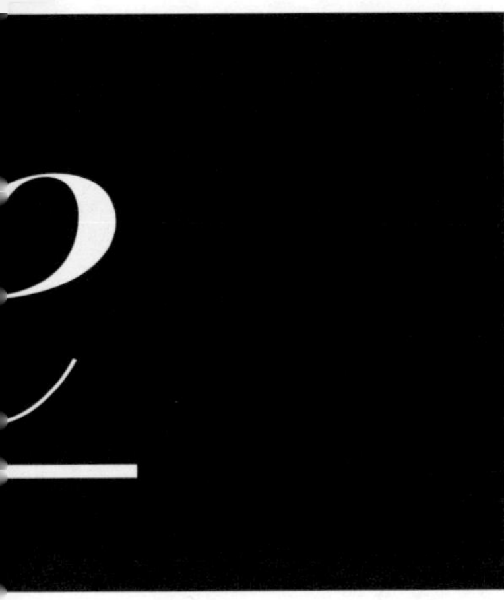

CONSTELACIÓN DE RESIDUOS
Entre nosotros, entre los residuos.
Se nos dice: vosotros producís residuos.
Se nos dice: los residuos son la causa del freno del desarrollo de la sociedad, el principio del fin del mundo.
Se nos dice: mirad la mierda que producís, haced de este flagelo posmoderno un bien para la humanidad.
Miremos la definición de la palabra residuo:
"Generalmente, un residuo (detrito, basura, suciedad...) significa: la cantidad perdida en el uso de un producto. Hoy en día, ese término suele referirse a cualquier objeto o sustancia que ha sufrido una alteración de orden físico, químico, o cualquier otra en su aspecto, destinándole necesariamente a la eliminación".

CONSTELLATION OF RESIDUES
Among us, among the residues.
They tell us: you produce residues.
They tell us: the residues are the reason for society's thwarted development, the beginning of the end of the world.
They tell us: look at the shit you produce. Make something good for humanity out of this postmodern scourge.
Let's look at the definition of "residue":
"Generally a residue (detritus, waste, filth...) means: the amount lost in the use of a product. Today this terms tends to refer to any object or substance that has undergone a physical or chemical alteration or any other change in appearance which necessarily requires it to be discarded."

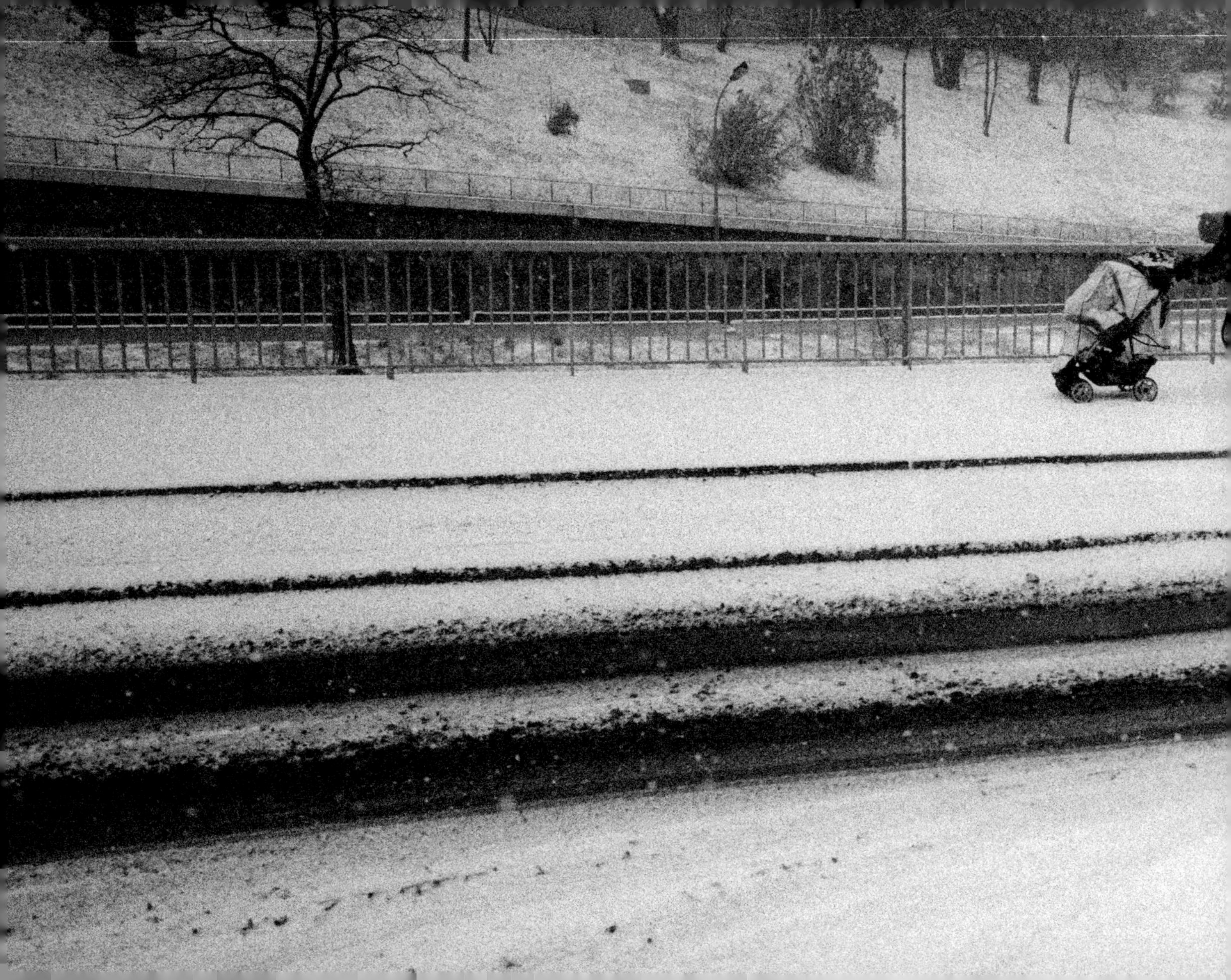

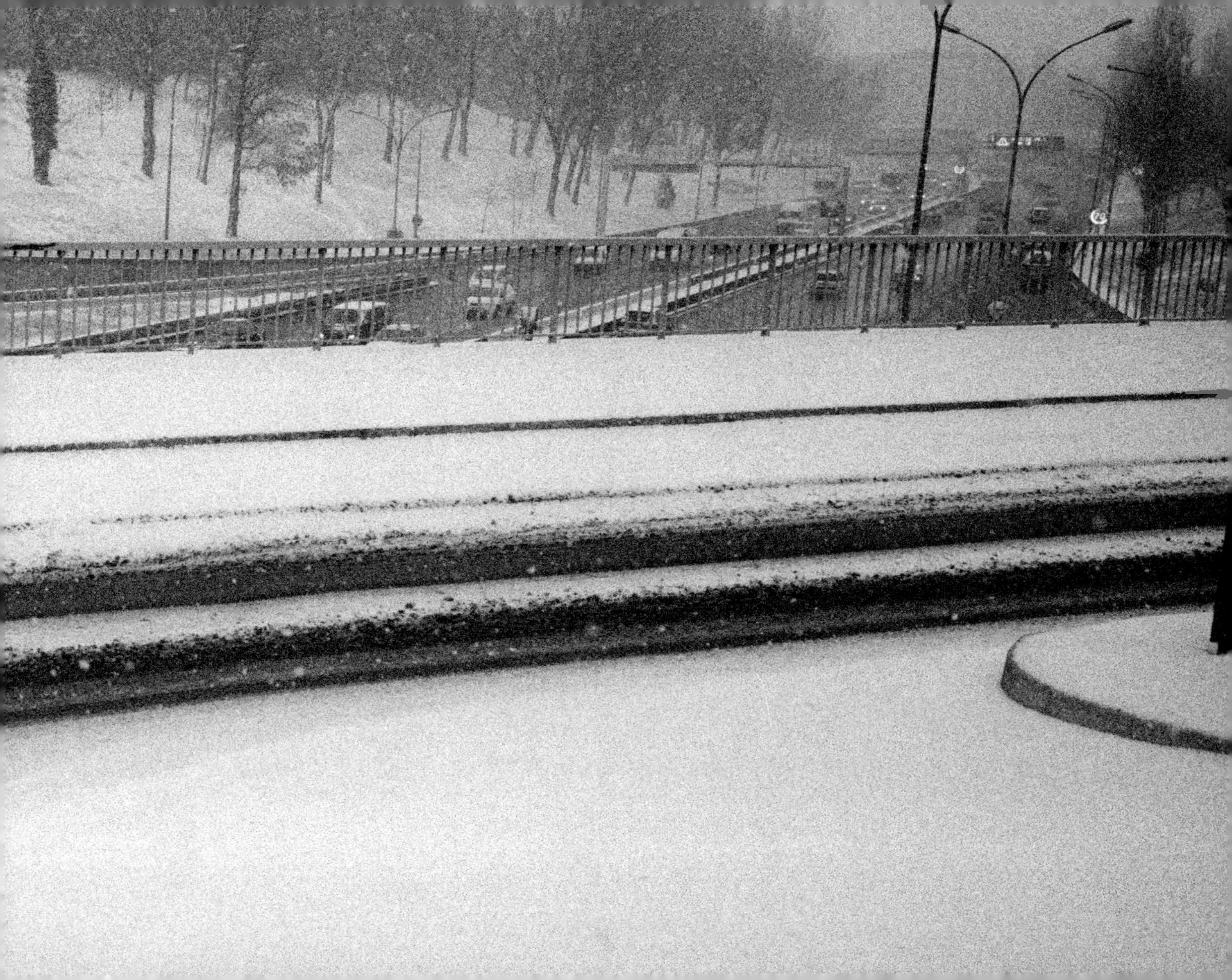

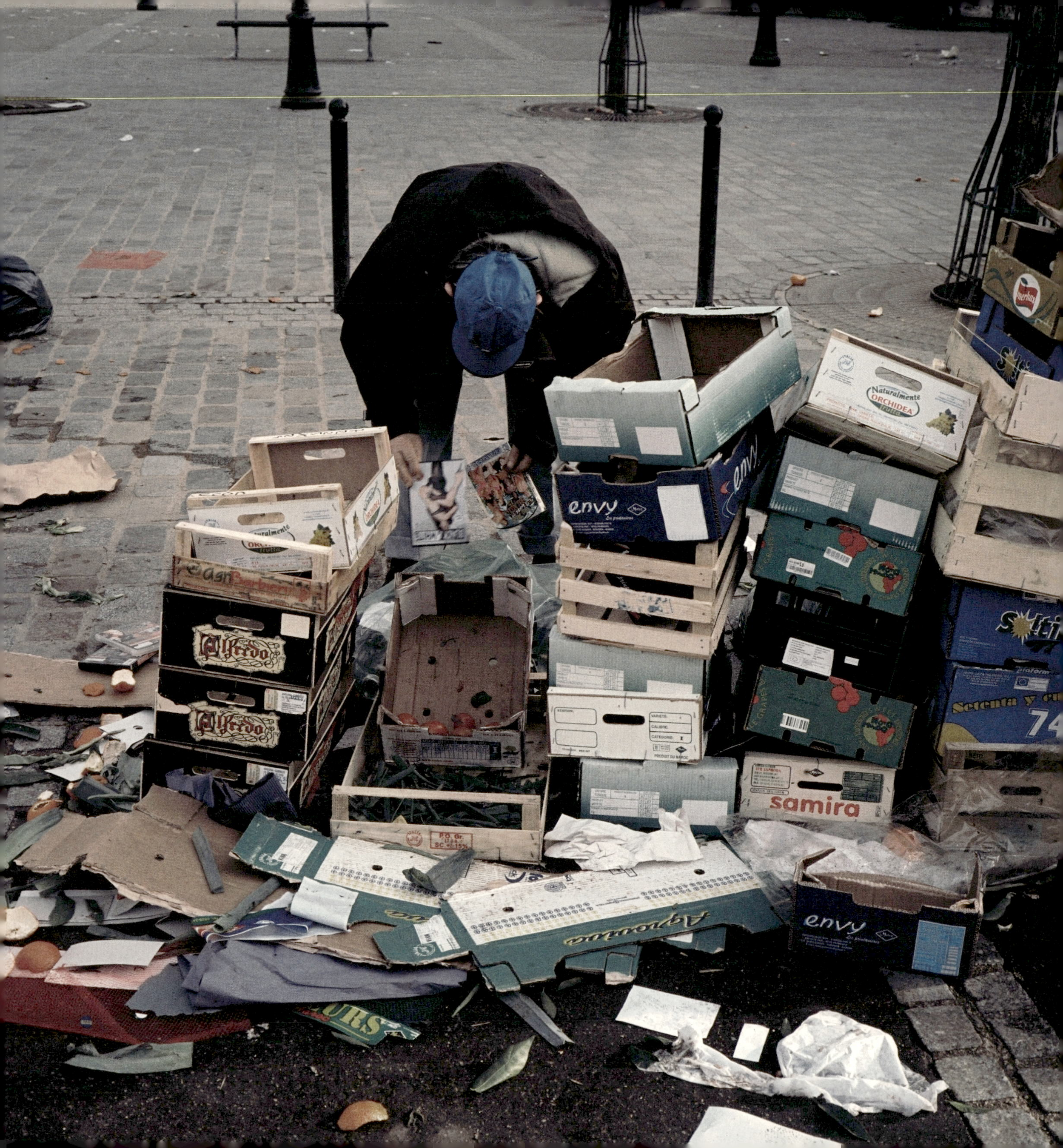

Naturalmente
ORCHIDEA
envy
envy
Alfredo
Alfredo
samira
Aprilino
envy
74
Setenta y ci
merlin

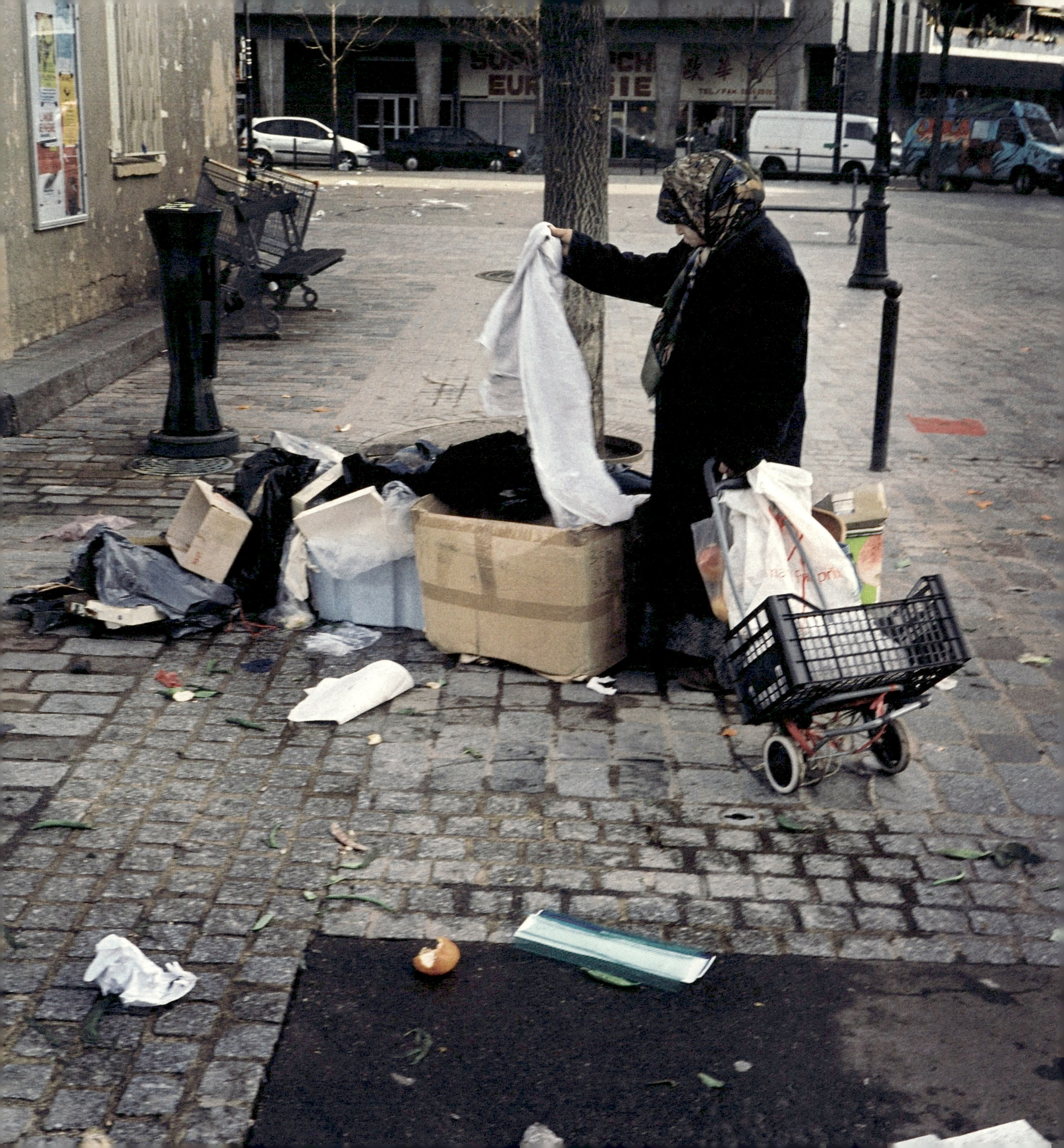

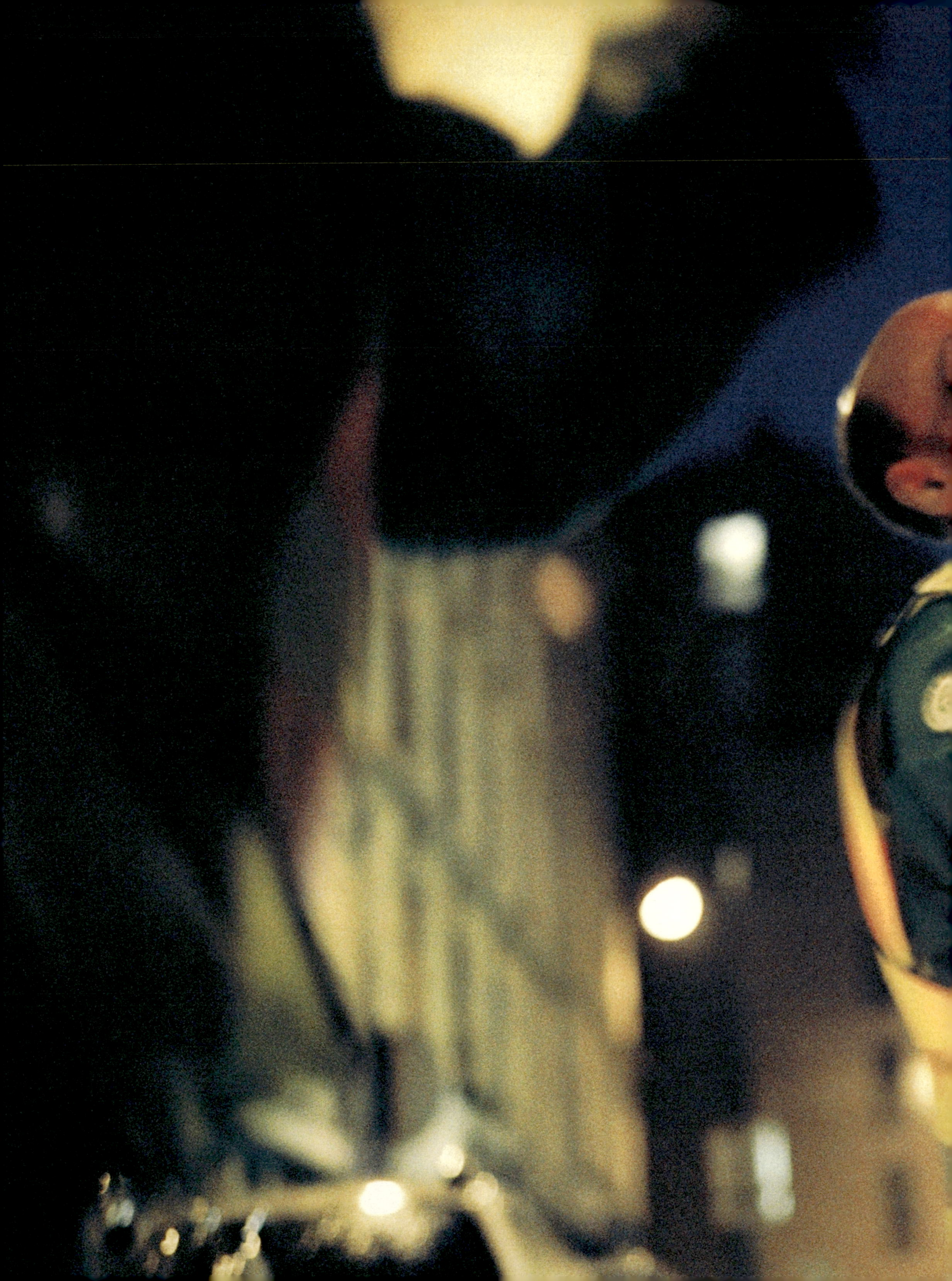

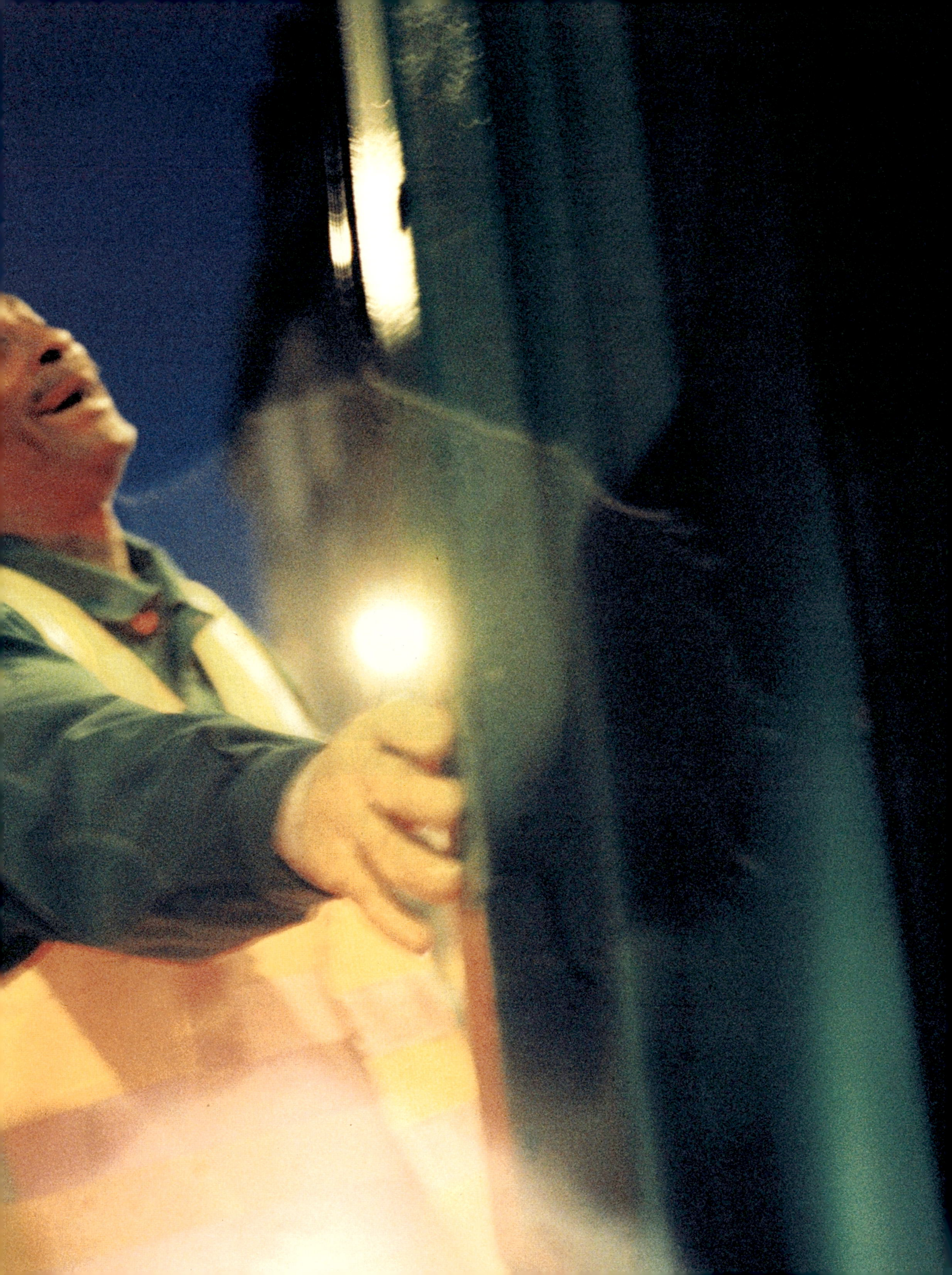

ITALY

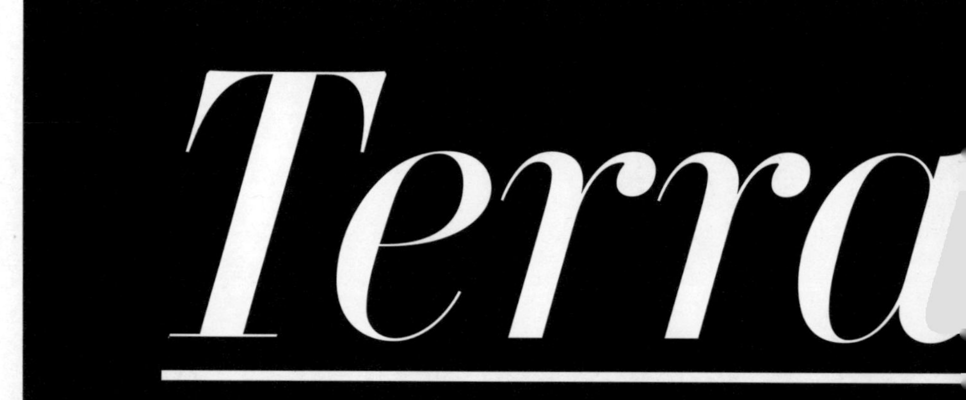

FRIENDLY FIRE

The aim of this project is to document the contamination caused by depleted uranium weapons used during the war in the Balkans and their devastating effect on people and the environment. We decided to use a personal compass to set the geographical limits of our research, based not on maps but on the personal memories of four Italians whom we interviewed—officers, volunteers, and their family members—all victims of depleted uranium contamination. Through their words we explore the wounded landscapes of Bosnia and Kosovo, deciphering the legacy of a land and its people through a distant and relatively forgotten conflict. We provide a way of understanding the impact these weapons have, even long after a war has ended, and offer a reminder that the same mistakes are being committed today in other parts of the world.

FRIENDLY FIRE

Este proyecto tiene como objetivo documentar la contaminación causada por las armas con uranio empobrecido durante la guerra de los Balcanes, así como las consecuencias devastadoras sobre la población y el medio ambiente. Para nuestra investigación geográfica, hemos decidido utilizar una brújula personal, que no se basa en elementos cartográficos, pero sí en las memorias de cuatro entrevistados italianos —oficiales, voluntarios o sus familias—, todos víctimas de la contaminación con uranio empobrecido. A través de sus palabras, exploramos los paisajes heridos de Bosnia y Kosovo, descifrando el legado de una tierra y su gente mediante un conflicto lejano y relativamente olvidado. Proporcionamos una manera de entender la repercusión que las armas traen, incluso mucho tiempo después de una guerra, con el fin de recordar que hoy en día se cometen los mismos errores en otras regiones del mundo.

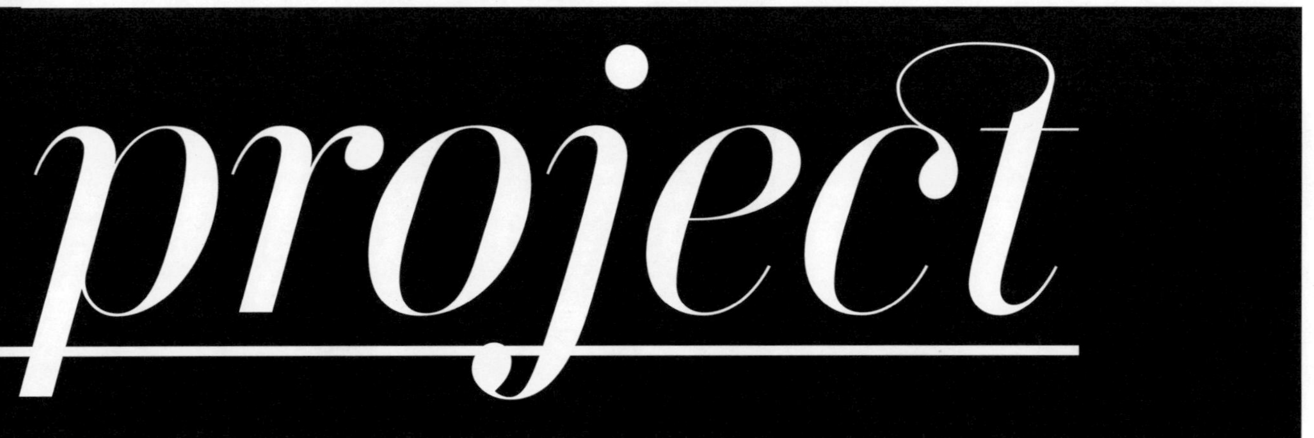

www.terraproject.net

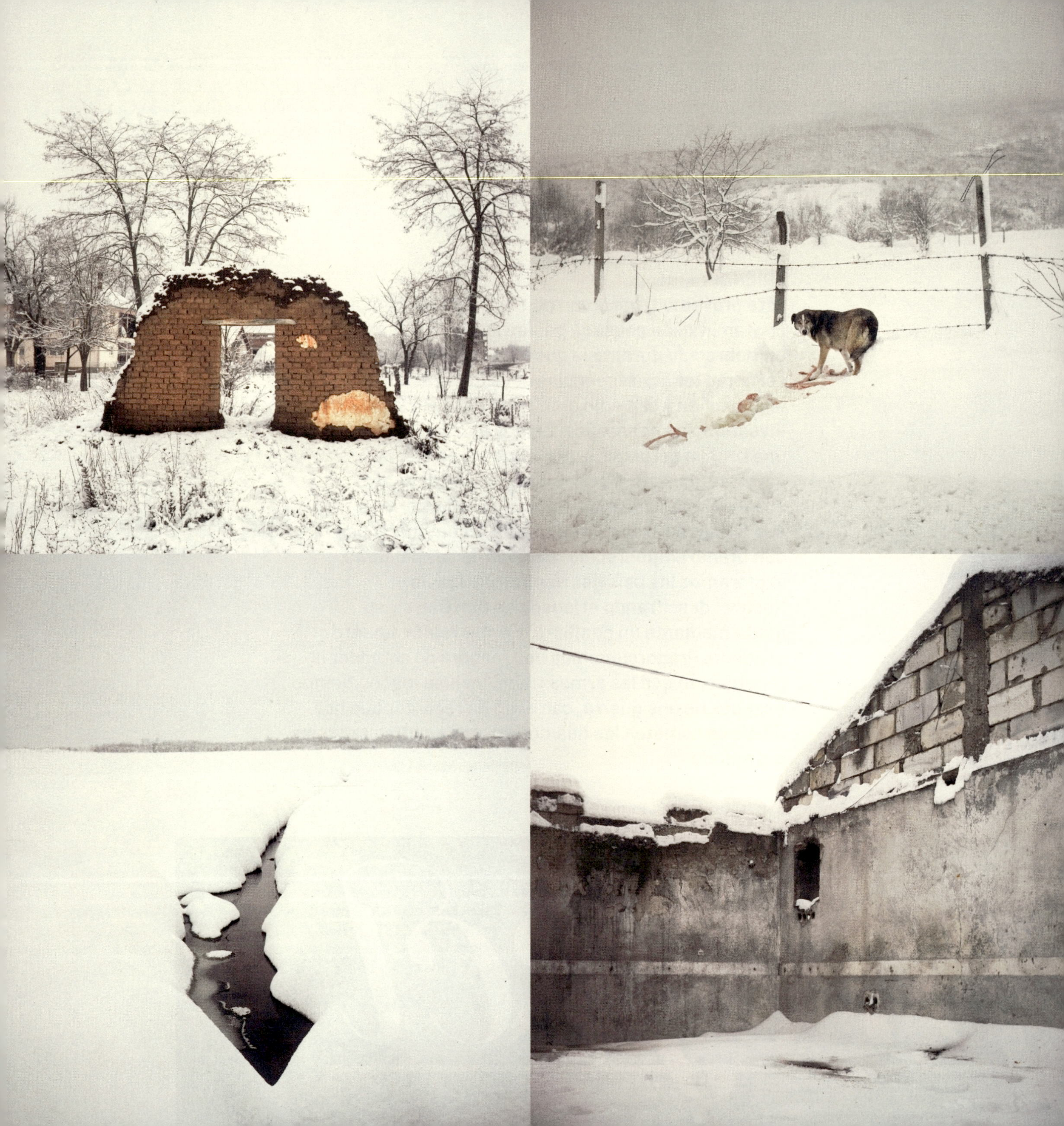

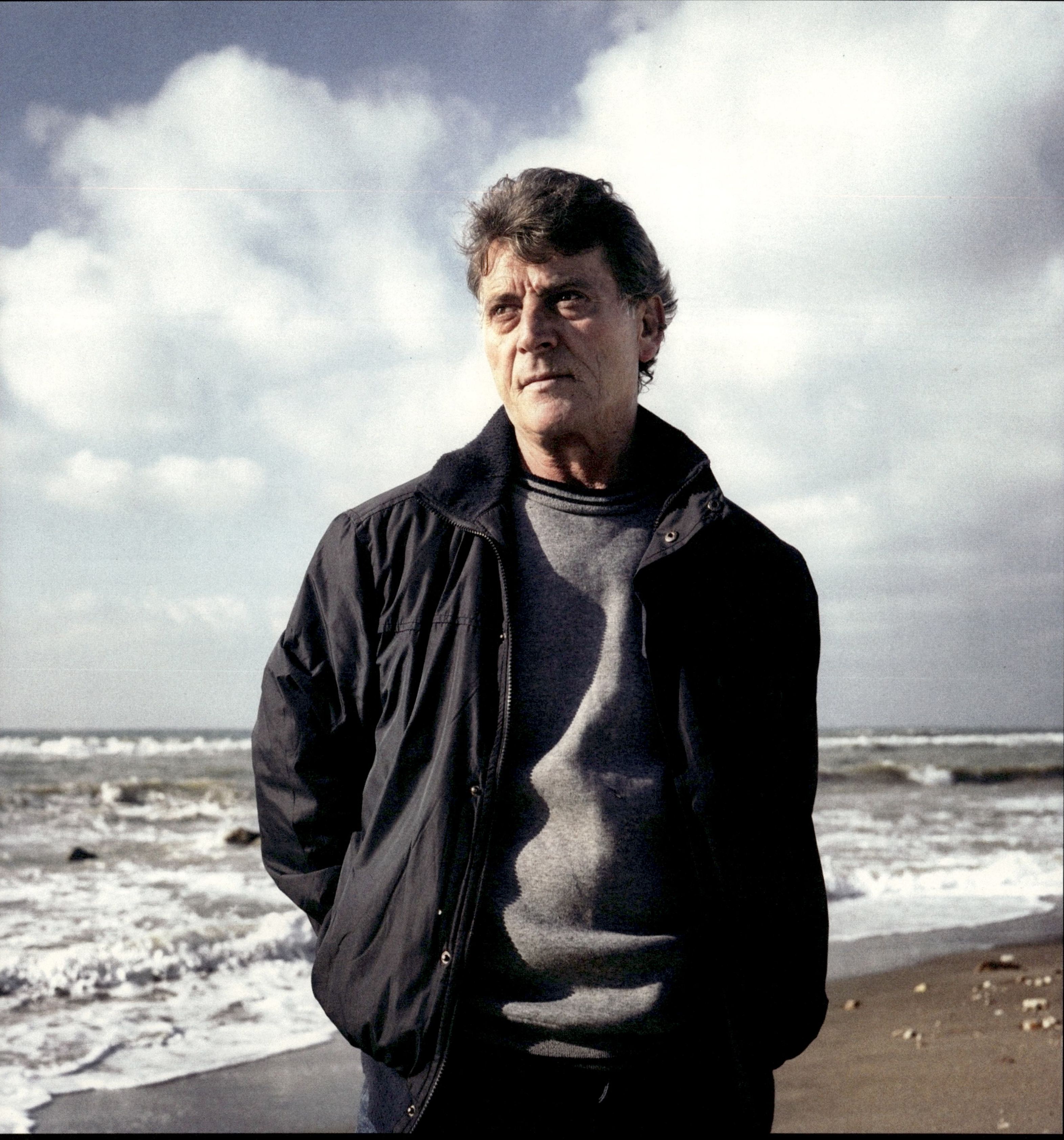

Antonio Sepe, padre de Luca.
Luca estuvo desplegado en Kosovo, haciendo trabajos de reparación en las plantas militares.
En 2001, después de regresar de una misión, descubrió que tenía un linfoma de Hodgkin.
Luca Sepe murió en Nápoles en 2004, cuando tenía 24 años de edad.

Antonio Sepe, Luca's father.
Luca was stationed in Kosovo making repairs to military plants.
In 2001, on returning from a mission, he was diagnosed with Hodgkin's lymphoma.
Luca Sepe died in Naples in 2004 at the age of twenty-four.

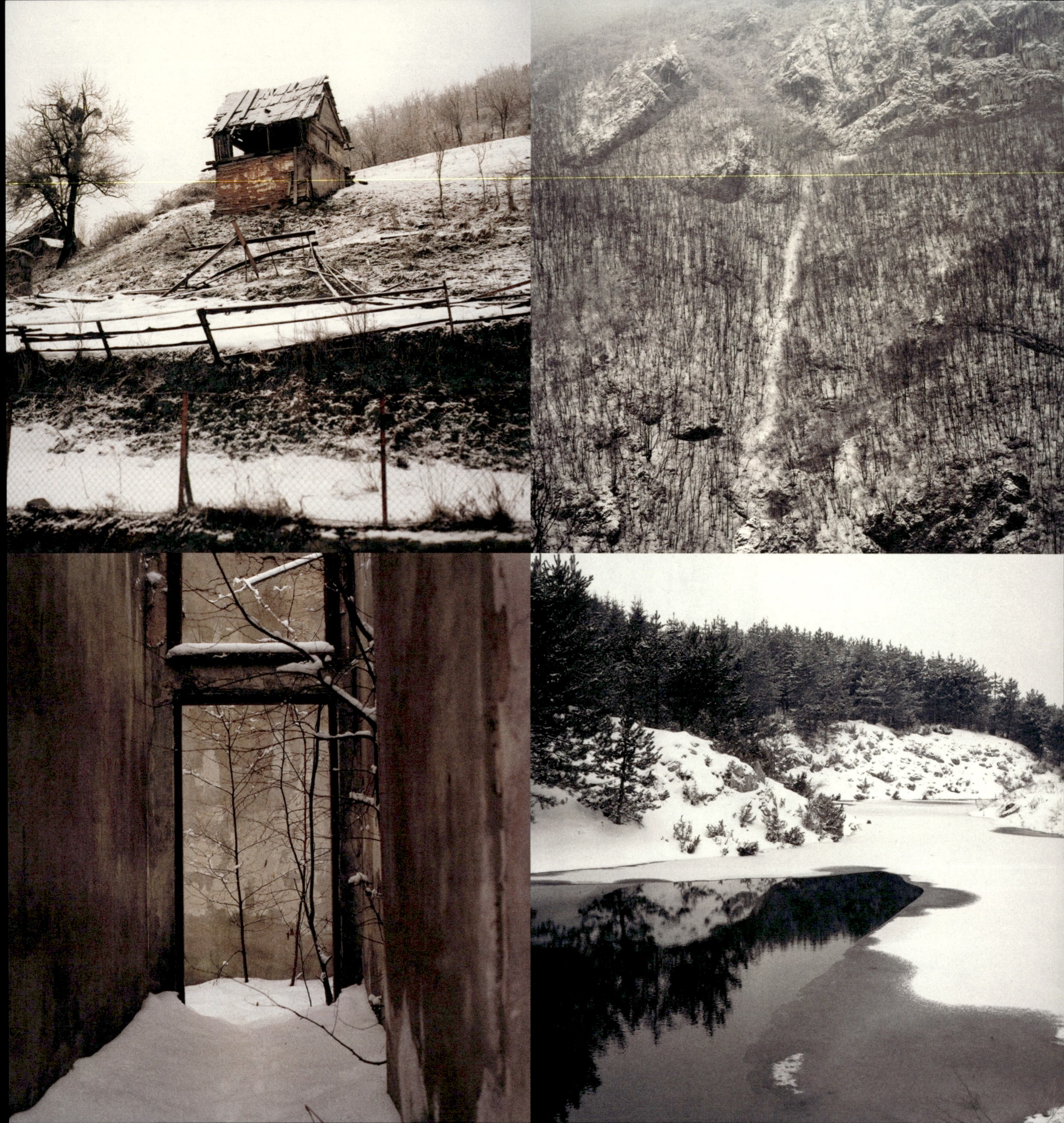

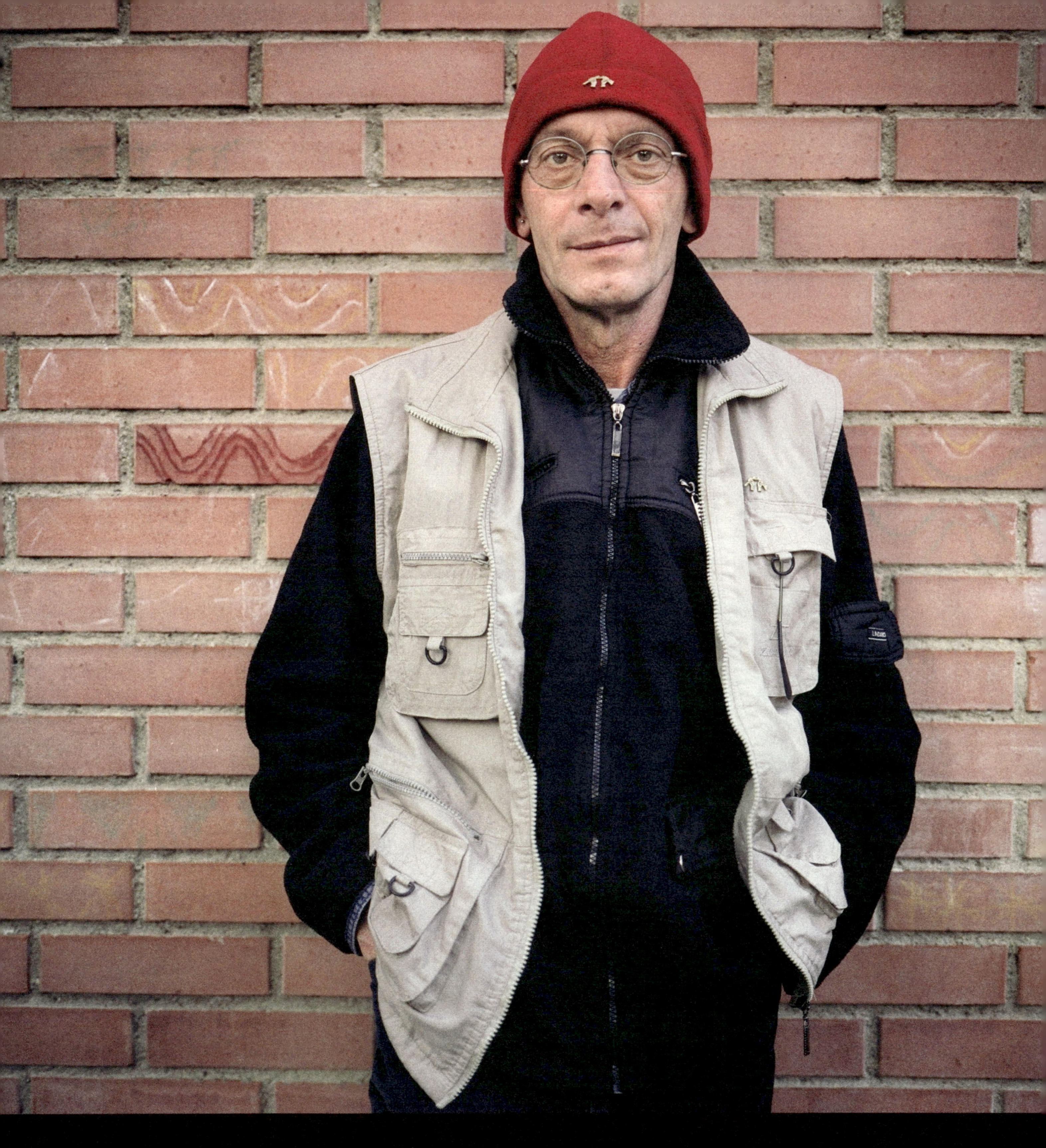

Pierluigi Ontanetti, 53 años. Fue a Sarajevo como voluntario de la "Marcha de los 500" en 1992 y se quedó hasta 1994. Después de la guerra regresó varias veces a Sarajevo y en 2003 se le diagnosticó un linfoma no-Hodgkin.

Pierluigi Ontanetti, 53 years old. He went to Sarajevo as a volunteer on the "March of the 500" in 1992 and remained there until 1994. After the war he returned to Sarajevo several times and in 2003 he was diagnosed with non-Hodgkin's lymphoma.

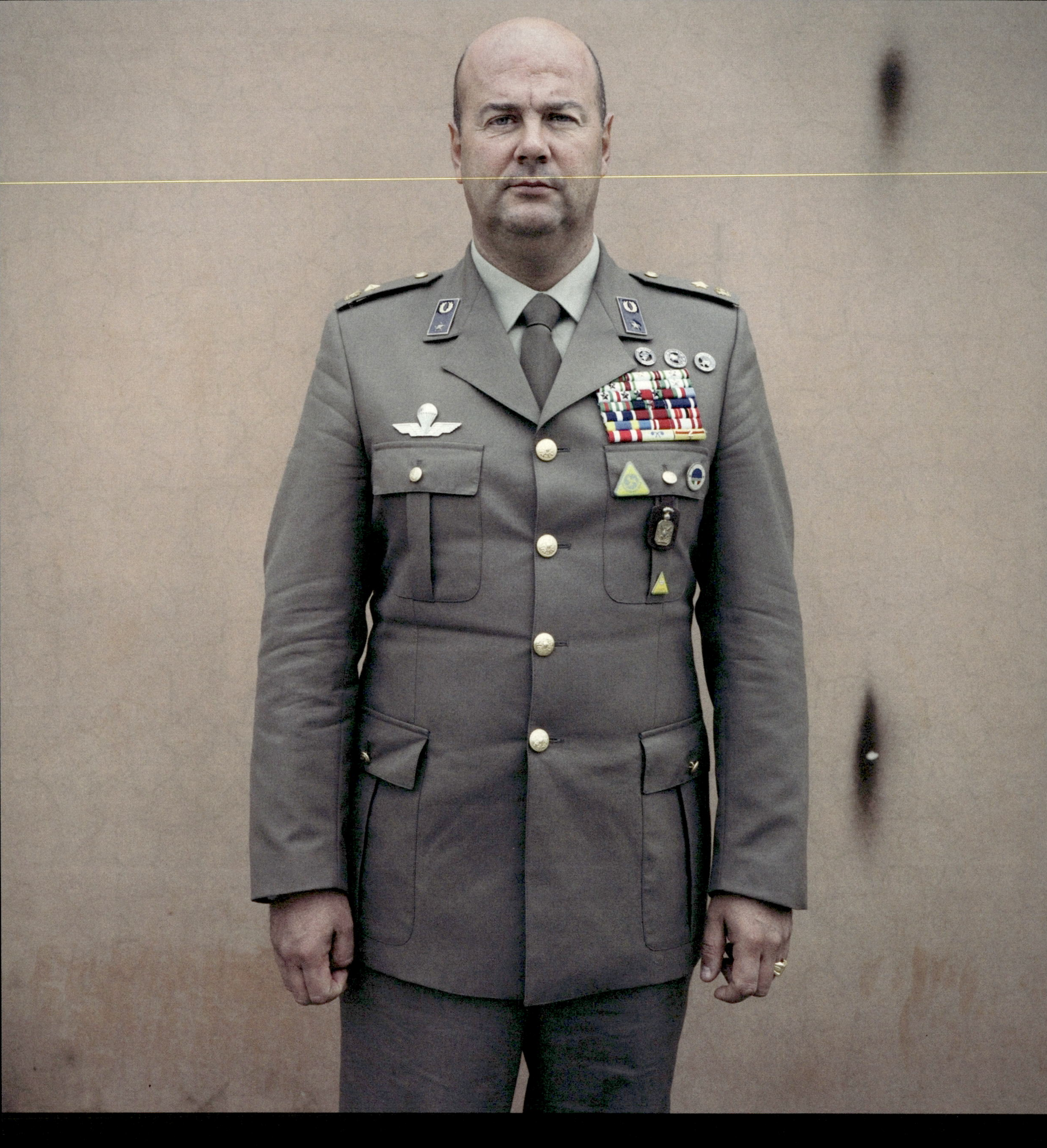

**Emerico Laccetti, es un coronel de la Cruz Roja italiana que trabajó en Kosovo entre 1992 y 1999.
Al regresar de una de estas misiones se le diagnosticó un linfoma no-Hodgkin.**

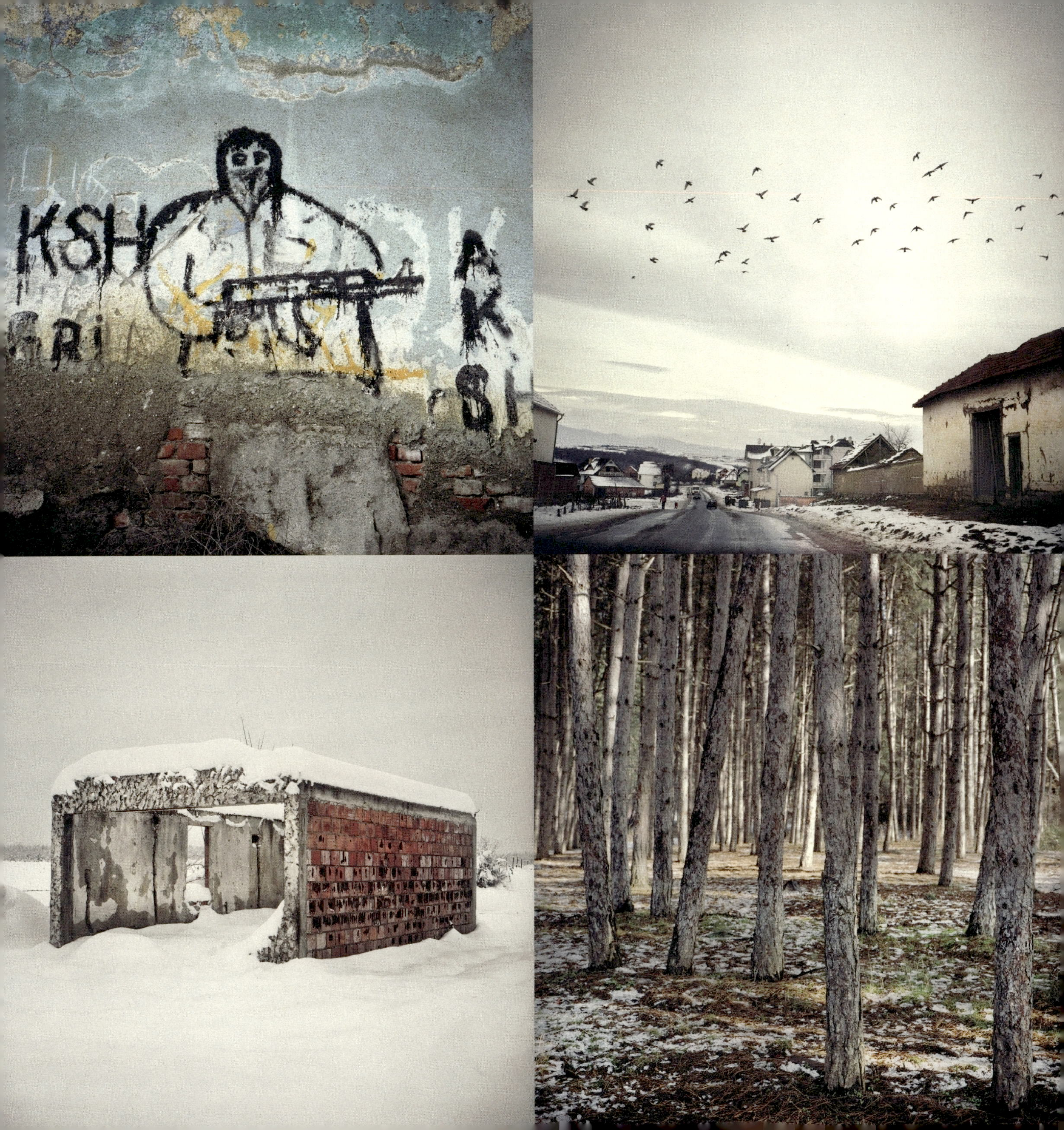

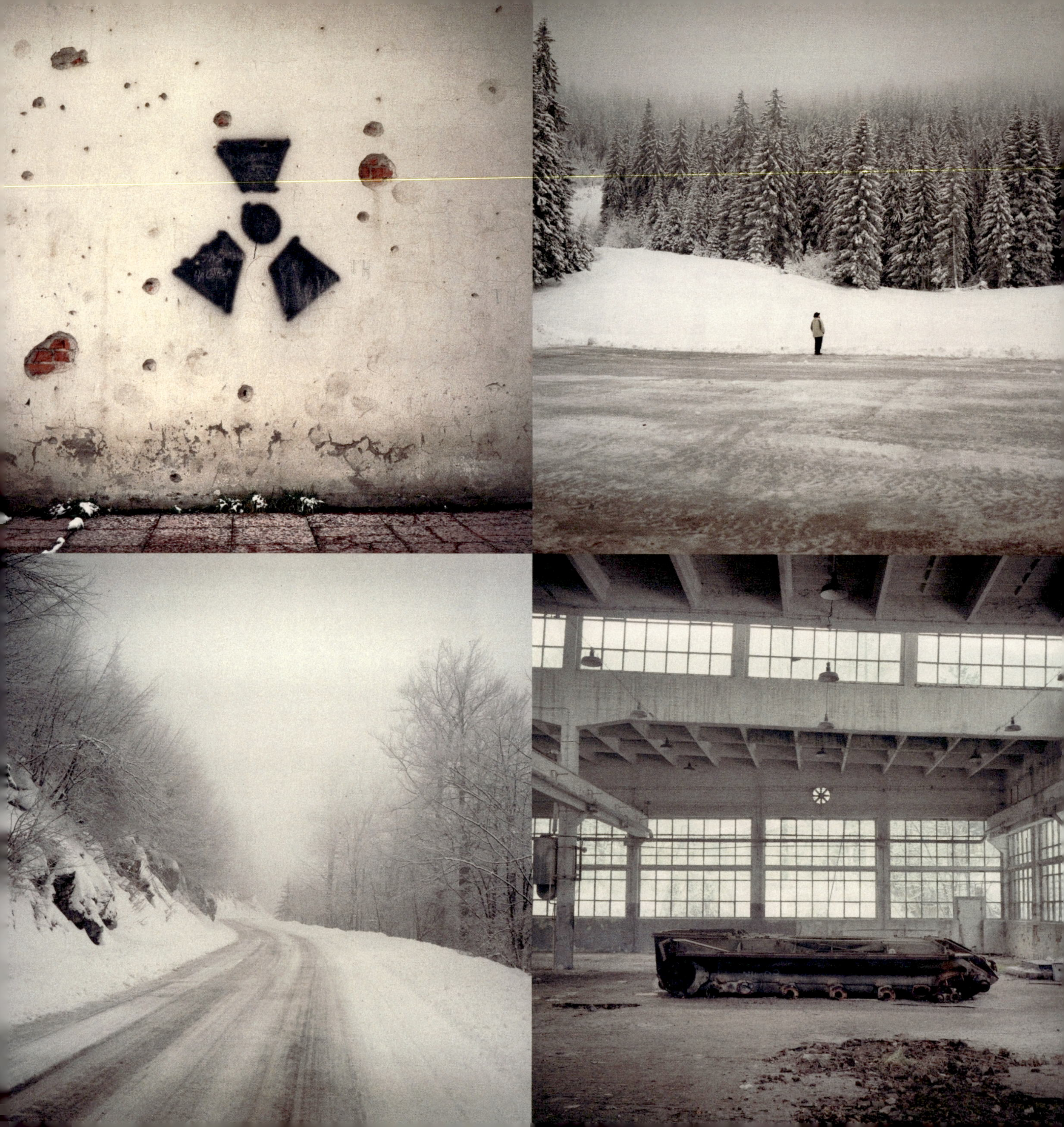

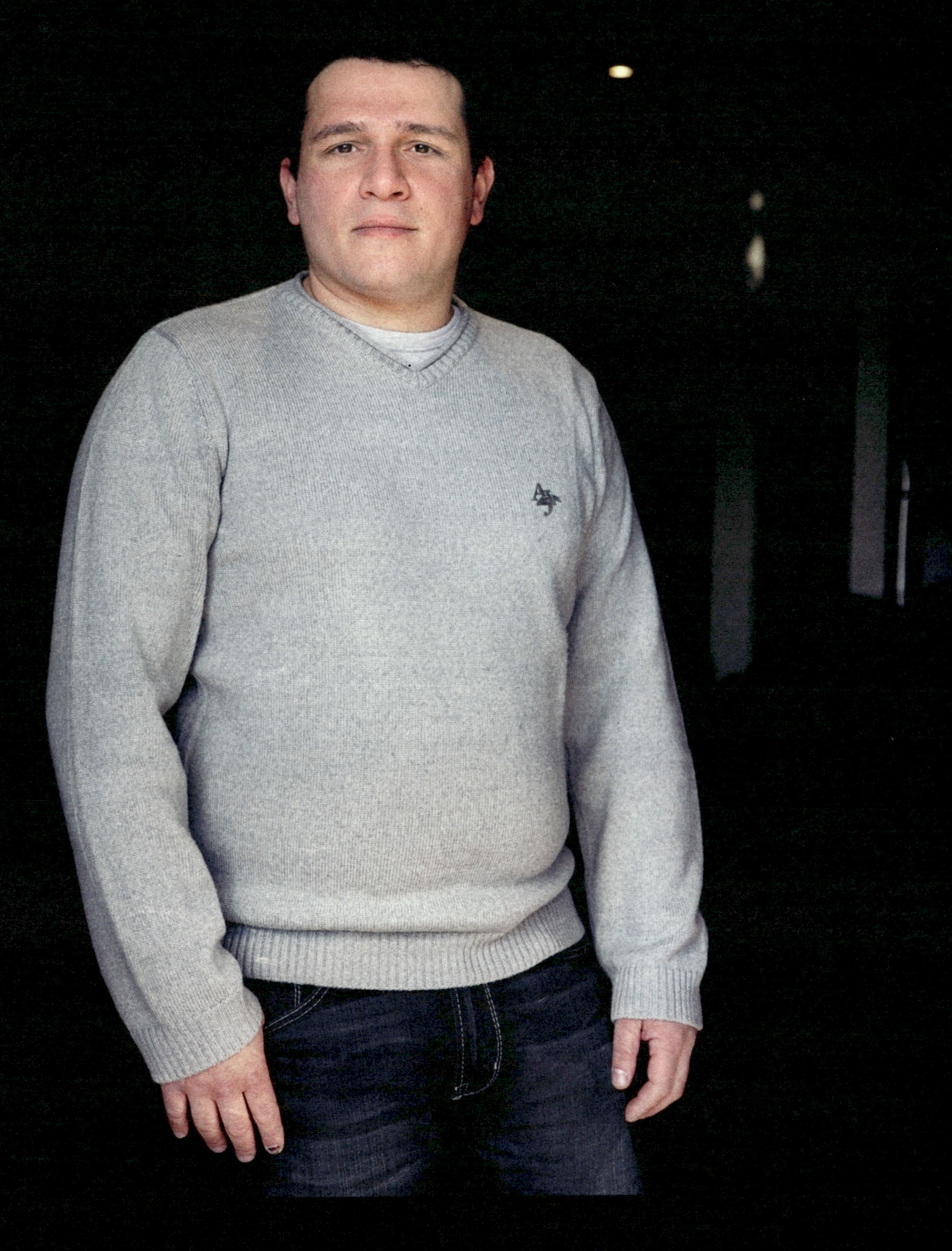

Giuseppe Ciotola, mecánico del ejército italiano, estuvo desplegado en los Balcanes entre 1995 y 2000.
En el año 2000, a su regreso de la misión, se le diagnosticó una trombocitemia, una forma de leucemia.

Giuseppe Ciotola, a mechanic in the Italian army, was stationed in the Balkans from 1995 to 2000.
In 2000, on his return from his mission, he was diagnosed with thrombocythemia, a form of leukemia.

ACTUALMENTE, TRANSIT ESTÁ COMPUESTO POR SEIS FOTÓGRAFOS Y UN DIRECTOR DE PROYECTOS. SE LOCALIZA EN MONTPELLIER Y MARSELLA DESDE 2002. ORIENTADO HACIA TRABAJOS DE VOCACIÓN DOCUMENTAL, SUS MIEMBROS ESTÁN ATENTOS A LOS MODOS DE REPRESENTACIÓN FOTOGRÁFICA. DESARROLLAN SUS PROYECTOS EN FRANCIA Y EN DIFERENTES PARTES DEL MUNDO. PRODUCEN TRABAJOS PERSONALES QUE APORTAN UNA MIRADA SOBRE EL PLANETA, ACOMPAÑANDO AL HOMBRE EN LOS DIVERSOS PLIEGUES DE LA SOCIEDAD. CONSCIENTES DE LA DIMENSIÓN DOCUMENTAL Y POÉTICA QUE CONTIENE LA IMAGEN, INTENTAN ALIMENTAR UNA MIRADA SINGULAR, MEDIANTE EL RIGOR PERIODÍSTICO Y LA LIBERTAD PLÁSTICA.

FRANCE

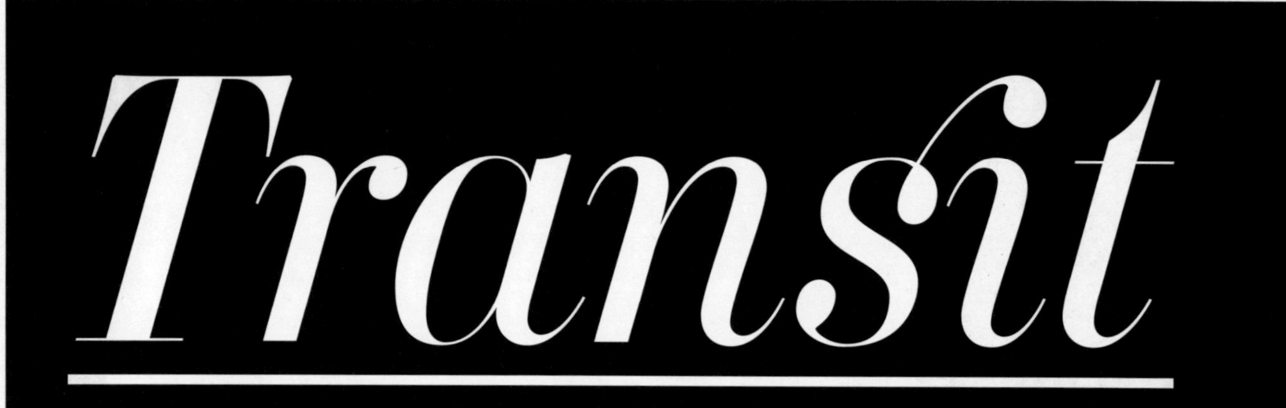

www.transit-photo.com

RITA *VERSUS* SÚPER MÁXIMO
"Vamos adelante. Avanzamos. Producimos y consumimos, ellos producen y nosotros consumimos". "El sentimiento de optimismo de los franceses es bueno", dijo Súper Máximo. Es el progreso a pasos largos. La ciencia avanza, con marcha forzada. El planeta puede limitarse... pero no hay ningún problema, sólo hay soluciones. Éste es el crecimiento verde, el desarrollo sostenible hace su *marketing* para una sociedad más justa. El nuevo consume menos energía que el antiguo. Y es más bello, más práctico, más sexy.
Y también está Rita, una presencia reconfortante, un campo de flores en primavera, en el mismo lugar, al mismo tiempo que Súper Máximo; sin embargo, no miran en la misma dirección.
Cada uno de los seis fotógrafos de Transit se ha esforzado, sin maniqueísmo, para mirar como uno, y después como otro, algunos lugares de Francia.

RITA *VERSUS* SÚPER MÁXIMO
"We're moving forward. We're advancing. We produce and consume, they produce and we consume." "The optimism of the French is good," said Súper Máximo. It is progress in great strides. Science progresses by forced marches. The planet can be limited... but there's no problem, only solutions. This is green development: sustainable development does its marketing for a more just society. The new consumes less energy than the old. And it's prettier, more practical, sexier.
And there is also Rita, a comforting presence, a flowery meadow in springtime, in the same place, at the same time as Súper Máximo. But they do not look in the same direction.
Each one of the six photographers of Transit has attempted to look, without manicheanism, first as one and then as the other, at certain places in France.

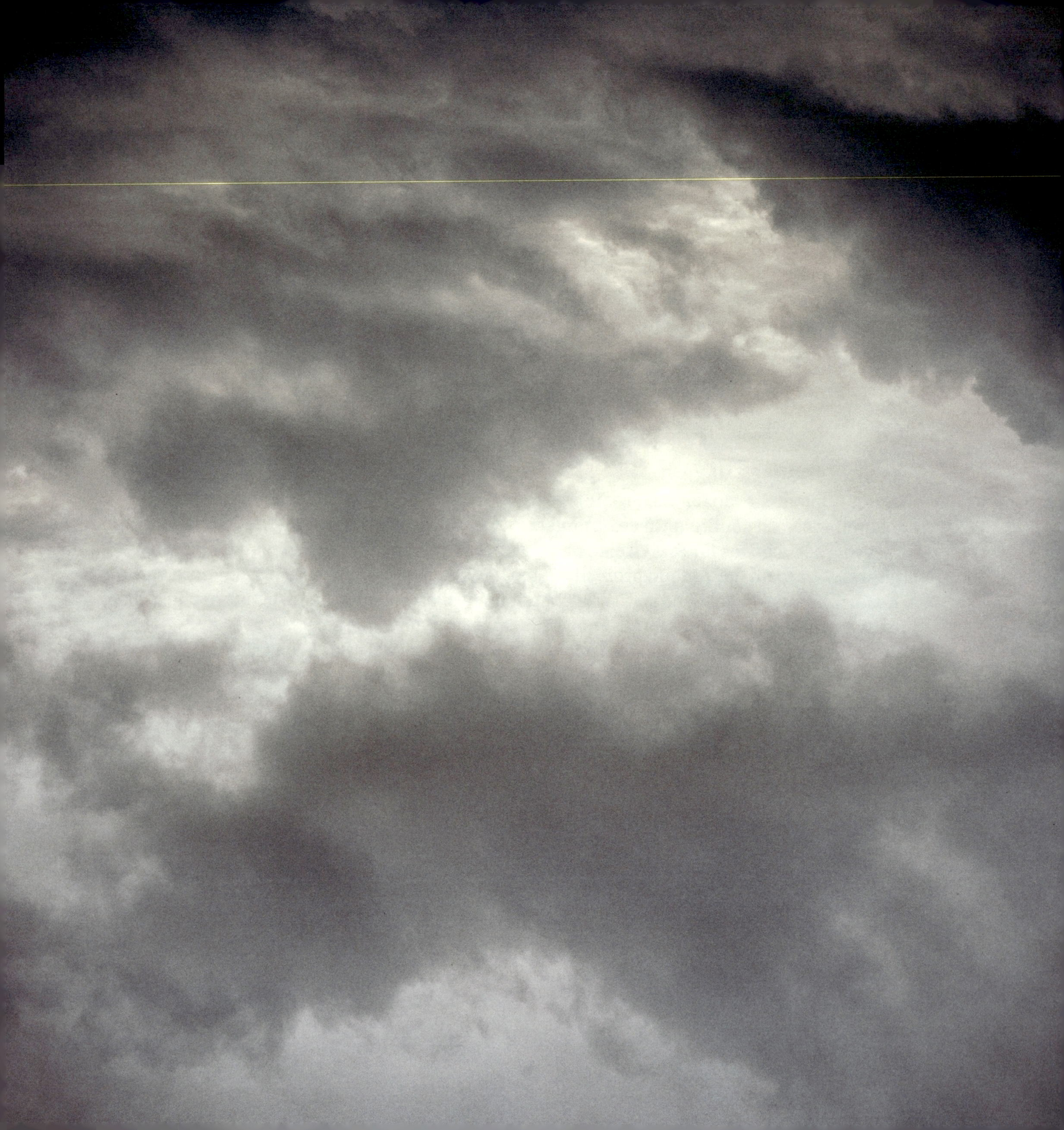

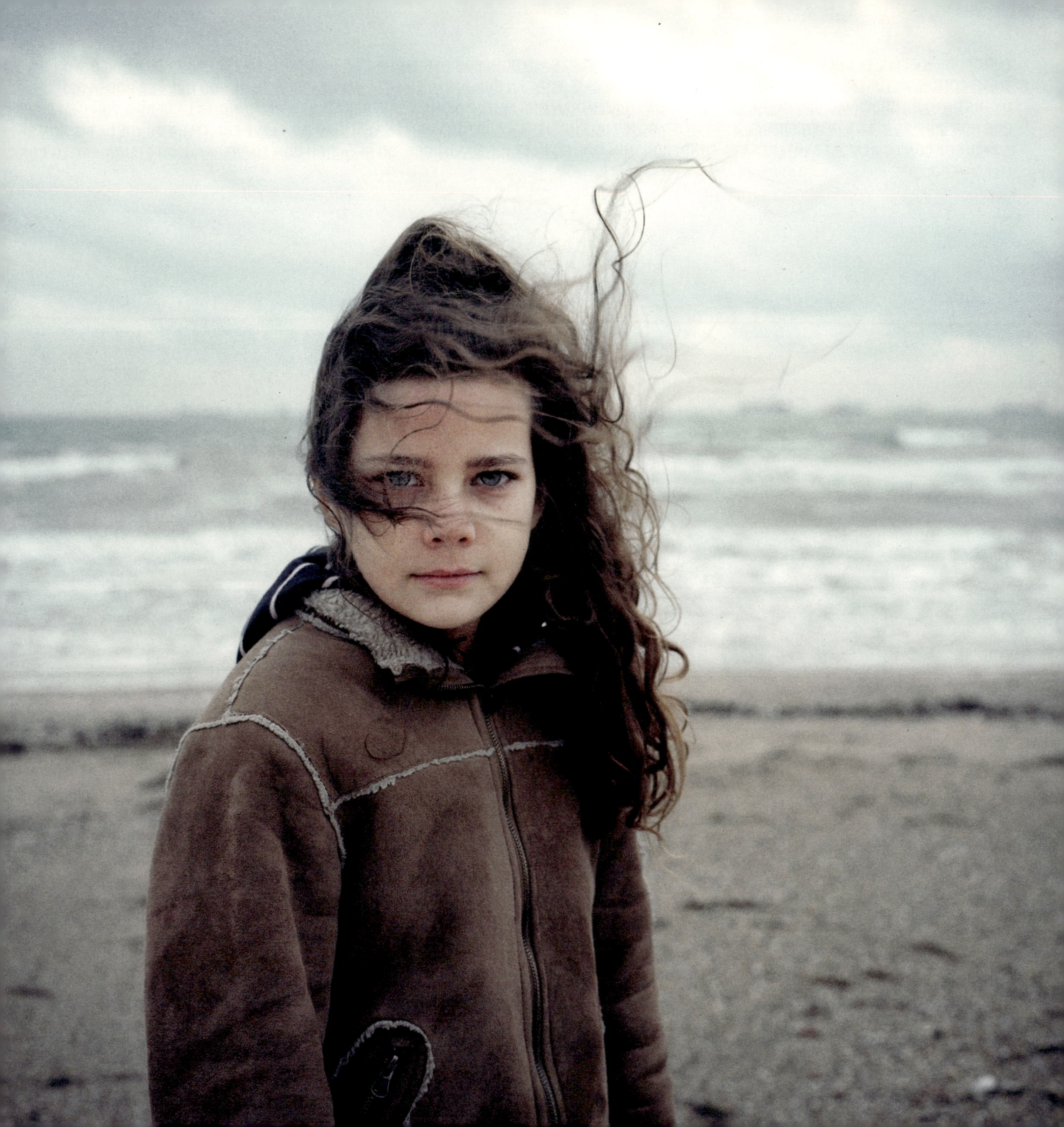

FUNDADO EN 2008, EL COLECTIVO VERSUS REÚNE A TRES JÓVENES FOTÓGRAFOS PERUANOS CON INQUIETUDES ESTÉTICAS SIMILARES Y UN INSTINTO COMÚN. ACTUALMENTE, VERSUS ELABORA SU PRIMER PROYECTO EN CONJUNTO EN LA SELVA DE PERÚ. EL MUNDO QUE LES RODEA DEMANDA UN INSTINTO DE OBSERVACIÓN AGUDO, QUE ES DONDE ENCUENTRAN SUS MOTIVACIONES: "ENFRENTARSE A UN MUNDO A LA DERIVA CON IMÁGENES QUE NOS CONFRONTAN E INTERPELAN". BUSCAN IMÁGENES QUE INICIEN LA RUPTURA CON LA REALIDAD, ESA LEVE FRONTERA DONDE LA FICCIÓN SE CONFUNDE CON LO REAL. LES INTERESA LA CONDICIÓN HUMANA, SUS ESTADOS ANÍMICOS, SU RELACIÓN CON EL ENTORNO, SU ETERNO DUELO CON LO EFÍMERO.

PERU

Versus Photo

www.versus-photo.com

FOUNDED IN 2008, THE COLLECTIVE VERSUS PHOTO IS MADE UP OF THREE YOUNG PERUVIAN PHOTOGRAPHERS WITH SHARED AESTHETIC CONCERNS AND A COMMON INSTINCT. THE MEMBERS OF VERSUS ARE CURRENTLY UNDERTAKING THEIR FIRST PROJECT TOGETHER IN THE PERUVIAN RAINFOREST. THE WORLD SURROUNDING THEM DEMANDS KEEN OBSERVATION, WHICH IS WHERE THEY FIND THEIR MOTIVATION: "TO CONFRONT A DRIFTING WORLD WITH IMAGES THAT STRIKE AND CHALLENGE US." THEY SEEK IMAGES THAT INITIATE A RUPTURE WITH REALITY, THAT VAGUE FRONTIER WHERE THE FICTITIOUS IS CONFOUNDED WITH THE REAL. THEY ARE INTERESTED IN THE HUMAN CONDITION, ITS MOODS AND ITS RELATION WITH ITS SURROUNDINGS, ITS ETERNAL STRUGGLE WITH THE EPHEMERAL.

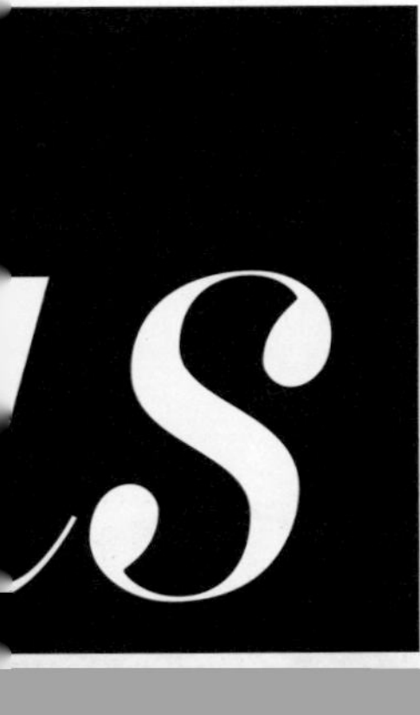

EL CREMI: LA OTRA NATURALEZA

A veces el hombre no entiende el terreno de los límites. Se sitúa en una posición lejana. Como si en el fondo no quisiera verse en ese otro espejo que, paradójicamente, está en una especie de campo de observación. ¿Qué necesidad tiene de negar lo evidente? Existe una naturaleza mundana que obedece a una lógica de ciudad.

Pero existe otra naturaleza. Una que desborda y rompe los límites. La exclusión de esa naturaleza lleva al ser humano a un estado casi salvaje. ¿Pero qué es salvaje en el mundo de hoy? El nombre de esa naturaleza existe: enfermedad mental. La comunicación, en cambio, no. Y las esperanzas o posibilidades, tampoco.

Un elemento de la naturaleza es aislado para poseerlo y poder ser observado, admirado, utilizado, explotado. Un enfermo mental es aislado para no ser visto. Pero el Cremi existe. Está en Iquitos. Es un hospital psiquiátrico situado en la selva peruana. Es único en su tipo en nuestro país. Acá los pacientes transitan en áreas verdes. Y, a pesar de su reclusión, la sensación de vida parece ser otra.

LA CREMI: THE OTHER NATURE

Sometimes human beings do not understand the idea of limits. They take their place at a distance. As if they really didn't wish to see themselves in that other mirror that, paradoxically, is in a sort of field of observation. What need is there to deny the evidence? There is a mundane nature that obeys the logic of the city.

But there is another nature. A nature that overflows and breaks limits. Exclusion from that nature carries human beings to an almost wild state. But what is wildness in today's world? The name of that nature exists: mental illness. Communication, on the other hand, does not. And neither do hopes and possibilities.

An element of nature is isolated so that it can be possessed, observed, admired, used, exploited. A mentally ill person is isolated in order not to be seen. But El Cremi exists. It is in Iquitos. It is a psychiatric hospital in the Peruvian rainforest. It is unique of its kind in Peru. Here the patients move through green areas. And in spite of their confinement, the feeling of life seems to be different.

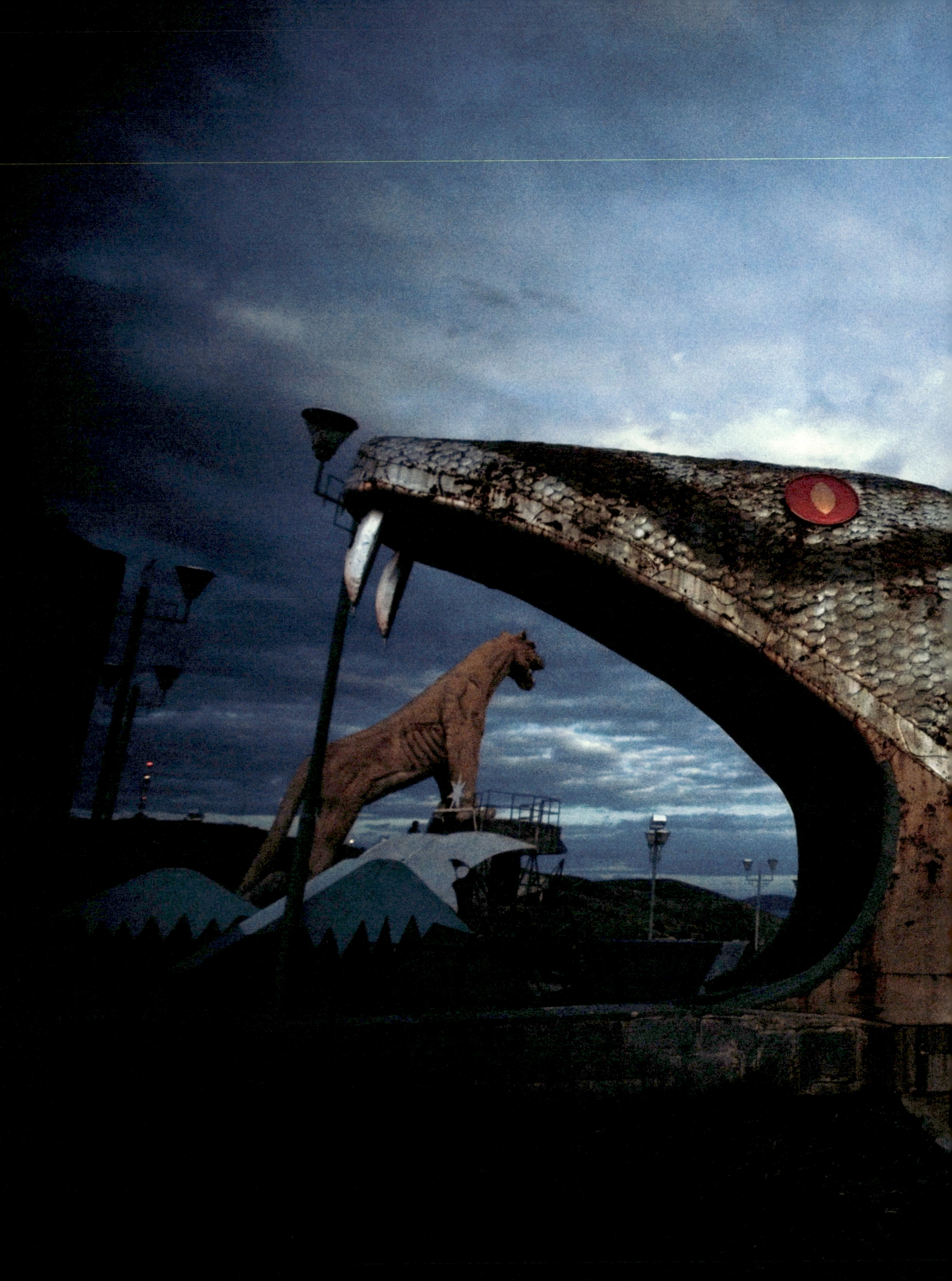

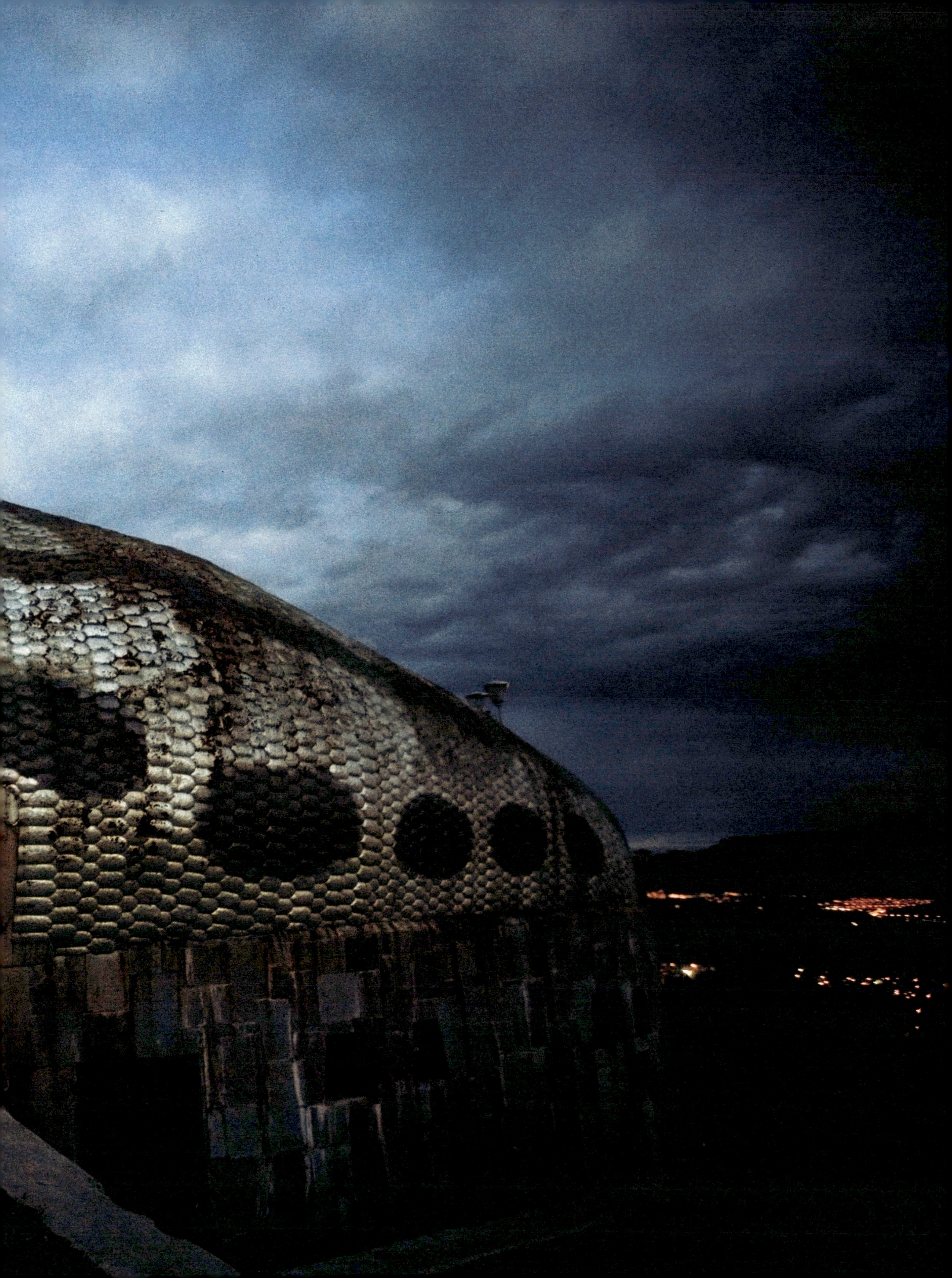

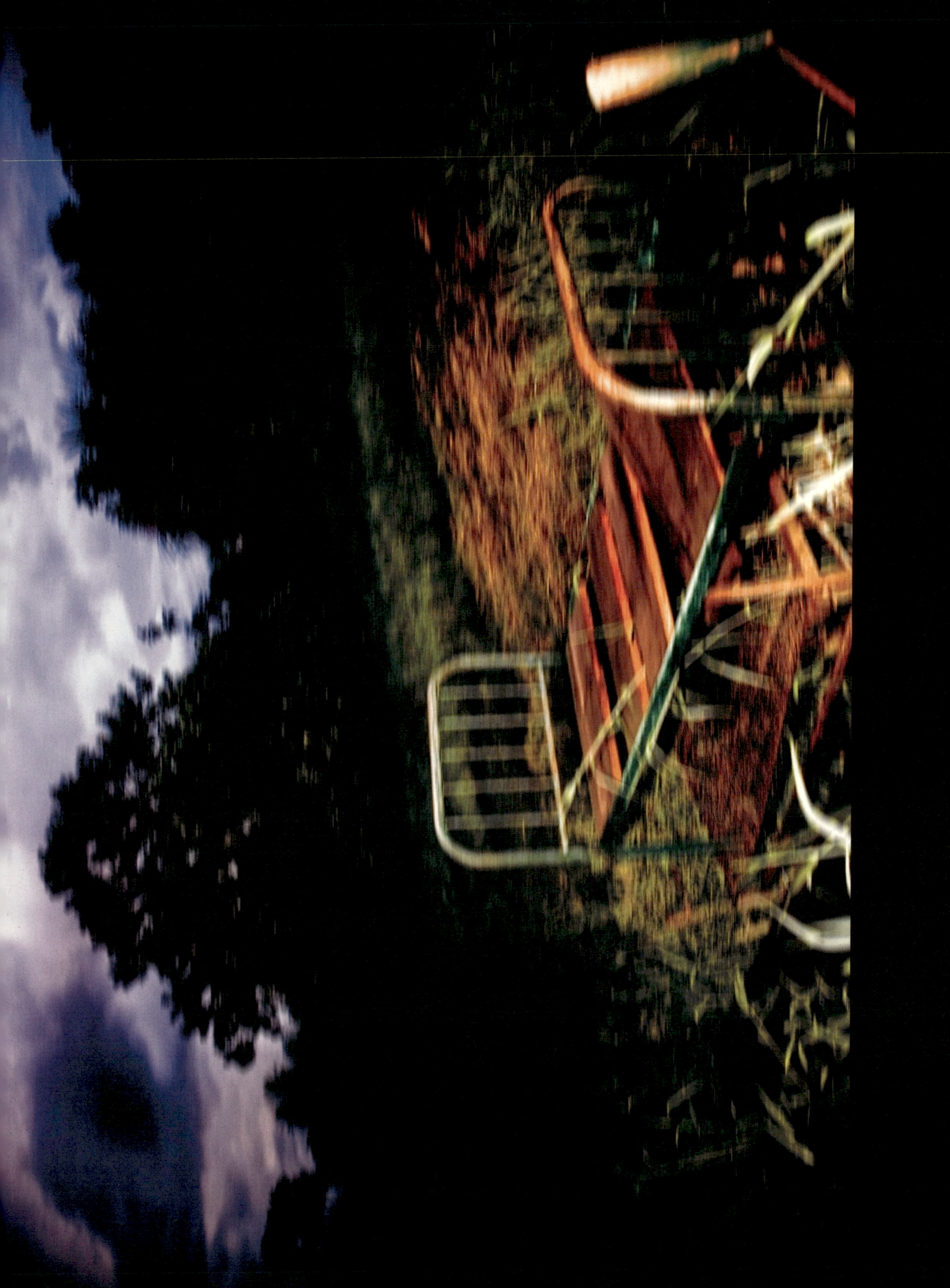

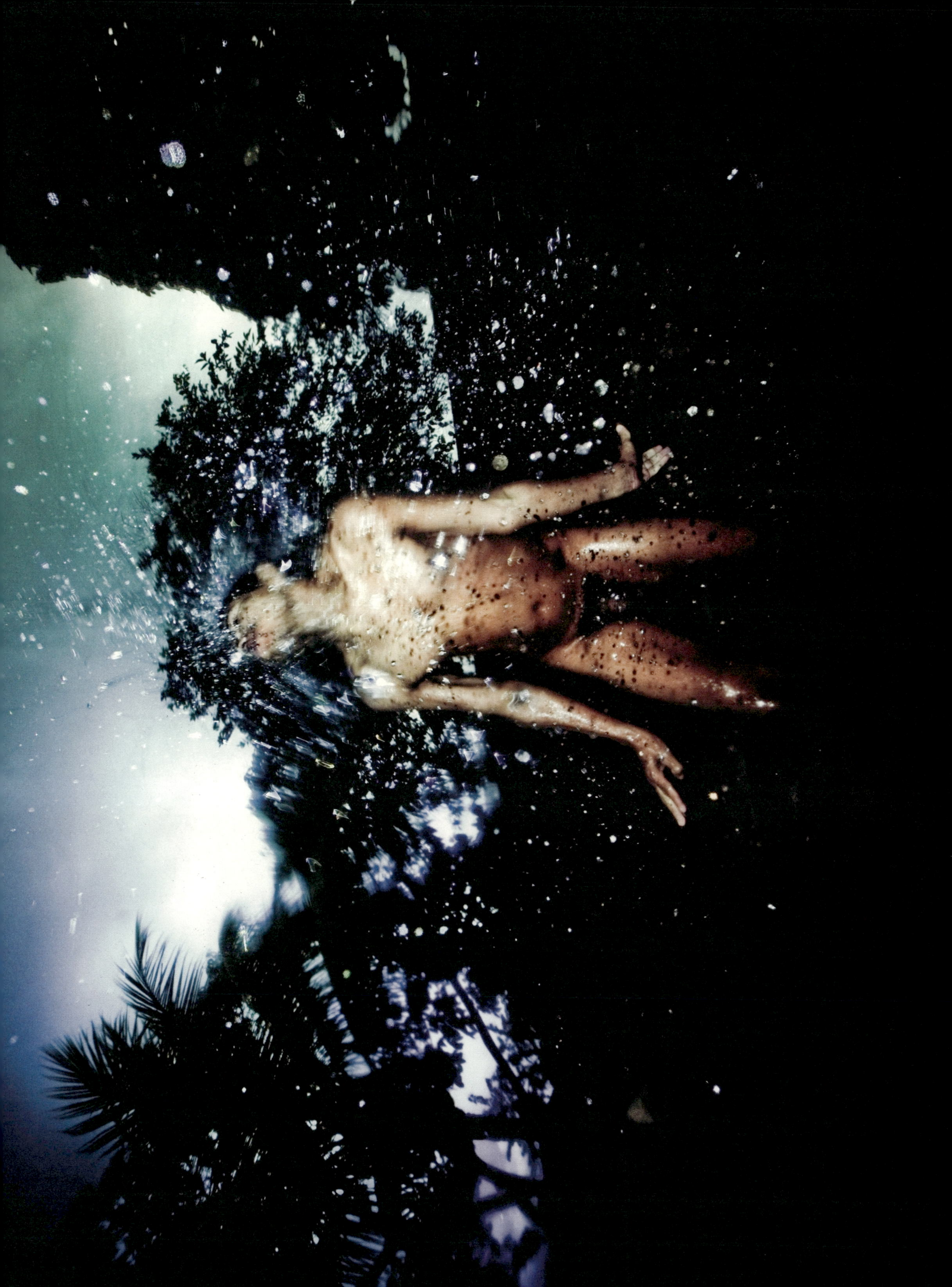

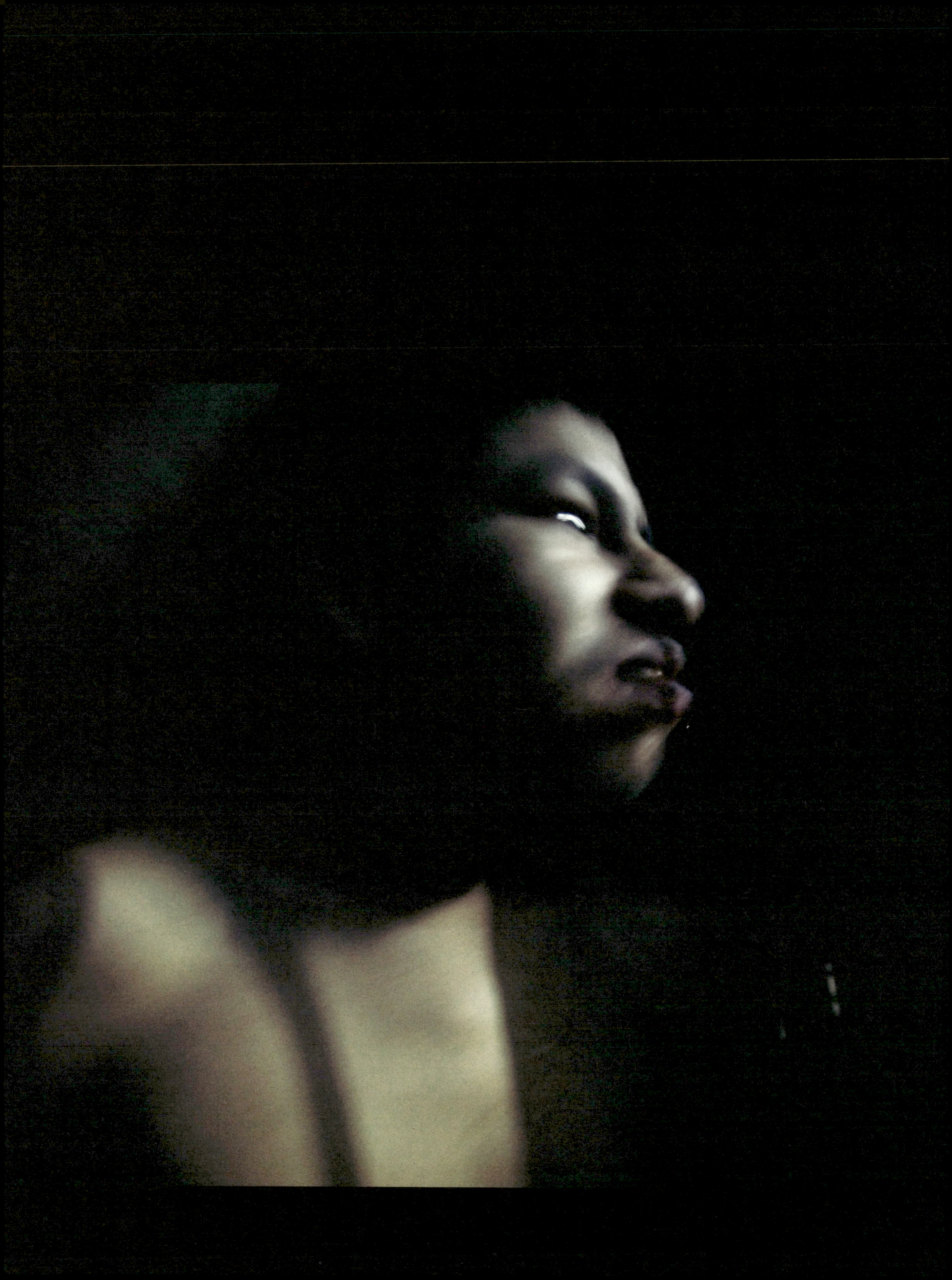

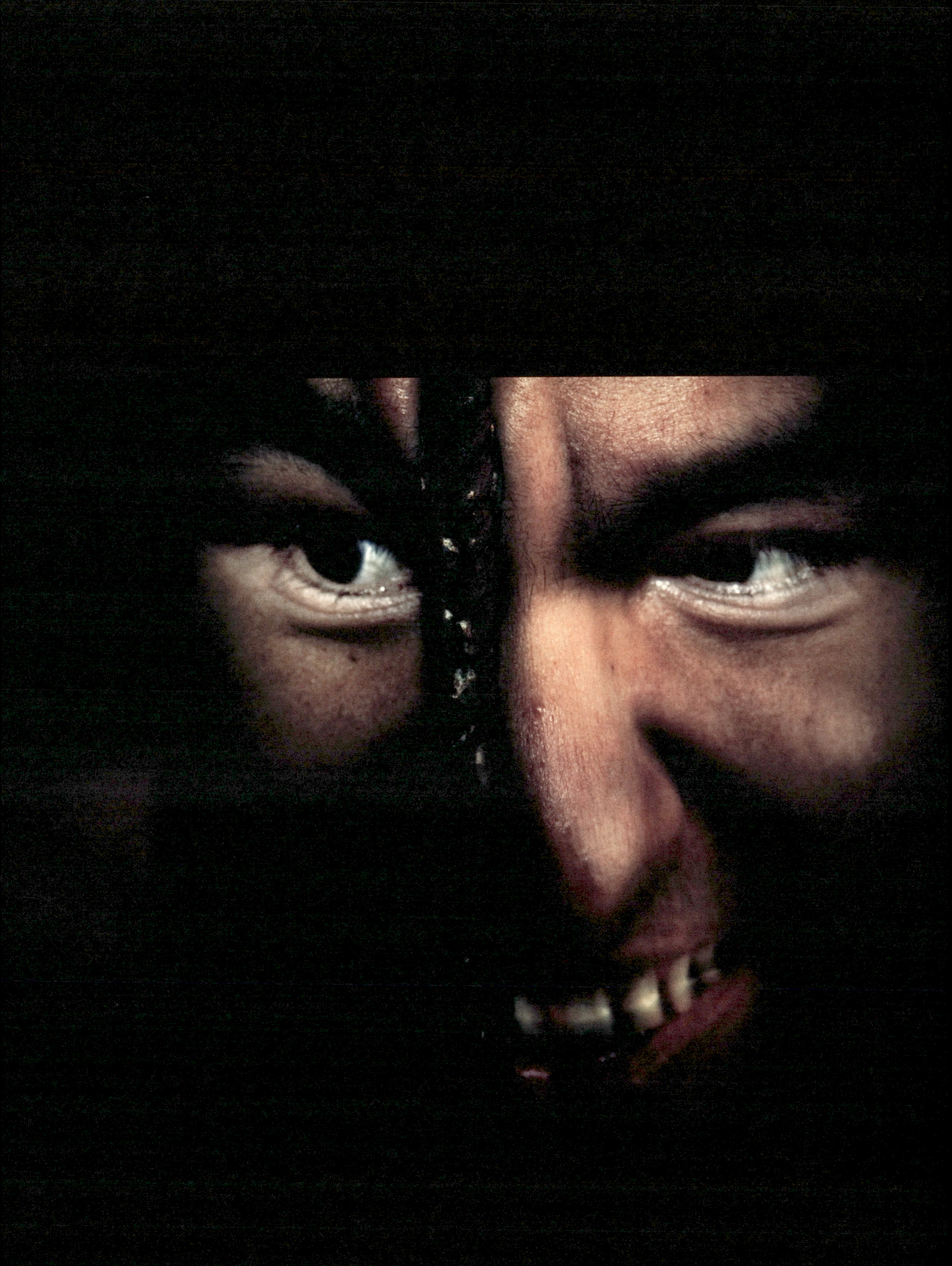

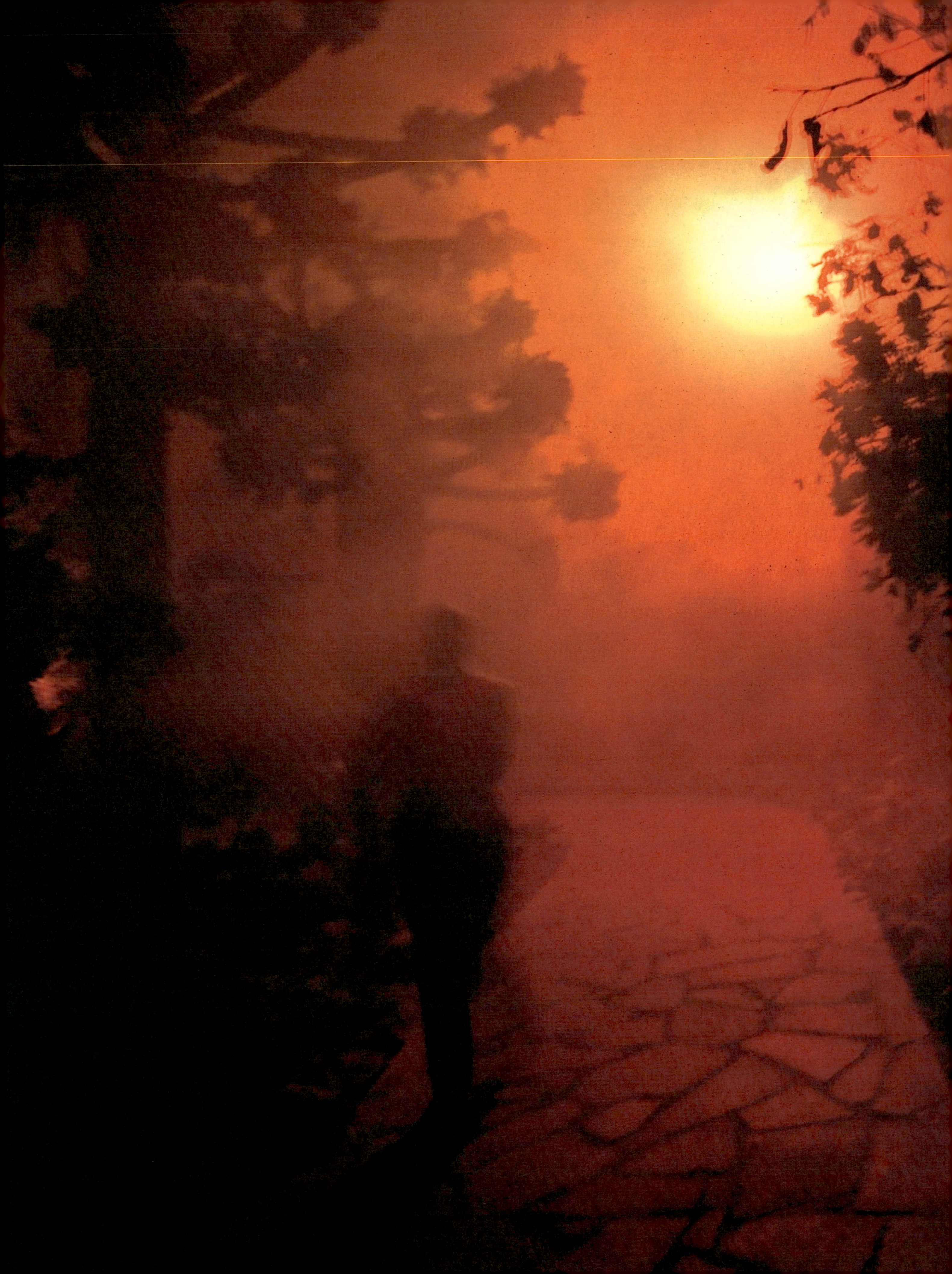

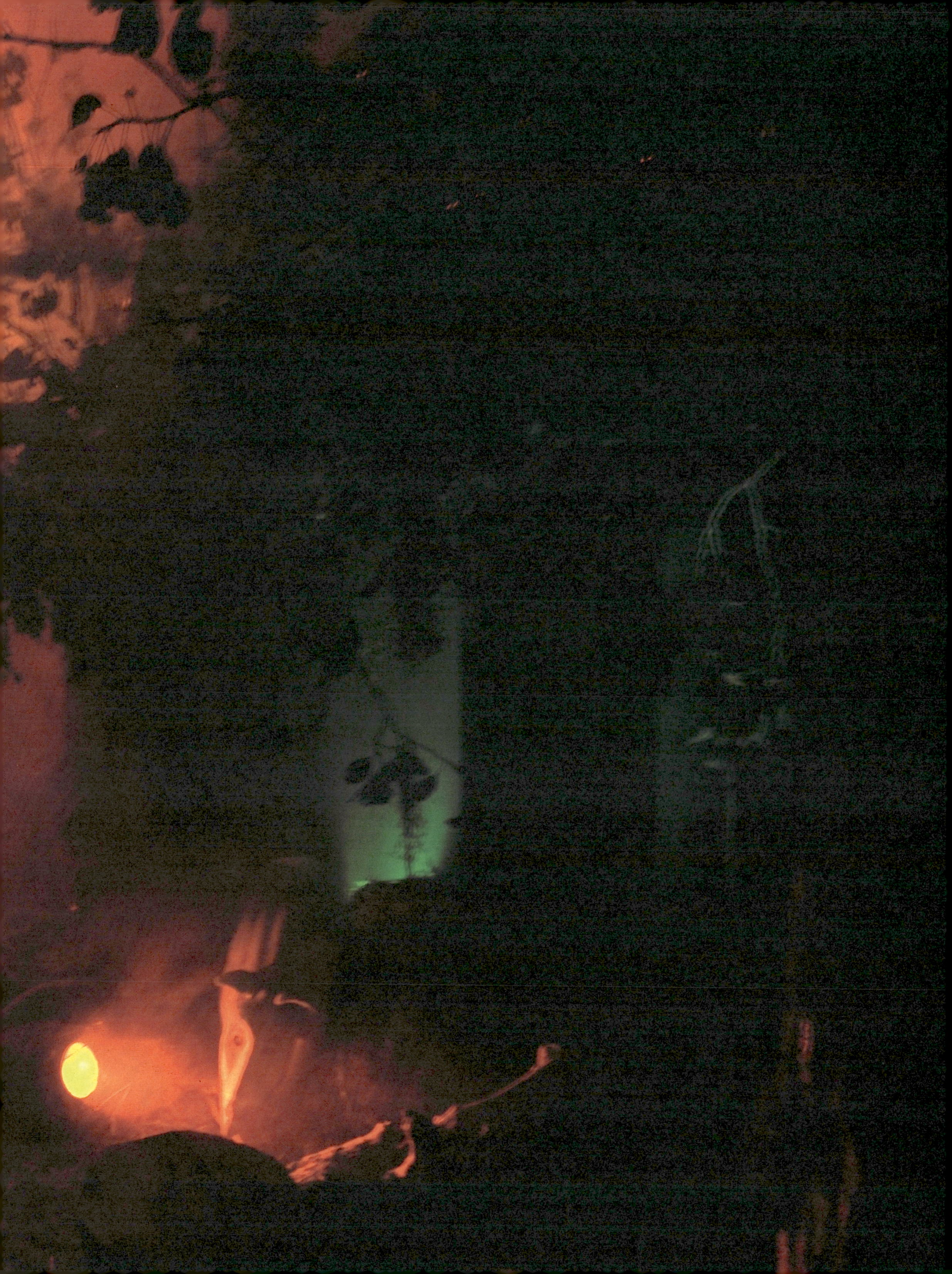

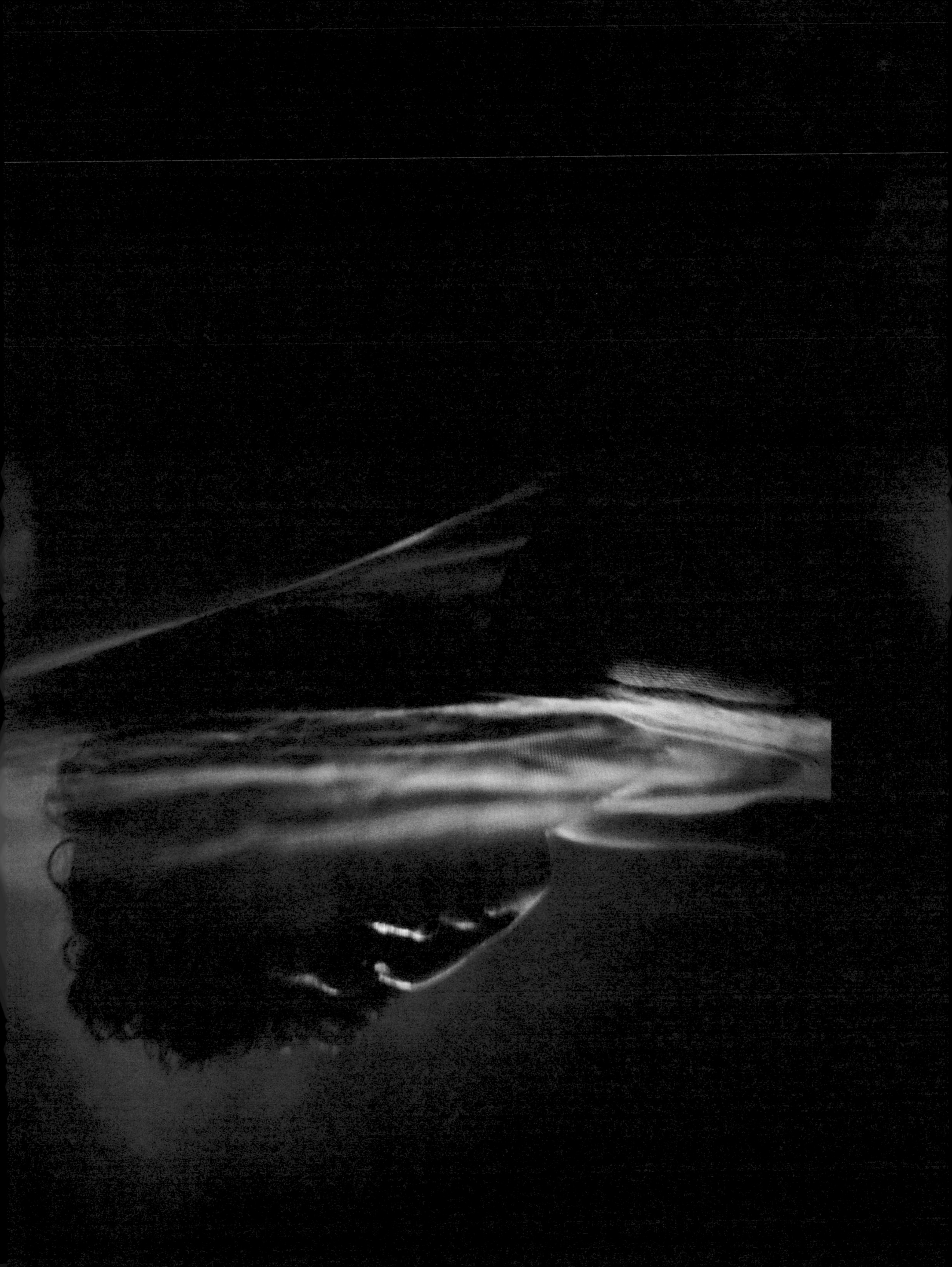

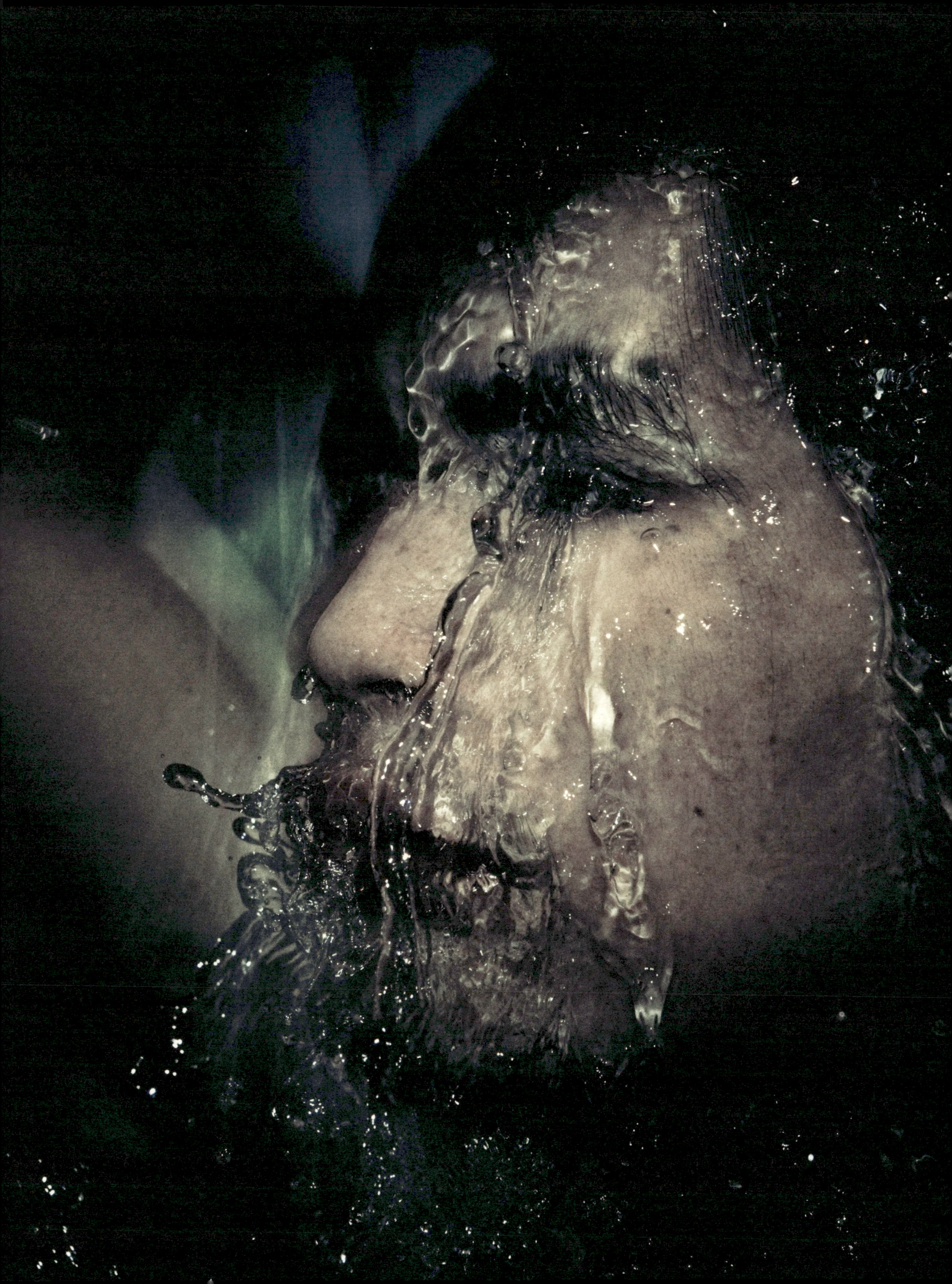

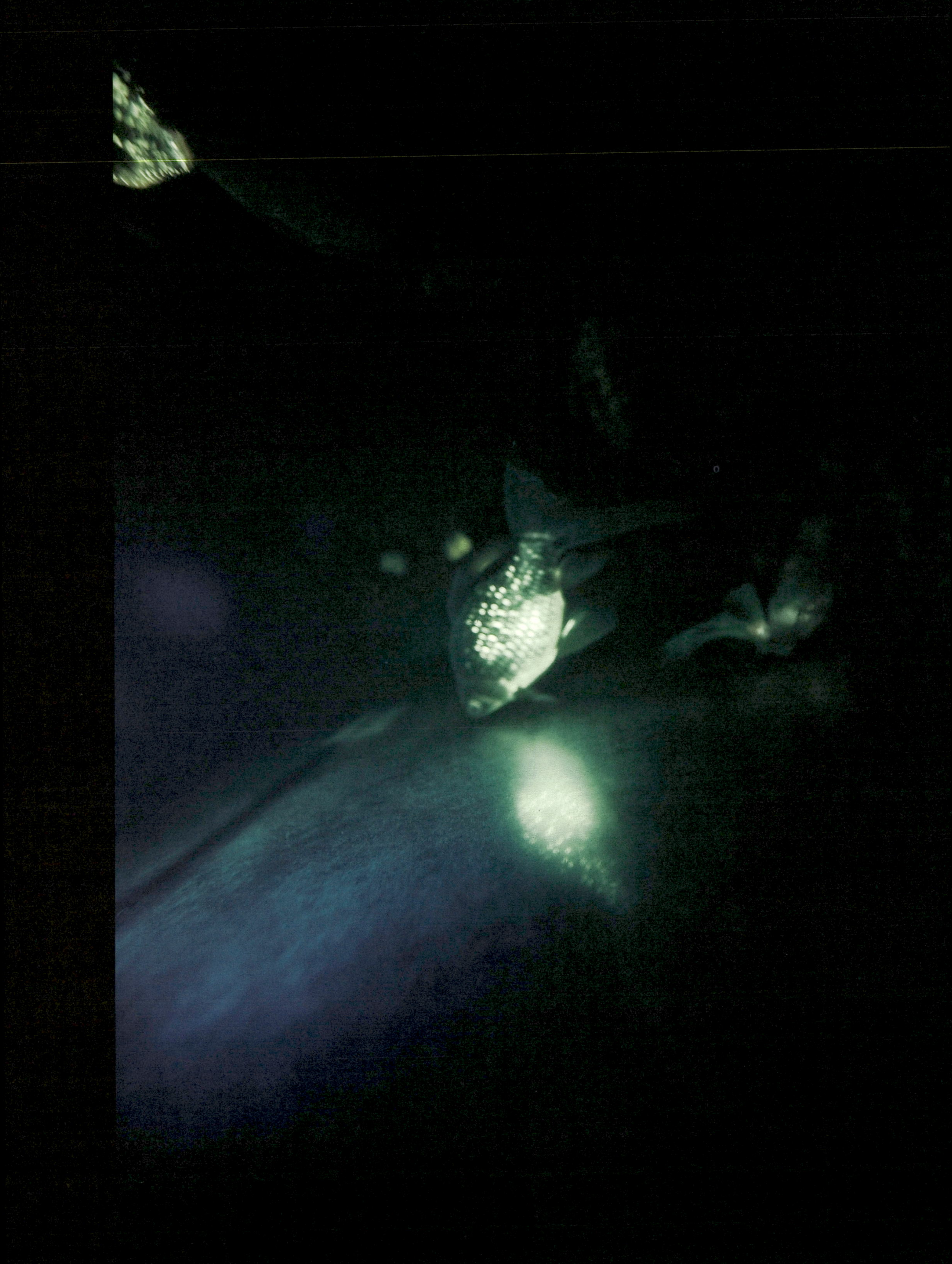

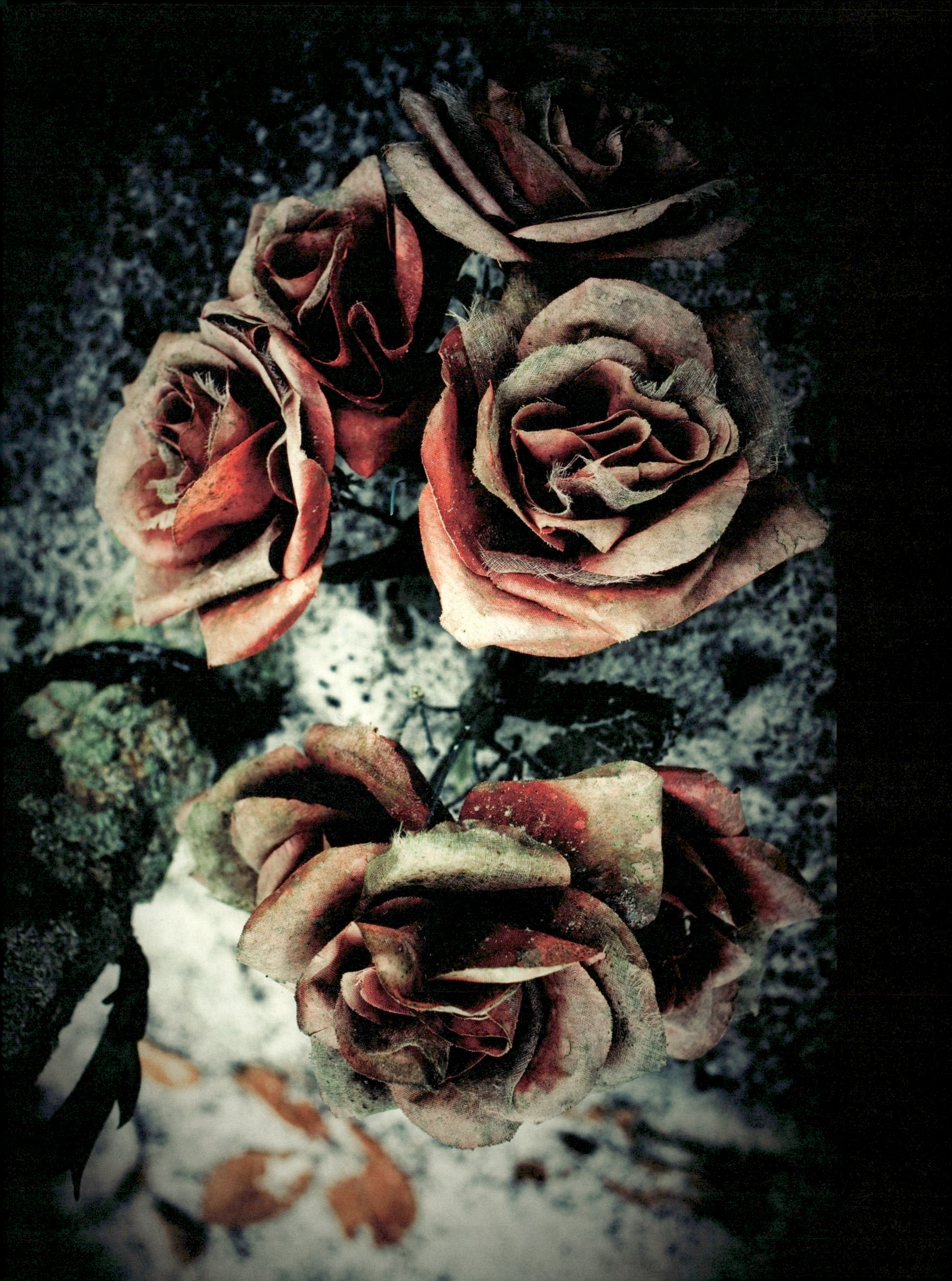

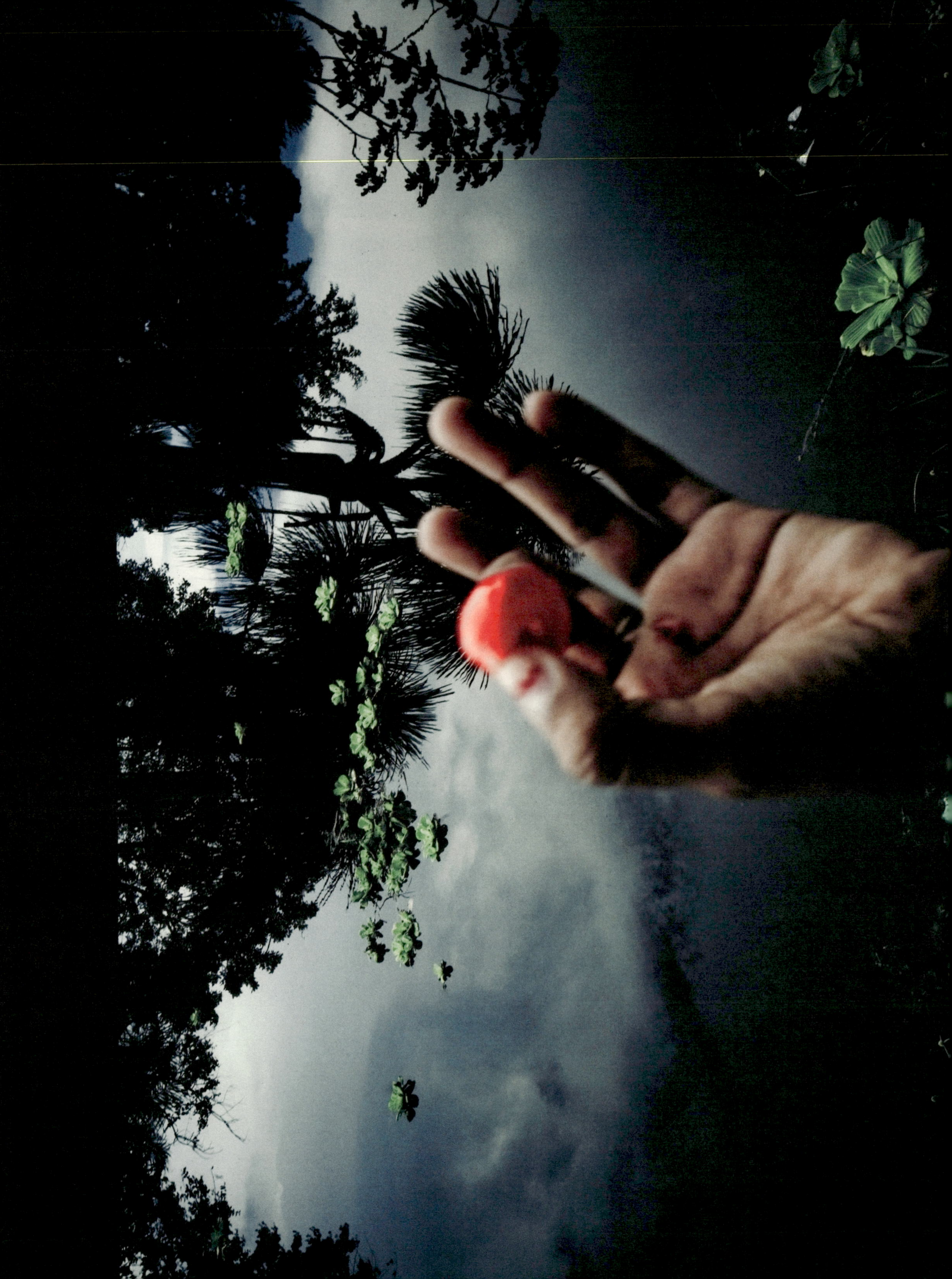

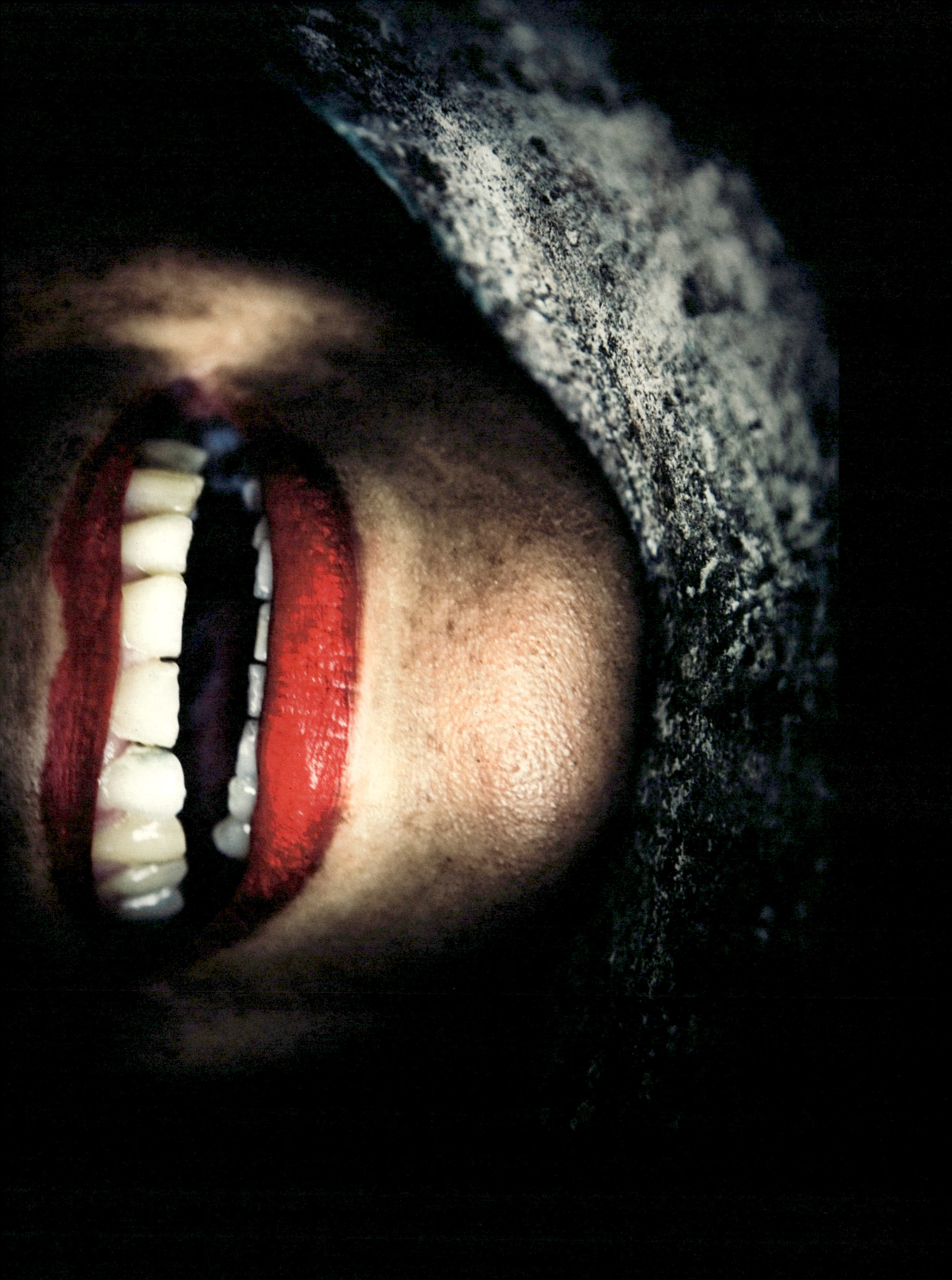

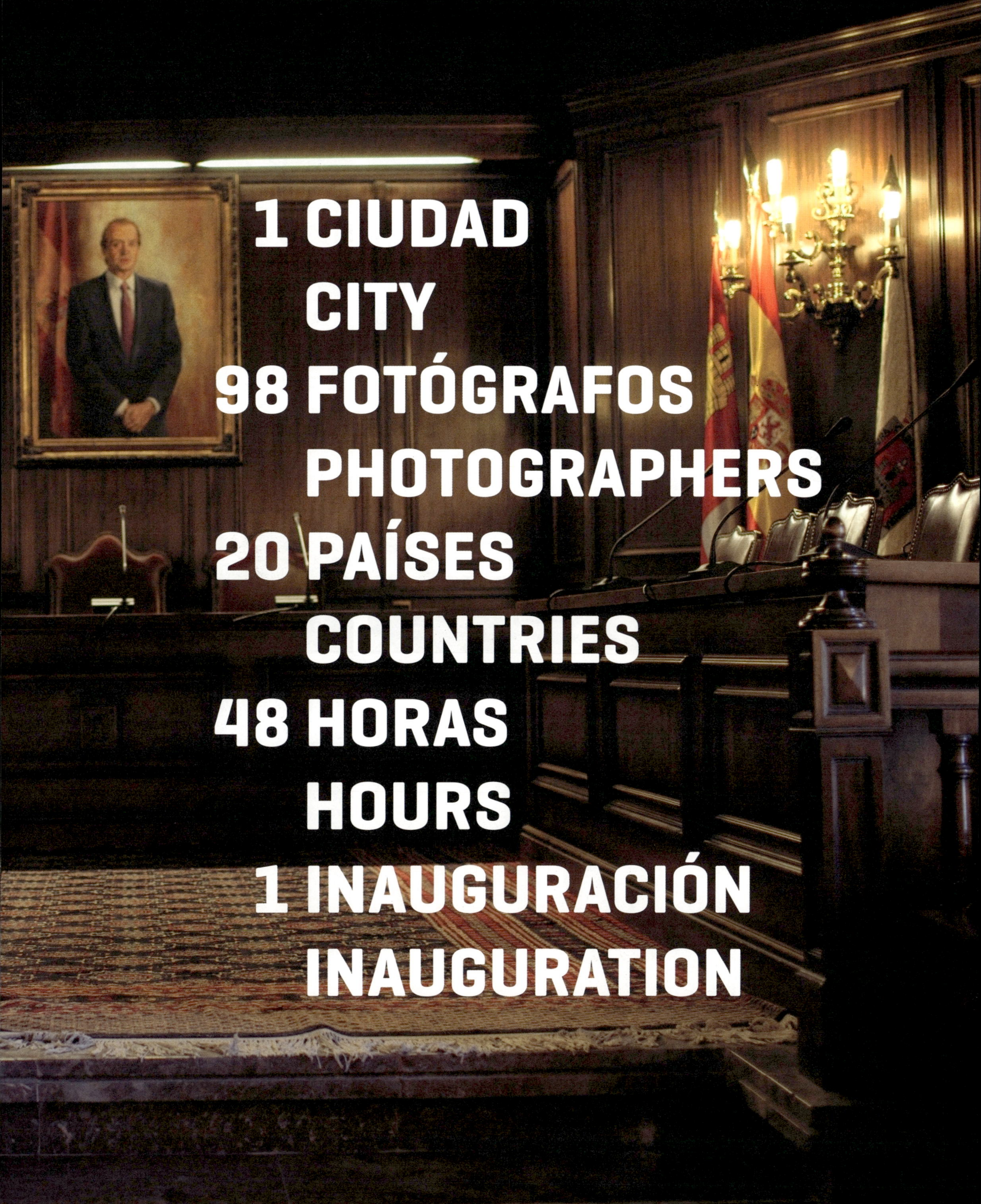

1 CIUDAD
CITY
98 FOTÓGRAFOS
PHOTOGRAPHERS
20 PAÍSES
COUNTRIES
48 HORAS
HOURS
1 INAUGURACIÓN
INAUGURATION

Como actividad práctica de E·CO, los colectivos participantes y los fotógrafos de la ciudad invitados realizaron un ensayo sobre la provincia de Soria. Un "colectivo de colectivos" con un objetivo común: crear una exposición que desde su concepción hasta el resultado final se enmarcara dentro del espíritu del trabajo en equipo. El resultado de este taller se materializó en una exposición que se presentó al público en el Antiguo Banco de España de la ciudad de Soria el 18 de mayo de 2010. Este es el cronograma de la actividad, cuyos resultados presentamos en esta publicación.

16 de mayo

11.15 h.
Inicio del viaje Madrid–Soria.
14.00 h.
Llegada a la ciudad de Soria.
14.30 h.
Recepción en el Ayuntamiento.
16.30 h.
Primera reunión colectiva de trabajo, señalización de rutas y planteamientos generales.
17.35 h.
Salen las primeras ideas.
18.00 h.
Puesta a punto de las cuatro impresoras.
18.30 h.
Captura de las primeras imágenes de la ciudad.
21.00 h.
Primeras pruebas de impresión.
23.00 h.
Primeras pruebas de diseño.
02.00 h.
Fin de la jornada.

17 de mayo

09.00 h.
Salida por la provincia en tres rutas diferentes.
12.30 h.
Primeras aproximaciones museográficas.
14.00 h.
Intervención en las calles de Soria. Ciudadanos y colectivos.
15.30 h.
Edición e impresión de los primeros materiales.
21.30 h.
Llegada de todos los fotógrafos a la sede del Banco de España.
23.00 h.
Edición del material recibido, retoques e impresión.

18 de mayo

01.00 h.
Se empiezan a colgar algunos trabajos.
02.30 h.
Diseño de textos.
06.15 h.
Se sigue imprimiendo y montando.
09.00 h.
Se sigue imprimiendo y montando.
13.45 h.
Está lista la mitad de la exposición.
16.30 h.
Se realiza la última impresión.
19.00 h.
Se cuelga el último trabajo.
19.15 h.
Entra el equipo de limpieza.
20.00 h.
Inauguración.

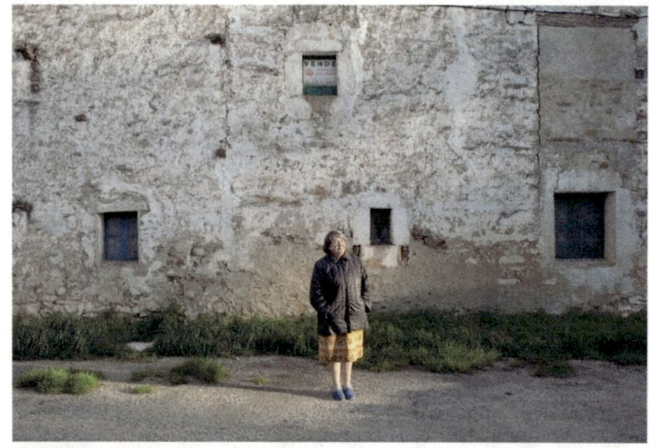

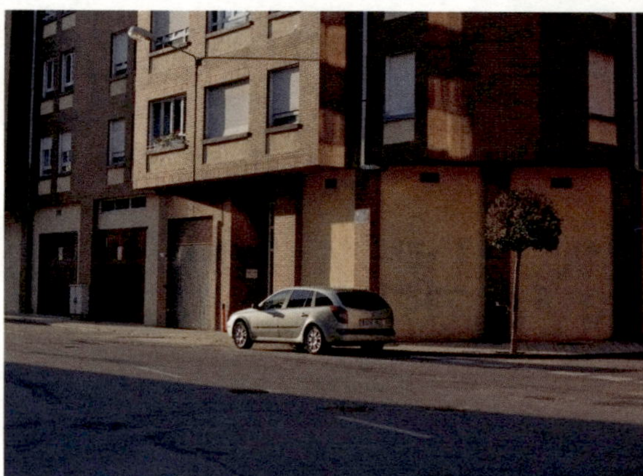

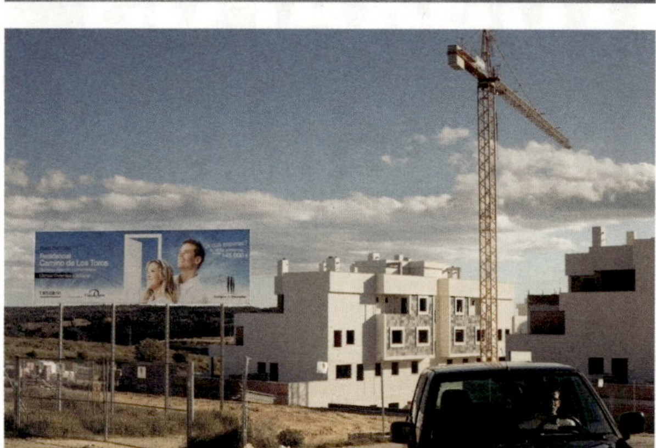

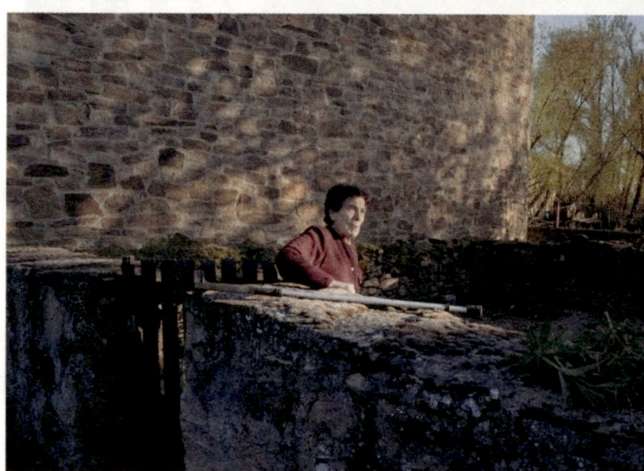

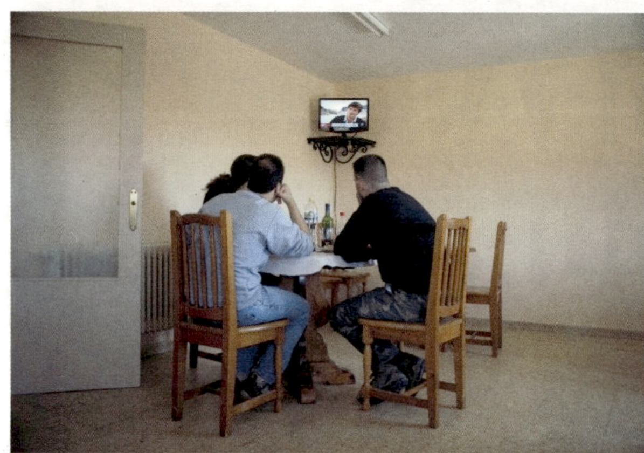

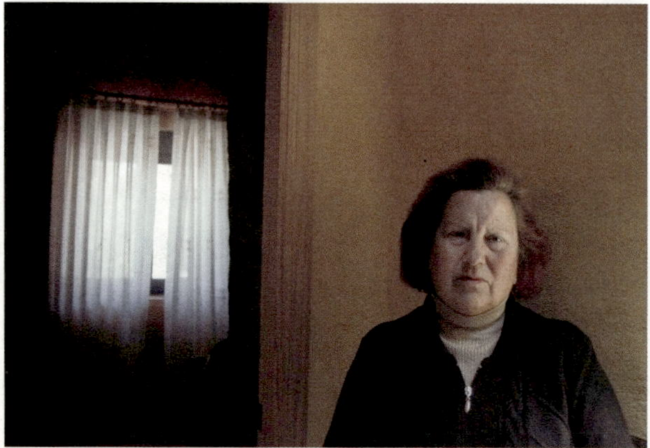

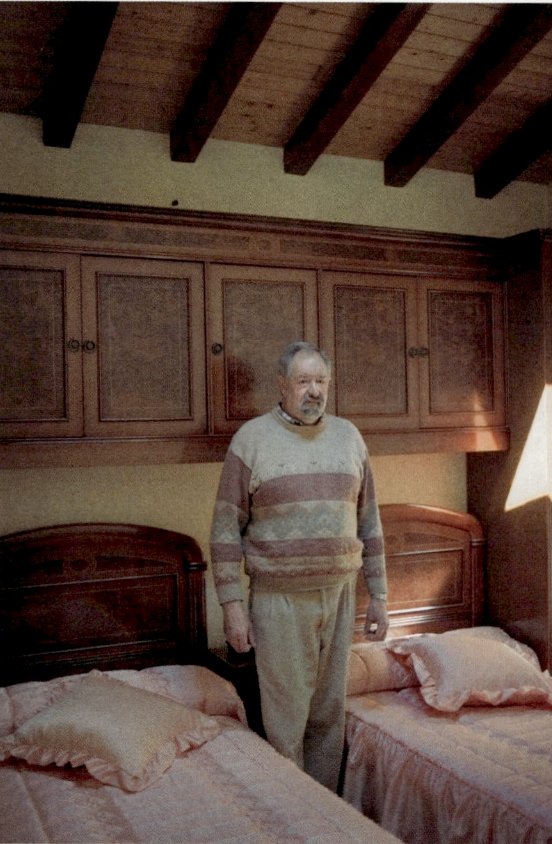

As a practical activity within E·CO, the participating collectives and the guest photographers from the city produced an essay on the province of Soria. A "collective of collectives" with a common objective: to create an exhibition which from its conception to the final results would unfold in a spirit of teamwork. The results of this workshop were exhibited to the public in the former Banco de España building in the city of Soria on 18 May 2010. The schedule of activities, whose results are presented in this publication, was as follows:

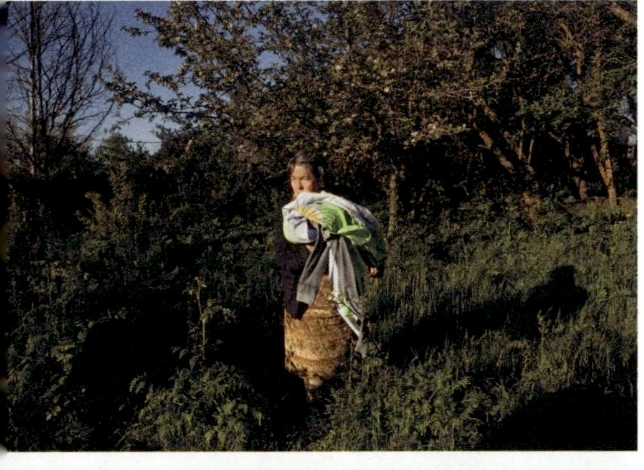

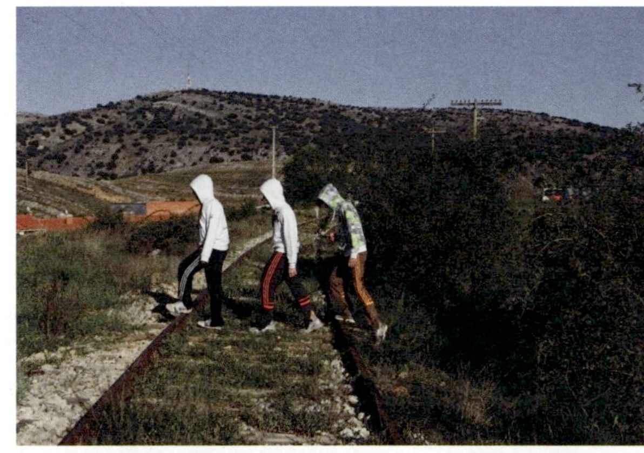

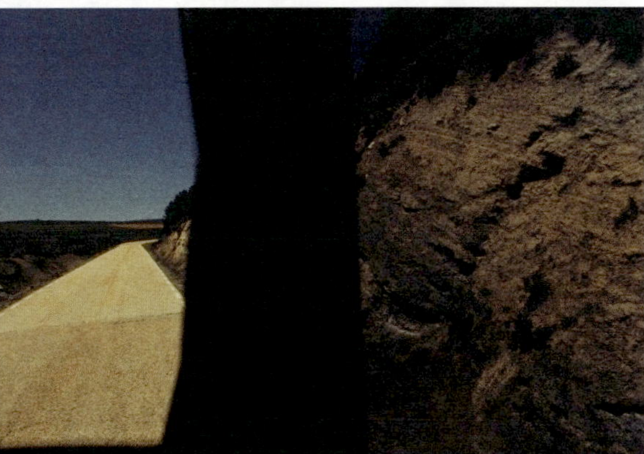

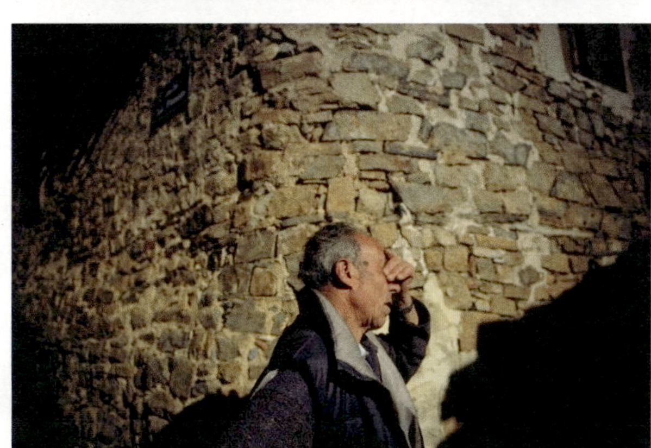

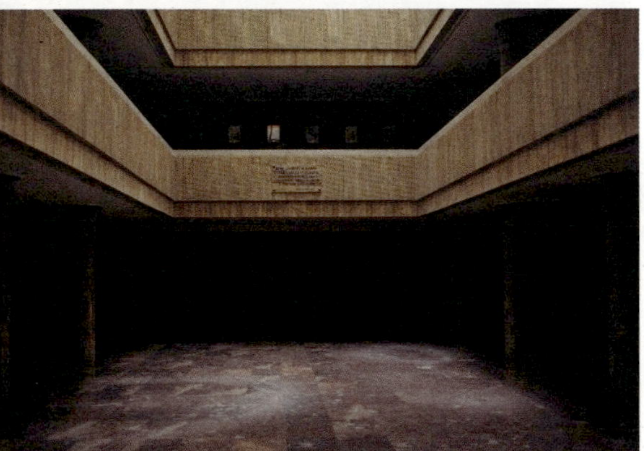

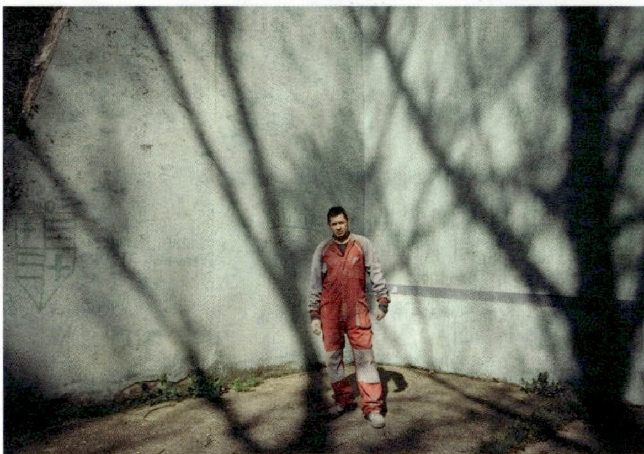

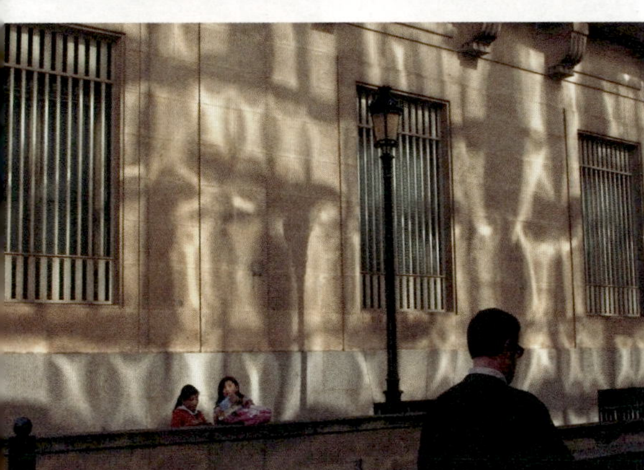

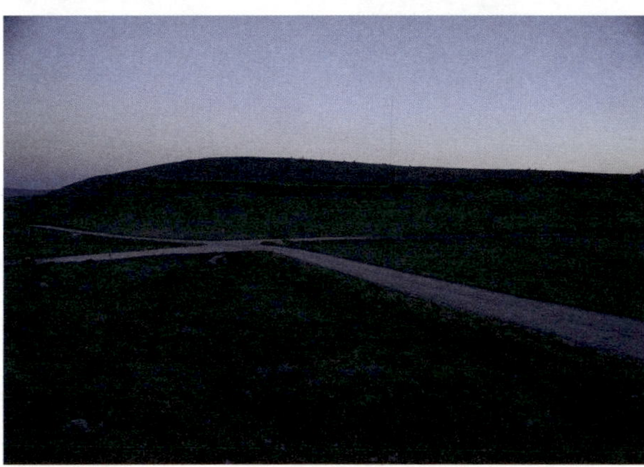

May 16

11:15 hrs
Departure from Madrid.
14:00 hrs
Arrival in the city of Soria.
14:30 hrs
Reception in the Town Hall.
16:30 hrs
First collective work meeting; determination of routes and general planning.
17:35 hrs
First ideas conceived.
18:00 hrs
Four printers set up.
18:30 hrs
First images of the city captured.
21:00 hrs
First print proofs.
23:00 hrs
First design proofs.
02:00 hrs
Work day ends.

May 17

09:00 hrs
Departure into the province on three different routes.
12:30 hrs
First museographical conceptions.
14:00 hrs
Intervention in the streets of Soria. Citizens and collectives.
15:30 hrs
Editing and printing of first materials.
21:30 hrs
Arrival of all of the photographers at the Banco de España building.
23:00 hrs
Editing of material received, retouching, and printing.

May 18

01:00 hrs
First works hung.
02:30 hrs
Design of texts.
06:15 hrs
Printing and set-up continues.
09:00 hrs
Printing and set-up continues.
13:45 hrs
First half of the exhibition ready.
16:30 hrs
Last printing.
19:00 hrs
Last work hung.
19:15 hrs
Arrival of clean-up team.
20:00 hrs
Inauguration.

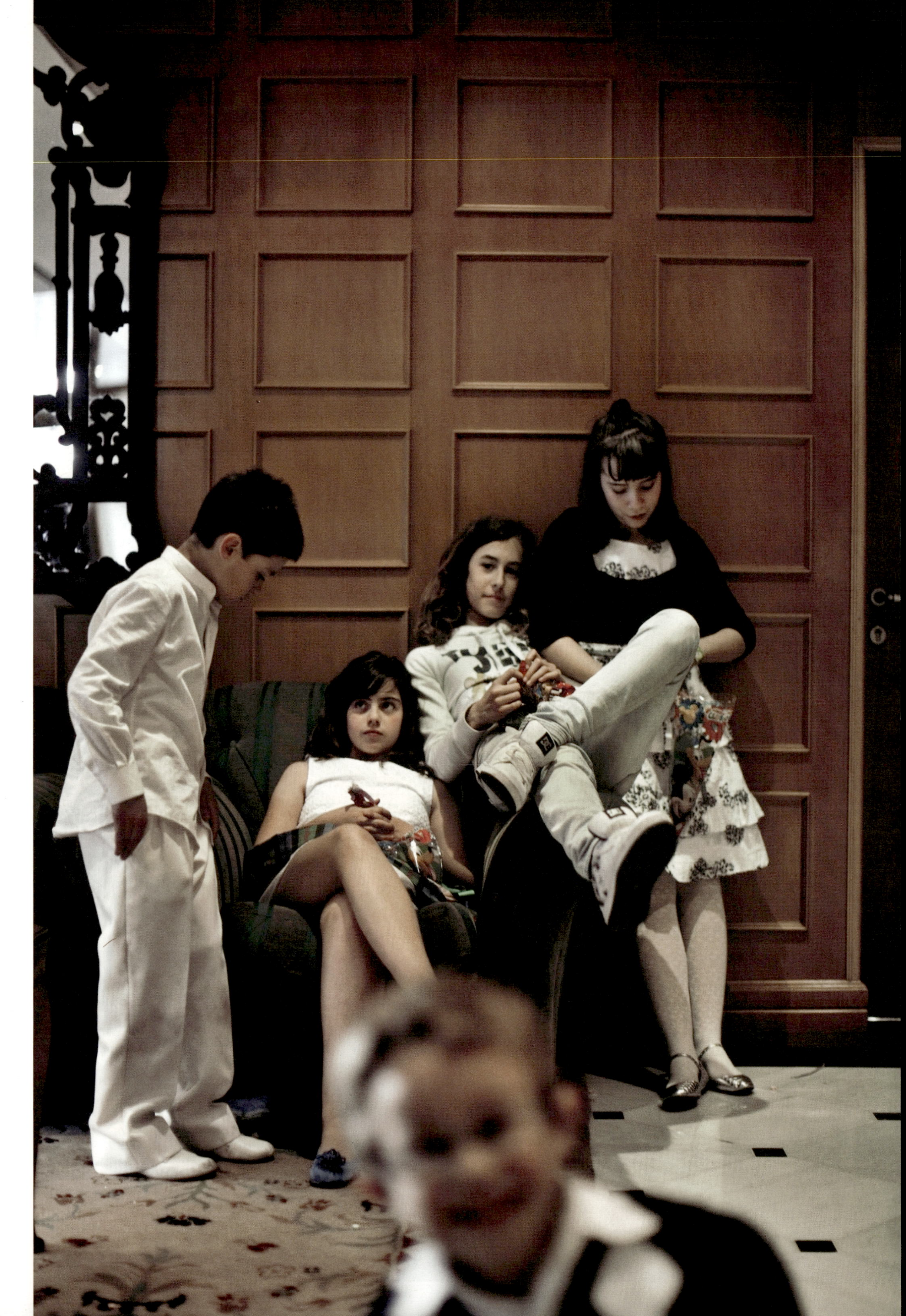

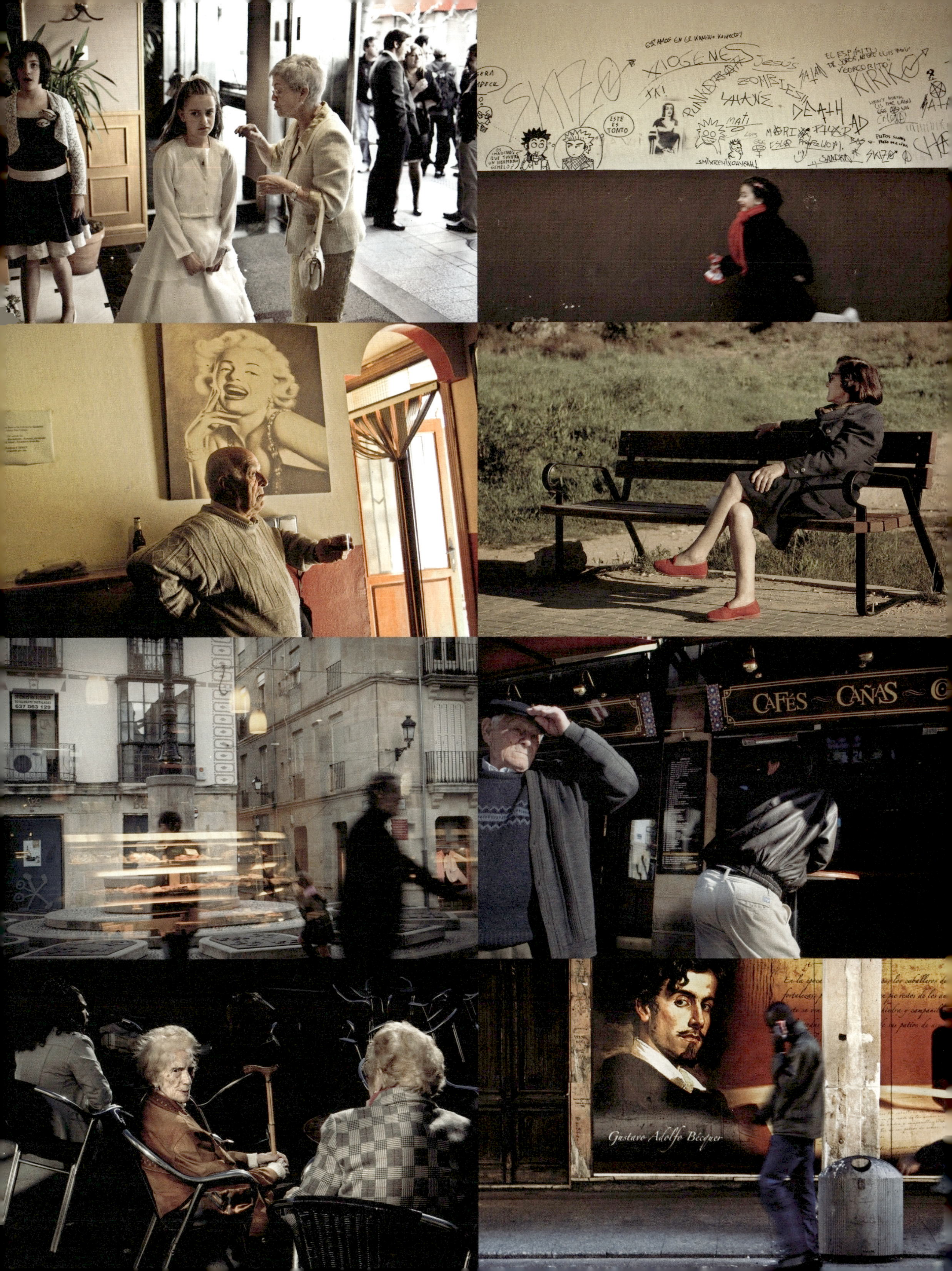
CAFÉS ~ CAÑAS ~
Gustavo Adolfo Bécquer

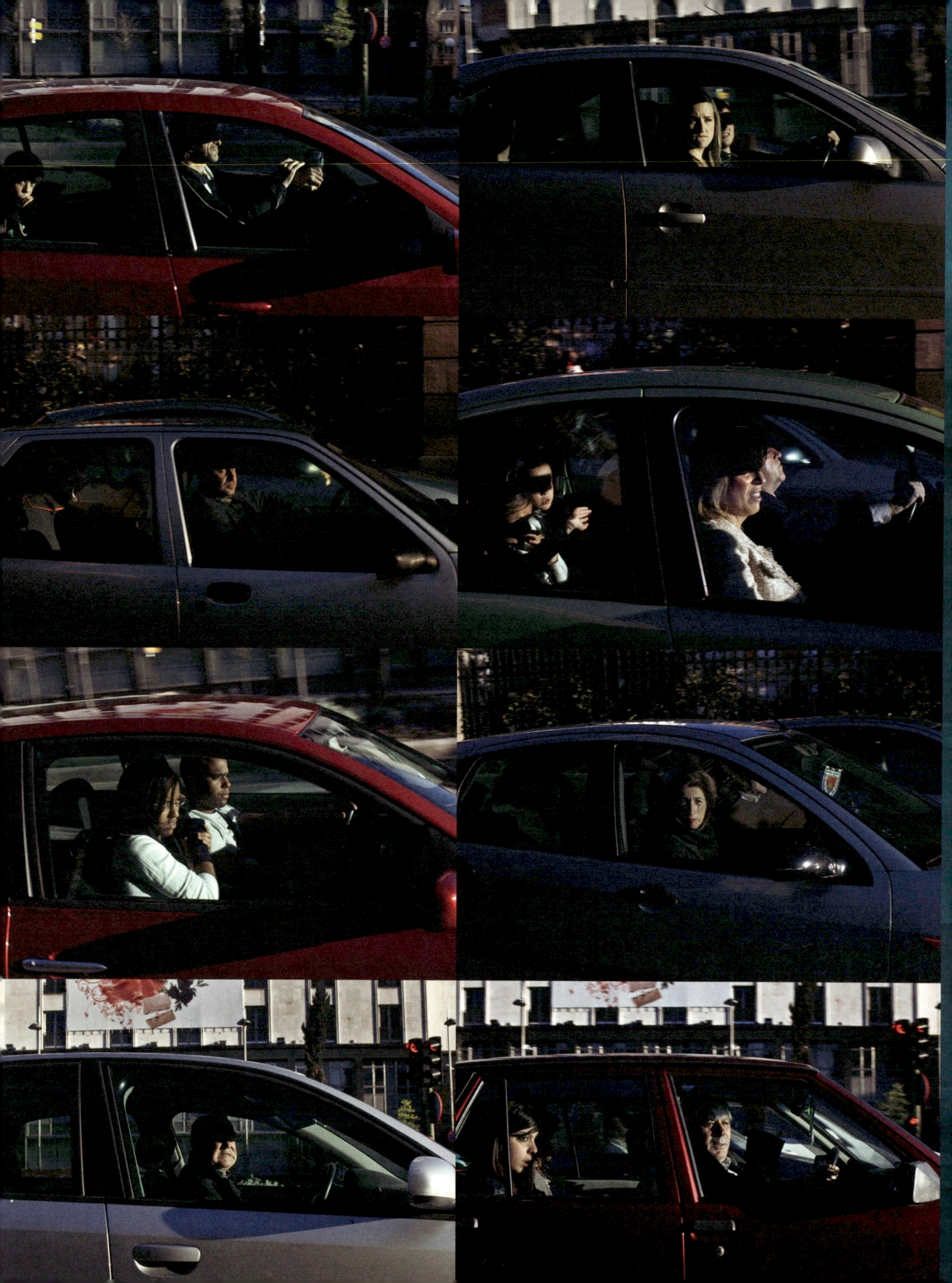

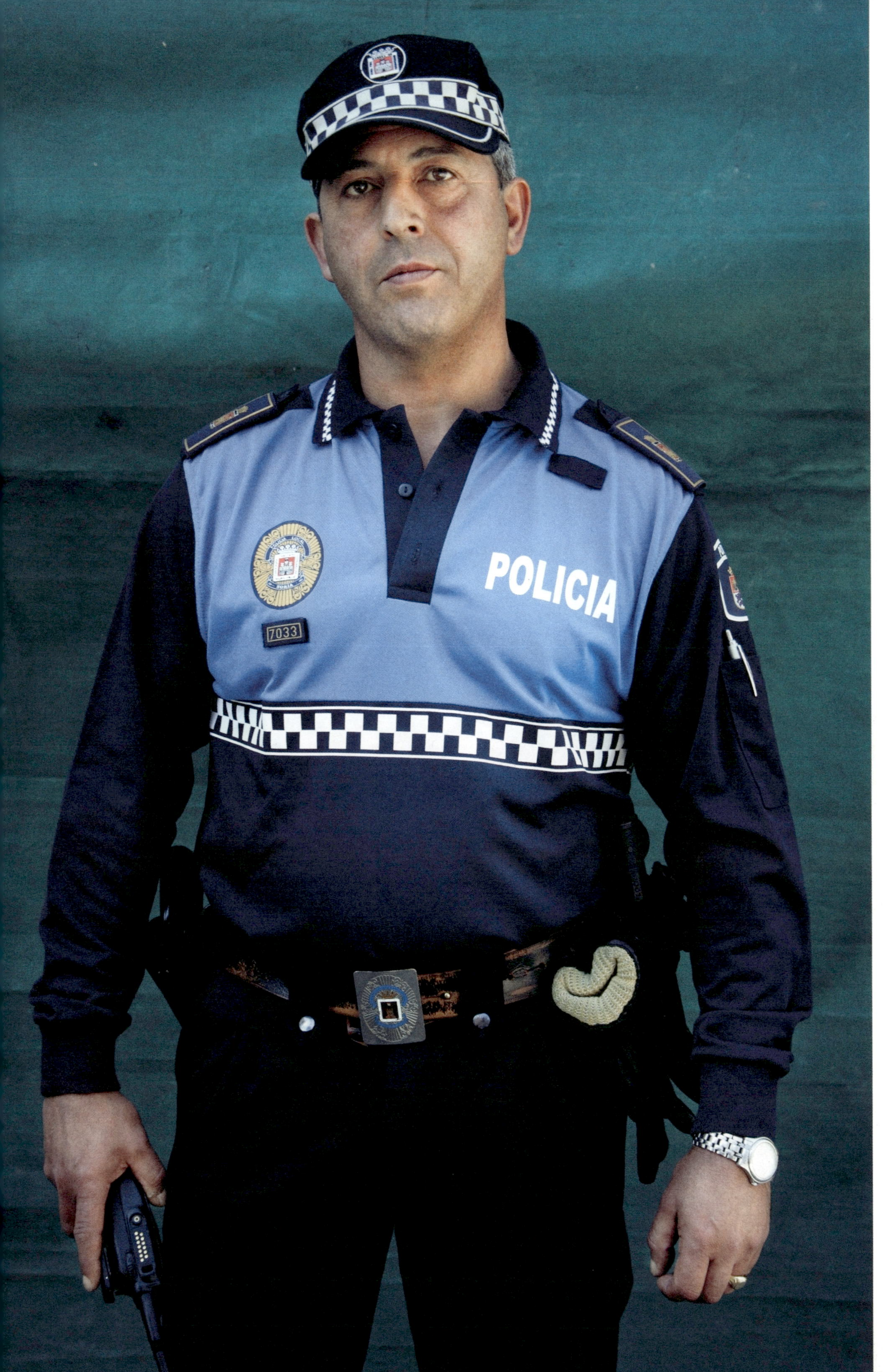
POLICIA
7033

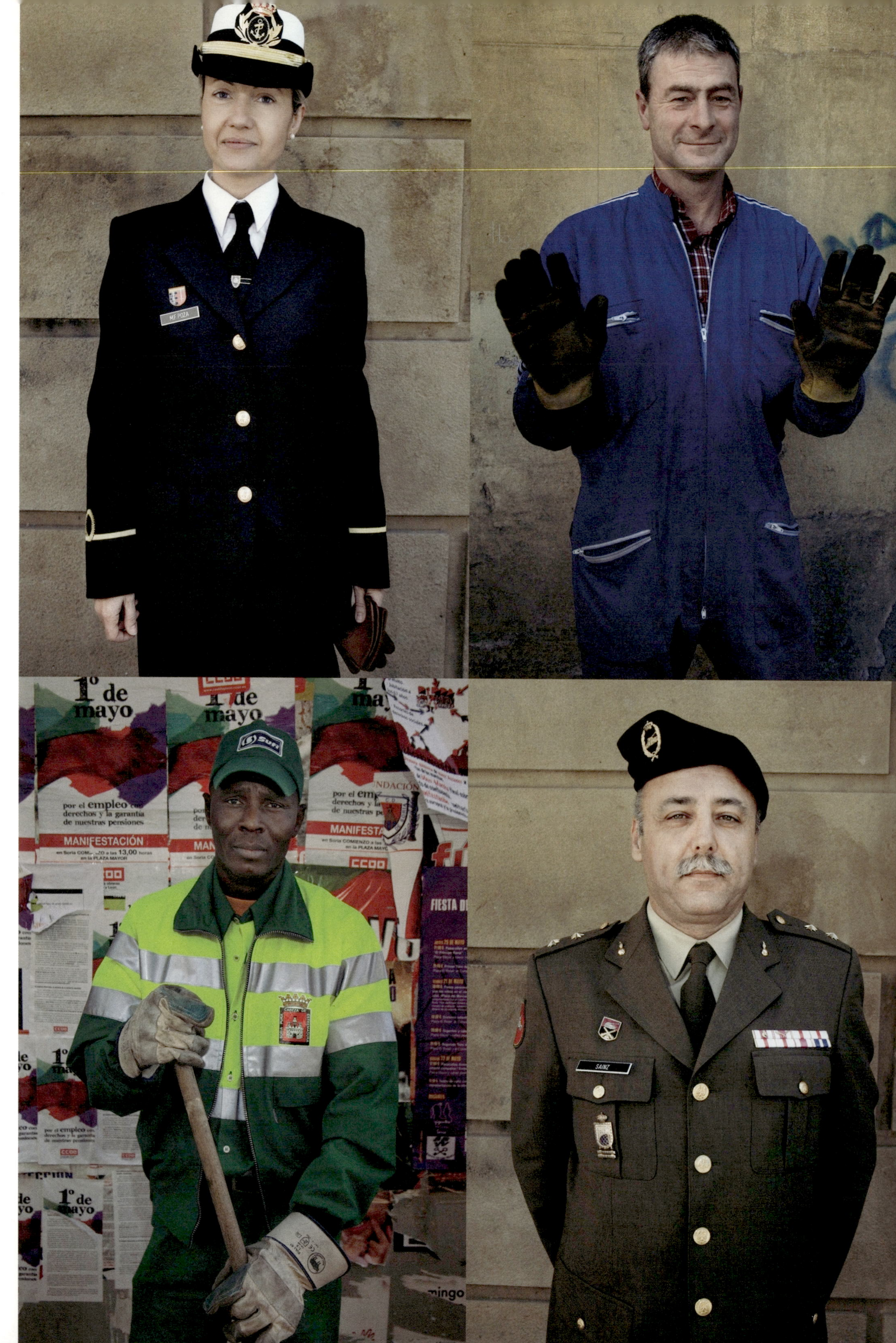

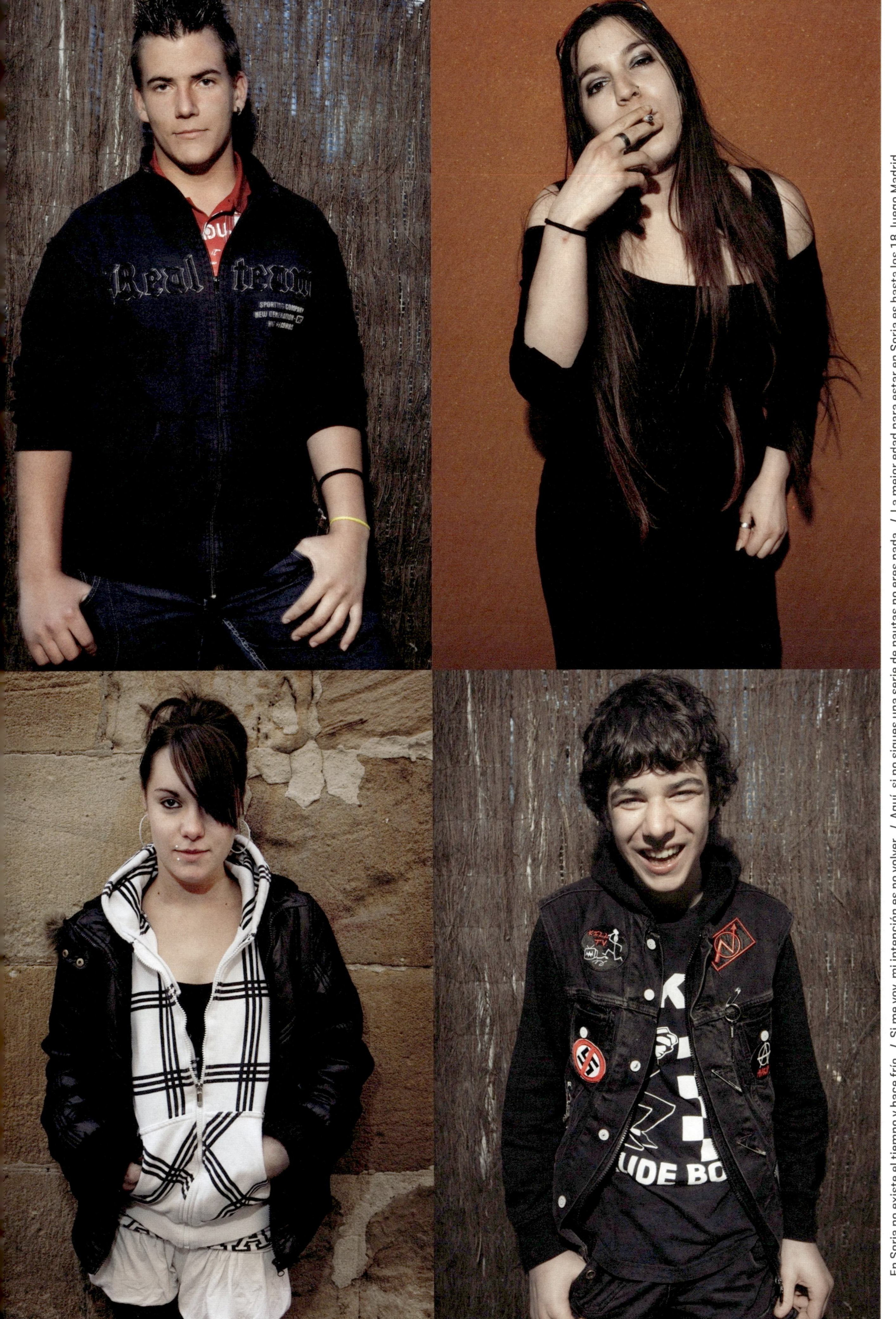

En Soria no existe el tiempo y hace frío. / Si me voy, mi intención es no volver. / Aquí, si no sigues una serie de pautas no eres nada. / La mejor edad para estar en Soria es hasta los 18, luego Madrid.
In Soria time does not exist and it's cold. / If I leave, I'll never come back. / Here, if you don't follow a certain pattern, you're nothing. / The best age to be in Soria is until eighteen, then Madrid.

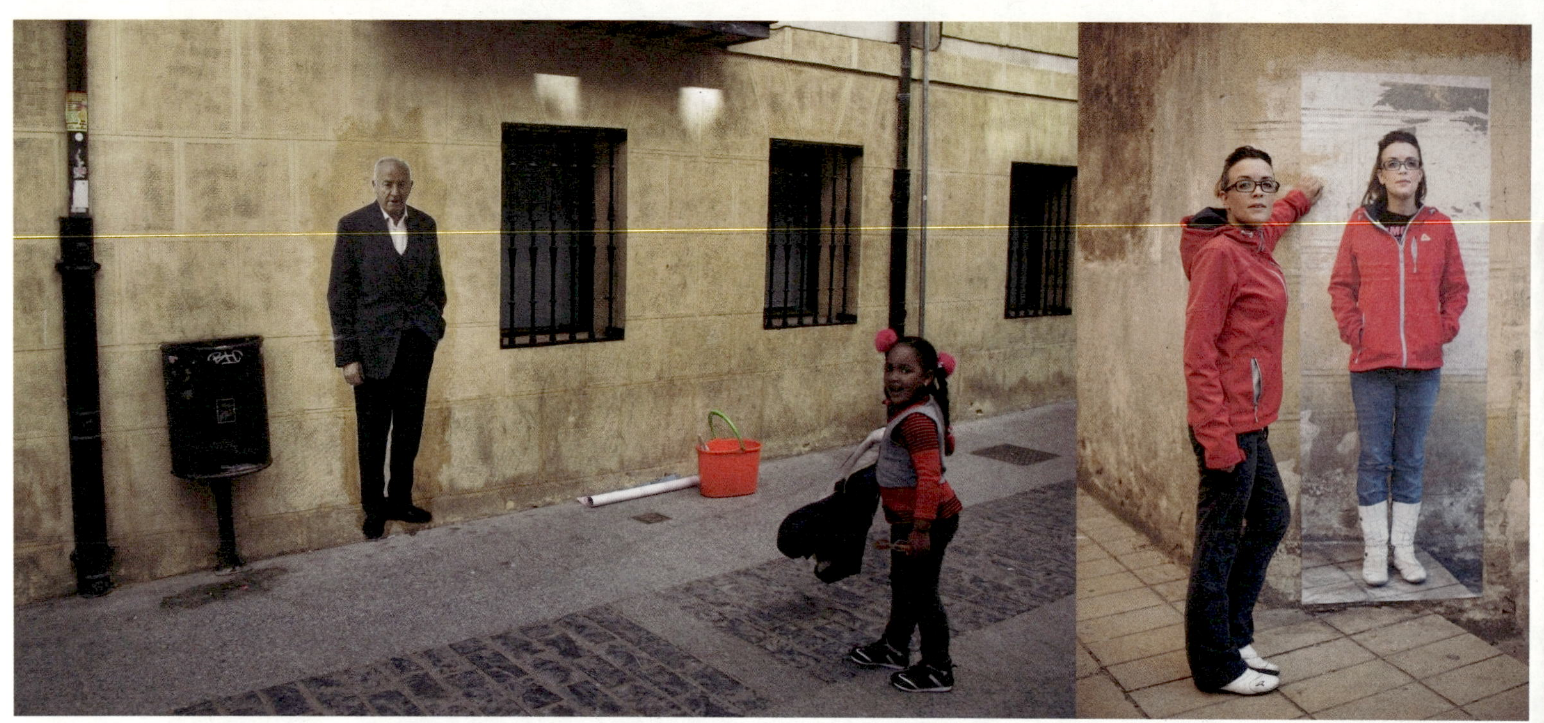

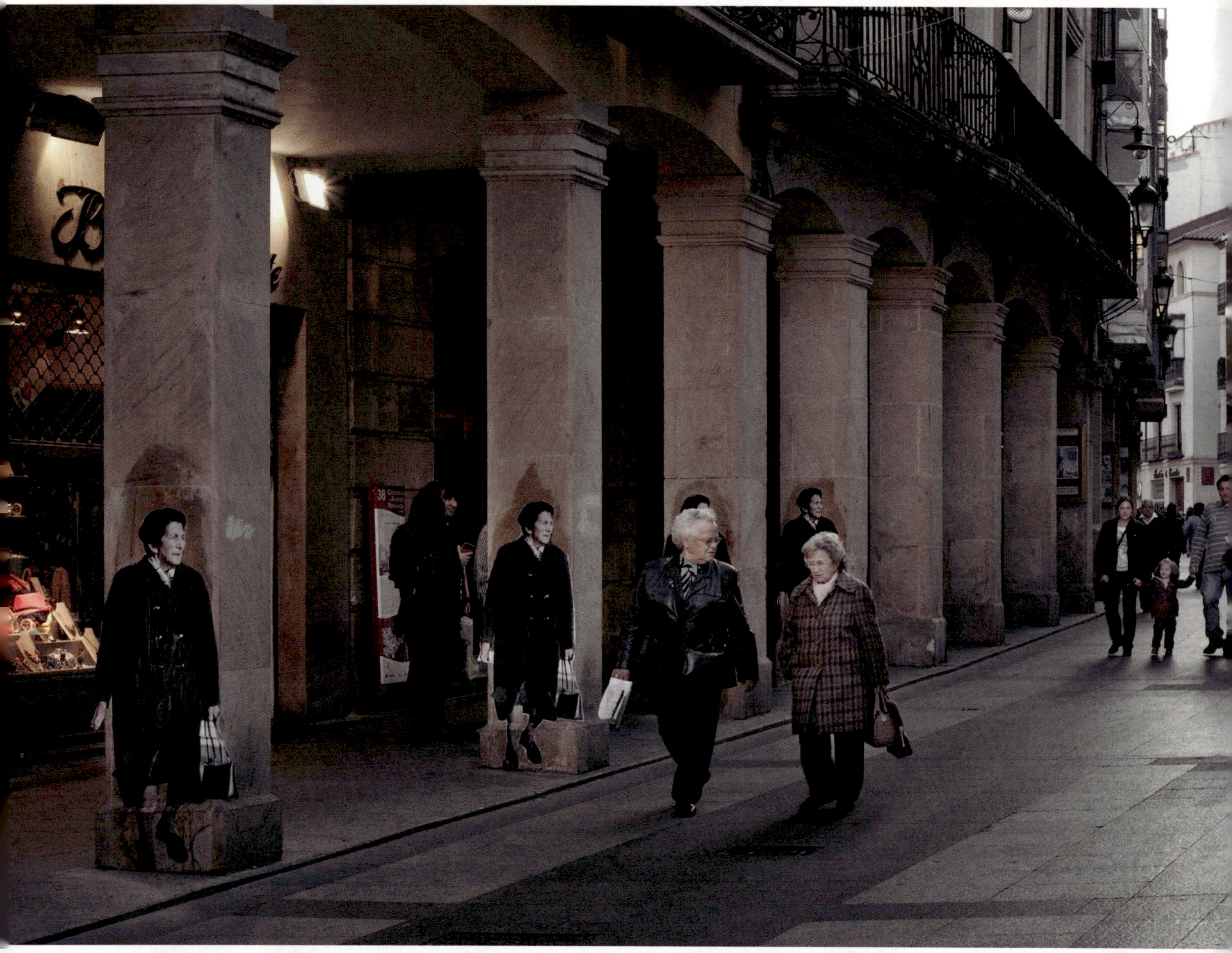

El experimento alfa-Saturio. Según documentos recientemente desclasificados, alfa-Saturio constituyó la primera fase de un proyecto secreto de clonación de la población de Soria.
El experimento tuvo como ambicioso objetivo el incremento del peso demográfico de esta provincia en la España del futuro.

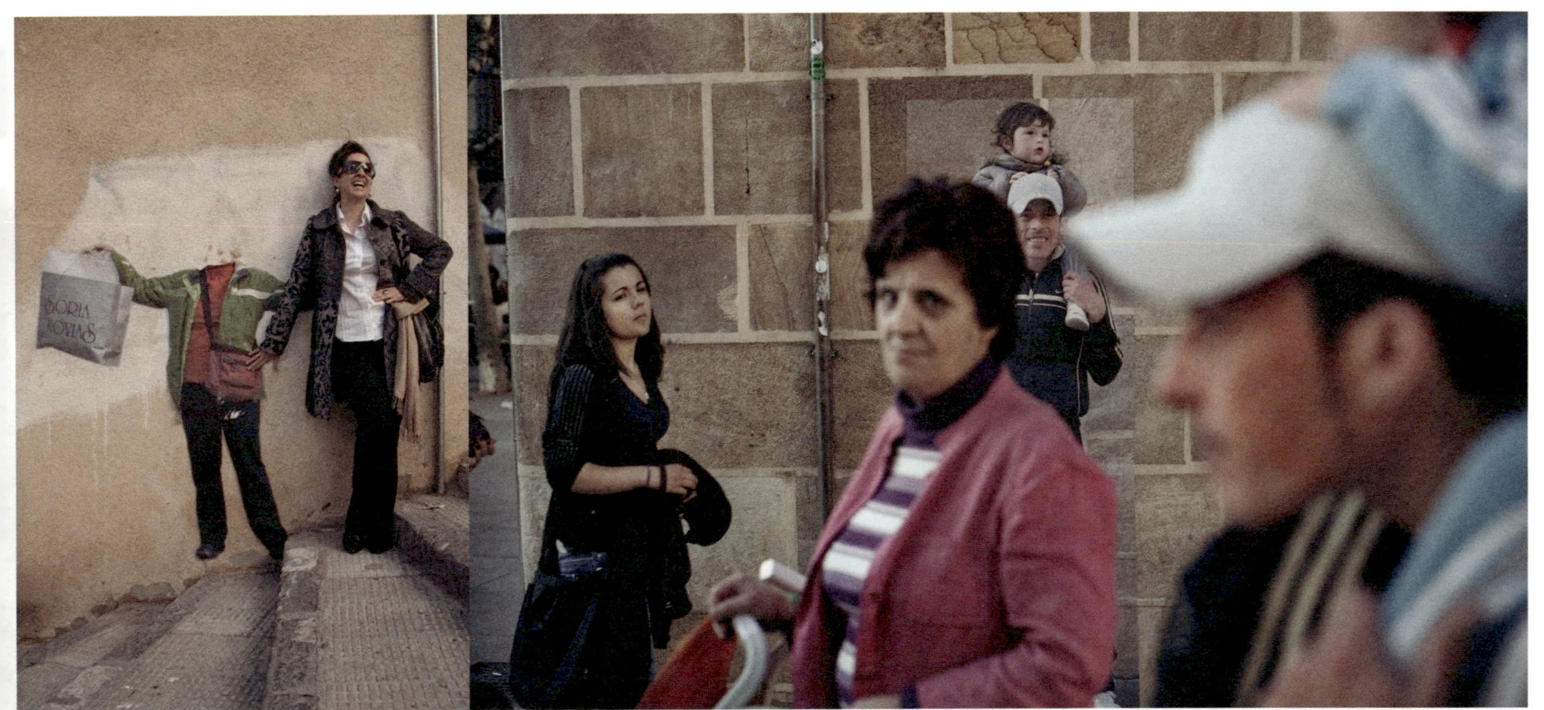

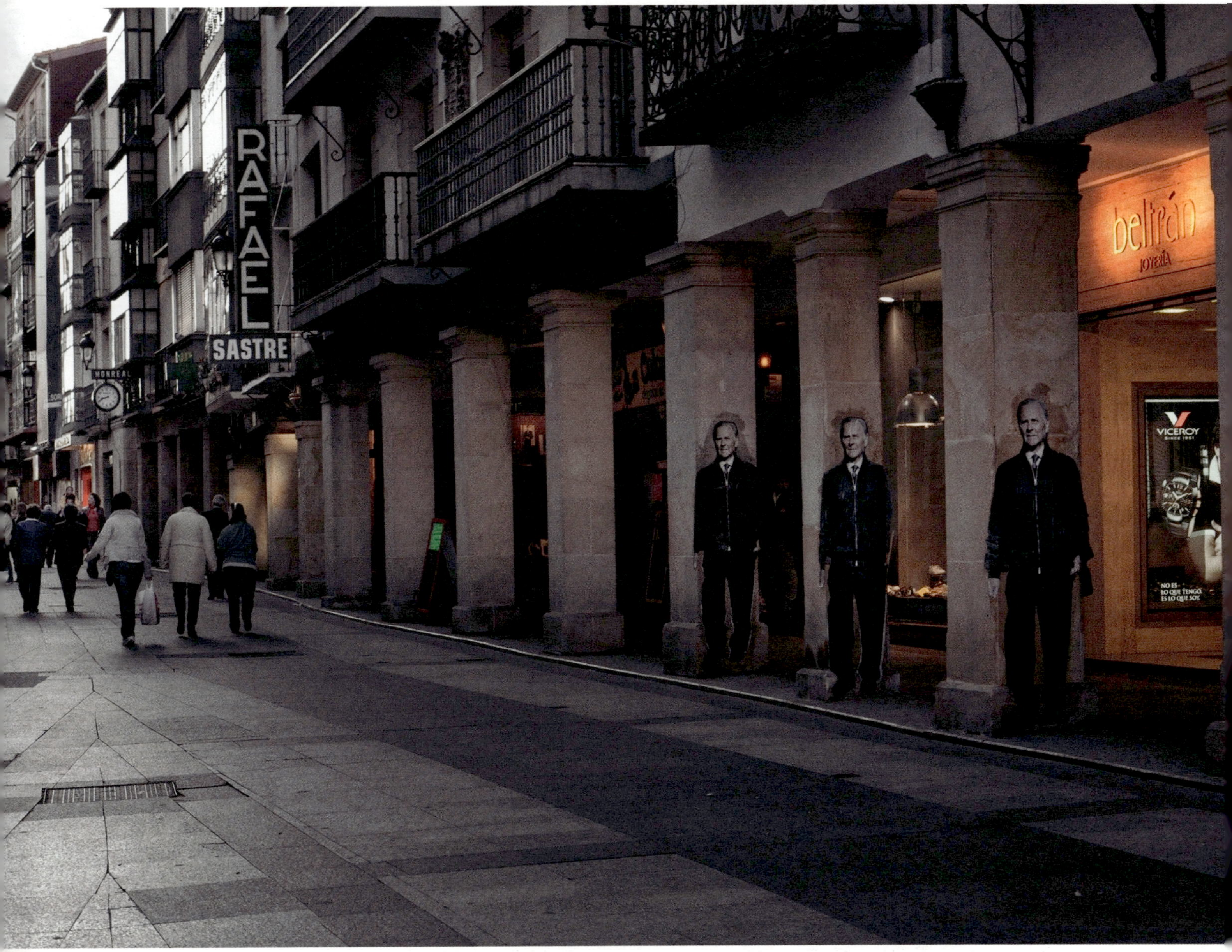

The Alpha-Saturnian experiment. According to recently declassified documents, Alpha-Saturnian constituted the first phase of a secret project to clone the residents of Soria.
The experiment had the ambitious aim of increasing the demographic weight of this province of Spain in the future.

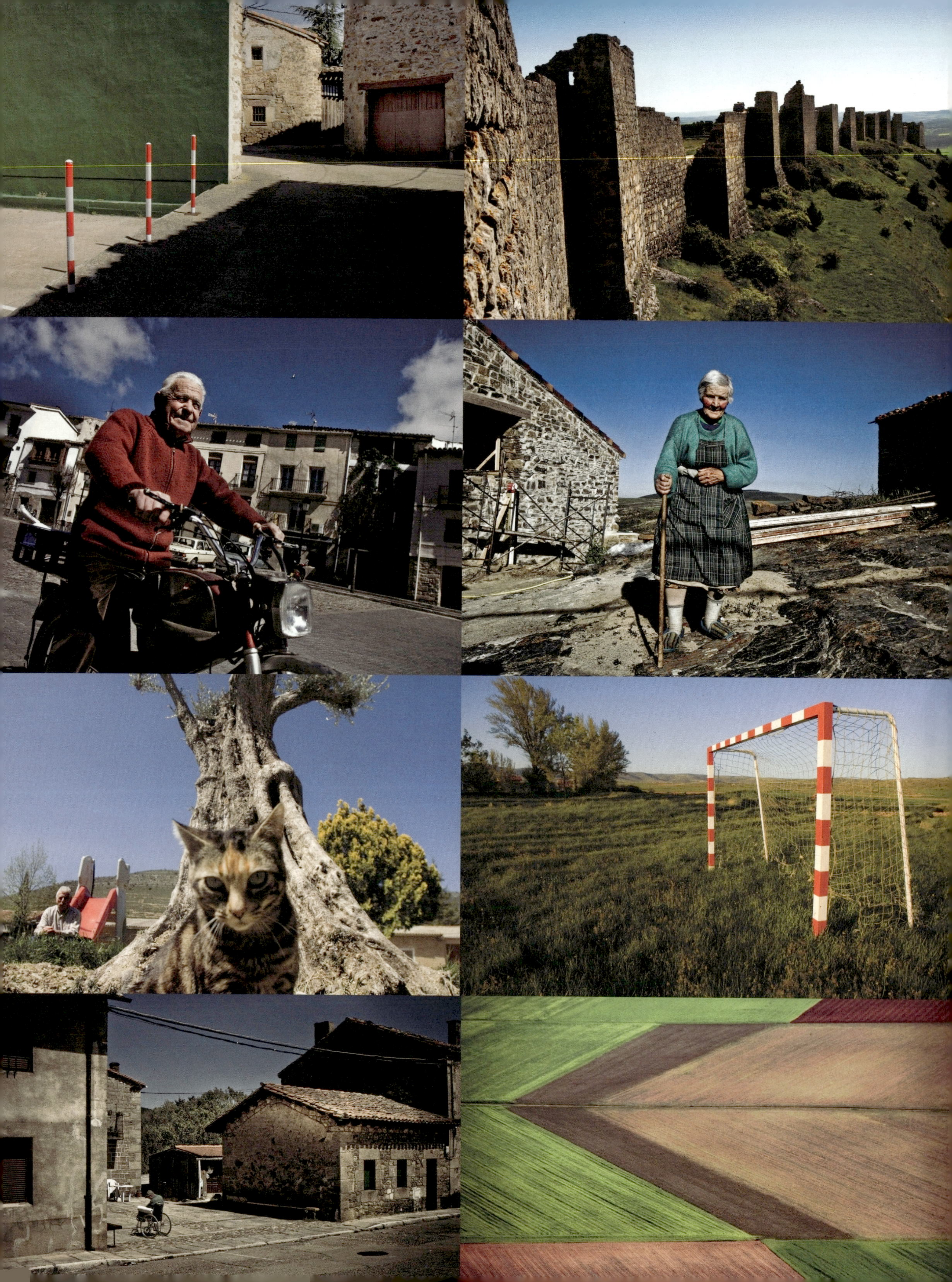

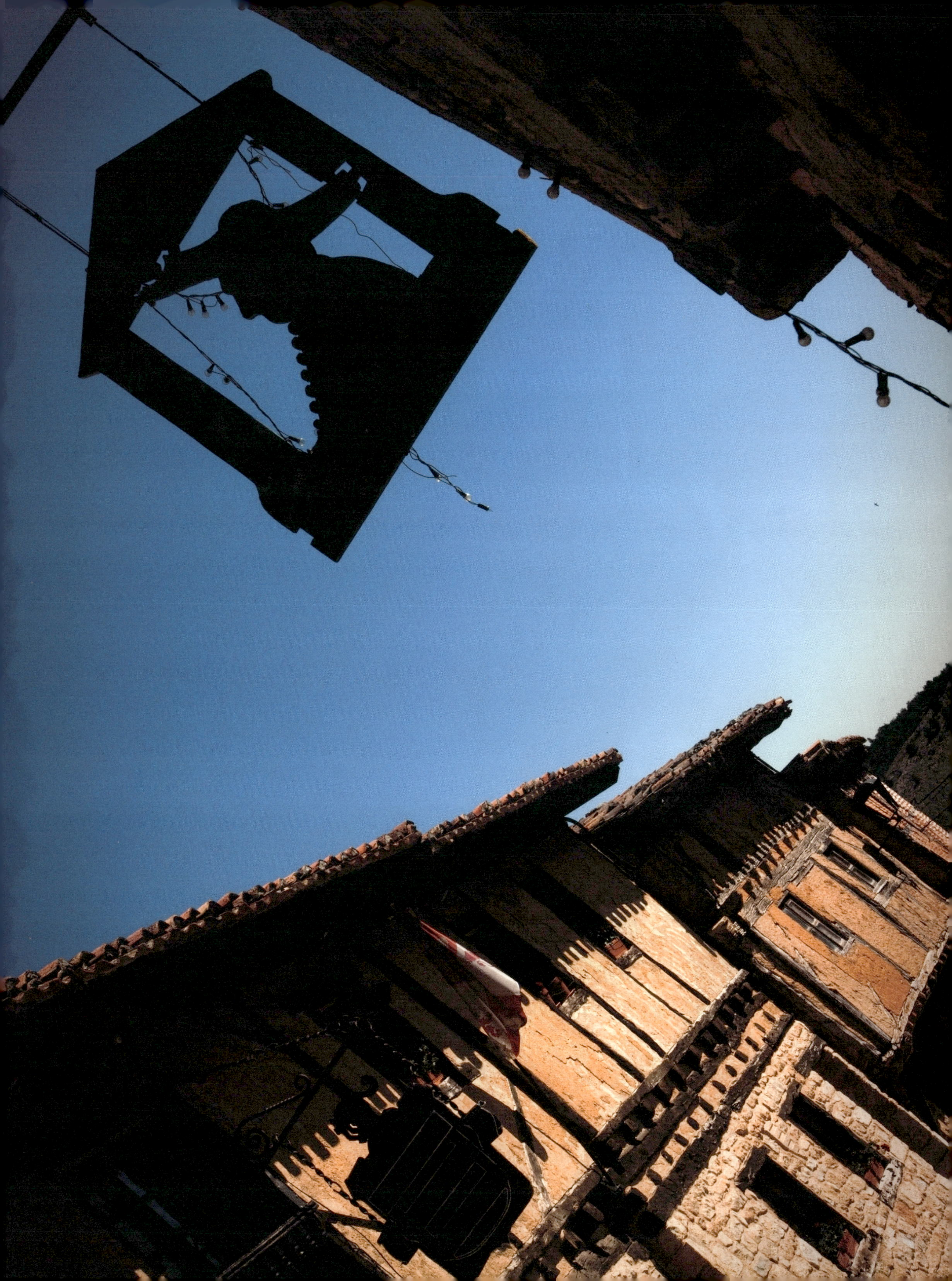

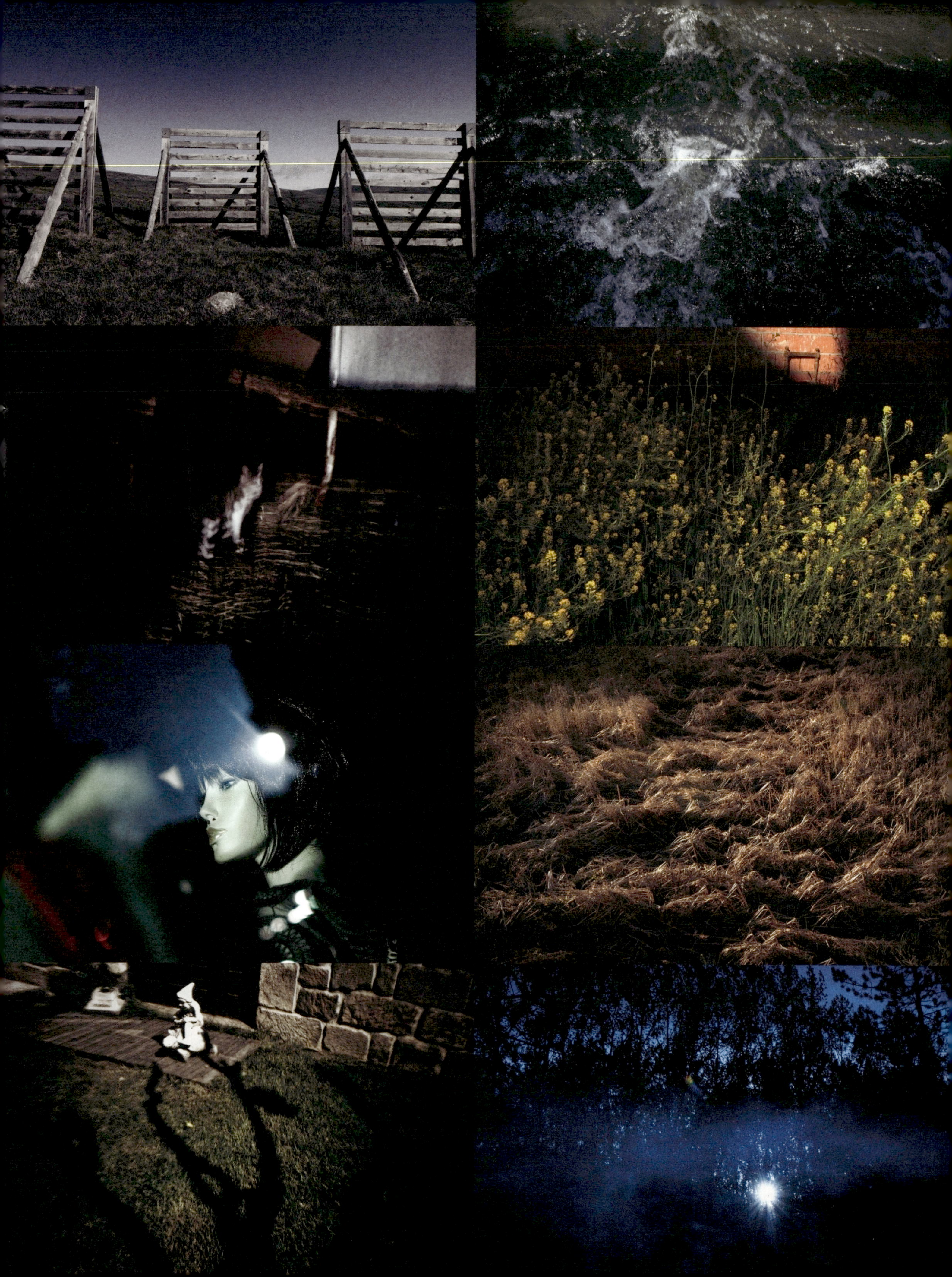

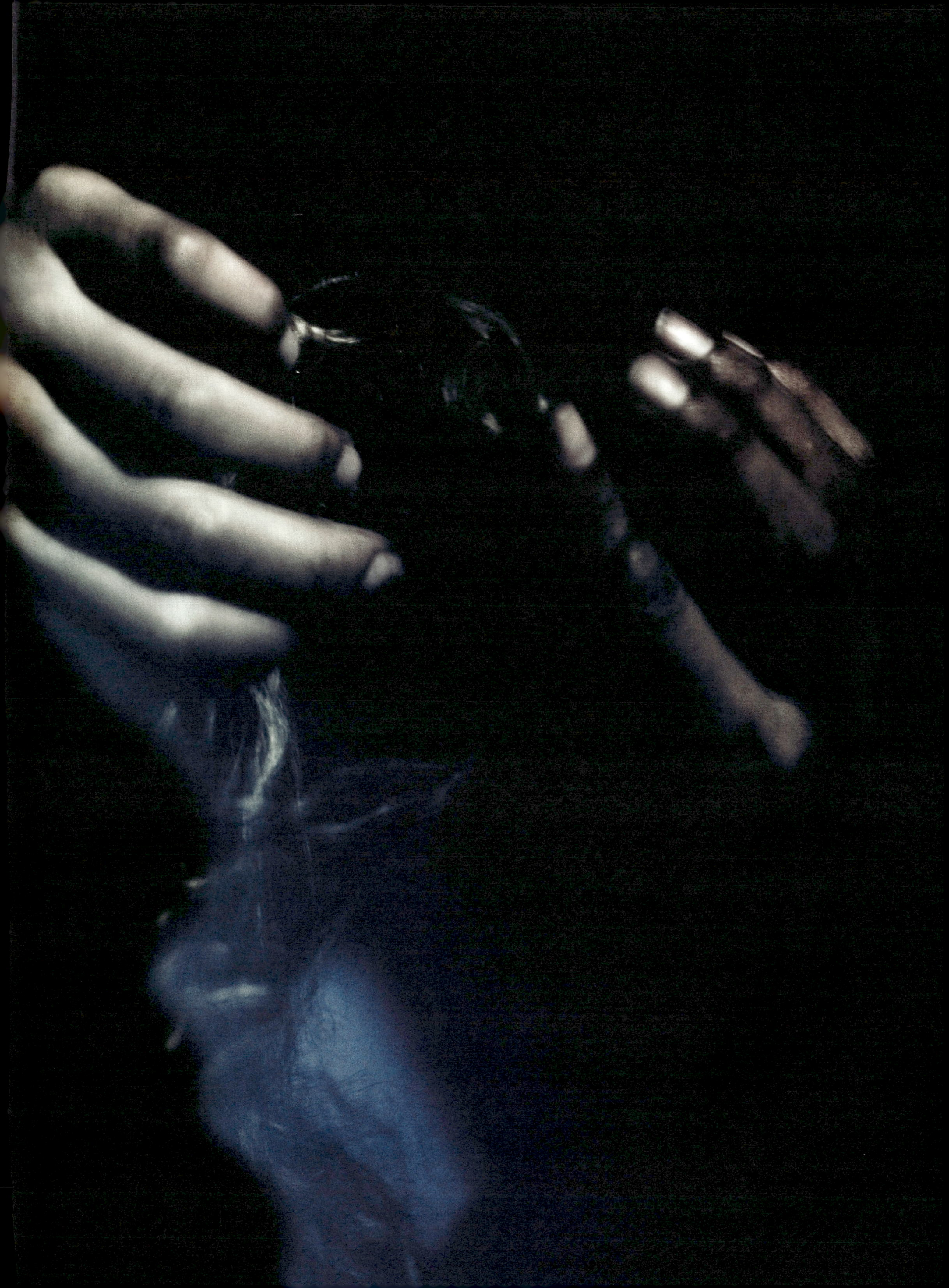

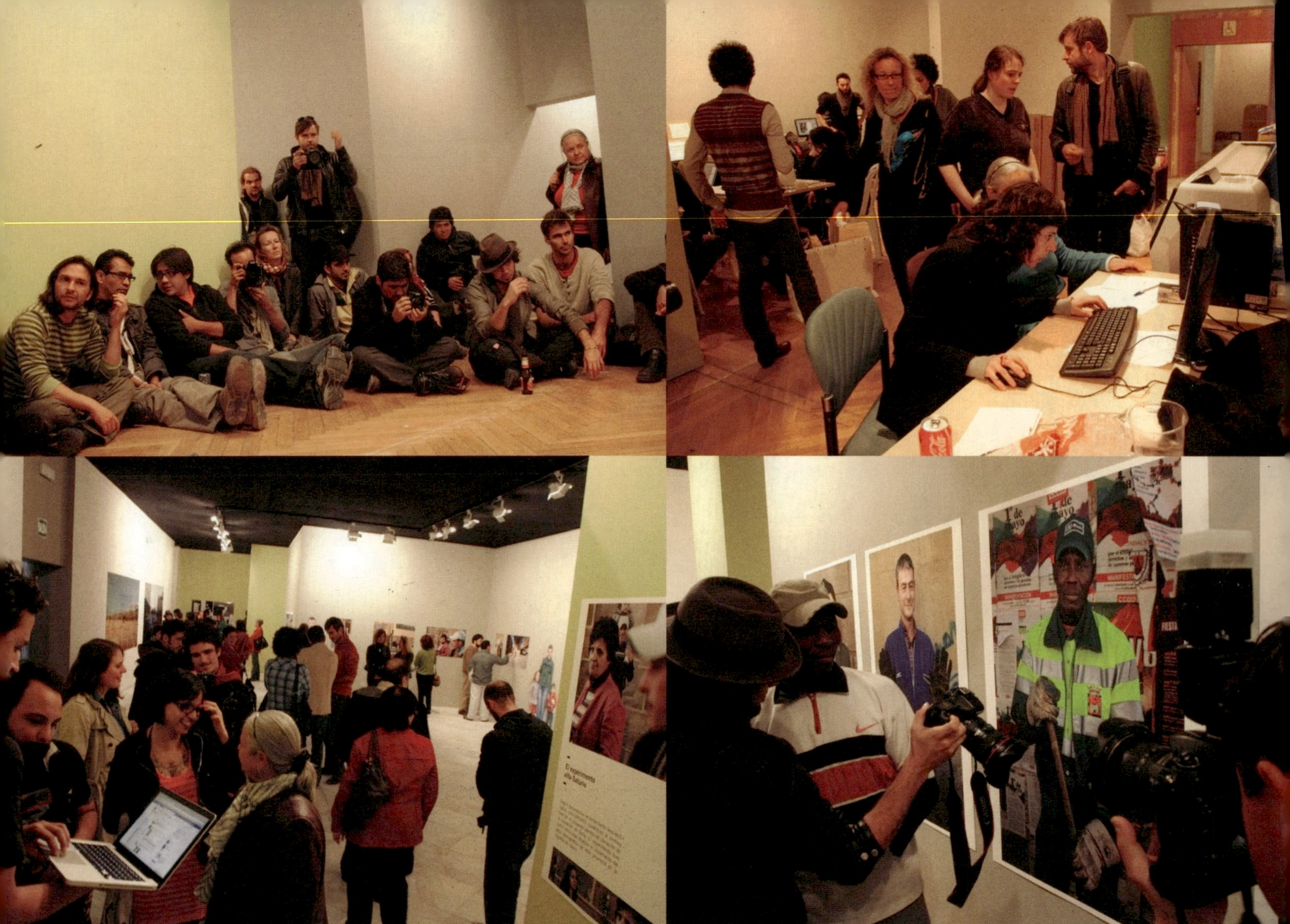

Participantes / Participants

Blank Paper, España
Cia de Foto, Brasil
Colectivo Nómada, Costa Rica
Sub Coop., Argentina
Documentography, Reino Unido
Est&Ost, varios países
Garapa, Brasil
Kameraphoto, Portugal
Mondaphoto, México
Nophoto, España
Odessa, Francia
ONG, Venezuela
Ostkreuz, Alemania
Pandora Foto, España
Ruido Photo, España
Supay Fotos, Perú
TerraProject, Italia
Transit, Francia
Versus Photo, Perú
Alejandro Plaza
César Sanz Marco
Claudi Carreras
Concha Ortega
Diego Mayor
Dolors Tapias

Ekaterina Kholmogorova
Eulalia Martínez Arias
Fernando Santiago
Francesco Bartoli
Francisco de Assis
Gregorio Gonzalo Abajo
Iatã Cannabrava
Isabelle Habert
Ivan Kholmogorov Cannabrava
Jesús Barez
Jesús María Muñoz
Jorge Álamo
José Antonio Díaz
José Ignacio Díaz Carballo
Katty Pacheco
Luciana Rocha
María Bohusen
Mariano Castejón
Mariflor Sanz
Marta Nin
Milena Galli
N2 Estudio
Ramón Siscart
Valentín Guisande